BLUE BOOK

智 库 成 果 出 版 与 传 播 平 台

汽车工业蓝皮书

BLUE BOOK OF AUTOMOTIVE INDUSTRY

中国商用汽车产业发展报告（2023）

ANNUAL REPORT ON THE DEVELOPMENT OF CHINA'S COMMERCIAL VEHICLE
INDUSTRY (2023)

中国汽车工业协会

主　编／中国汽车工程研究院股份有限公司

一汽解放集团股份有限公司

社会科学文献出版社

SOCIAL SCIENCES ACADEMIC PRESS（CHINA）

图书在版编目（CIP）数据

中国商用汽车产业发展报告 . 2023 / 中国汽车工业
协会，中国汽车工程研究院股份有限公司，一汽解放集团
股份有限公司主编 . --北京：社会科学文献出版社，
2023.7
（汽车工业蓝皮书）
ISBN 978-7-5228-2020-0

Ⅰ.①中…　Ⅱ.①中…②中…③一…　Ⅲ.①商用车
辆-汽车工业-产业发展-研究报告-中国-2023　Ⅳ.
①F426.471

中国国家版本馆 CIP 数据核字（2023）第 112994 号

汽车工业蓝皮书
中国商用汽车产业发展报告（2023）

　　　　　　中国汽车工业协会
主　　　编／中国汽车工程研究院股份有限公司
　　　　　　一汽解放集团股份有限公司

出 版 人／王利民
责任编辑／吴　敏
责任印制／王京美

出　　　版／社会科学文献出版社·皮书出版分社（010）59367127
　　　　　　地址：北京市北三环中路甲 29 号院华龙大厦　邮编：100029
　　　　　　网址：www.ssap.com.cn
发　　　行／社会科学文献出版社（010）59367028
印　　　装／天津千鹤文化传播有限公司

规　　　格／开　本：787mm×1092mm　1/16
　　　　　　印　张：20　字　数：300 千字
版　　　次／2023 年 7 月第 1 版　2023 年 7 月第 1 次印刷
书　　　号／ISBN 978-7-5228-2020-0
定　　　价／128.00 元

读者服务电话：4008918866

波澜壮阔七十载
砥砺奋进启新程

1953年，新中国汽车工业从这里起步；
历经七十载，中国汽车已领航世界

新时代，新征程
中国汽车工业将迎来更华美的新篇章

《中国商用汽车产业发展报告（2023）》
编 委 会

参与编写人　郭凤刚　白　鑫　冯会健　吴相昆　付德育

邱志鹏　汤　超　王　磊　秦　磊　徐高翔

李亚军　畅明娟　陈相宜　蒋　晟　吴作清

钟　琳　谢建浩　王任信　李纪朋　成泽婧宜

齐立香　伊　鸣　常　飚　张艳玲　宋　涛

周荆仪　孙佳琪　杨红松　张　力　仝宗旗

王立娟　孙炳龙

支　持　单　位　东风商用车有限公司

中国重型汽车集团有限公司

陕西汽车集团有限责任公司

北汽福田汽车股份有限公司

安徽江淮汽车集团股份有限公司

上汽依维柯红岩商用车有限公司

吉利新能源商用车集团有限公司

东风汽车股份有限公司

郑州宇通客车股份有限公司

厦门金龙汽车集团股份有限公司

中通客车控股股份有限公司

比亚迪汽车股份有限公司

江铃汽车股份有限公司

庆铃汽车（集团）有限公司

长城汽车股份有限公司

南京汽车集团有限公司

中集车辆（集团）有限公司

上汽通用五菱汽车股份有限公司

山东五征集团有限公司

辽宁曙光汽车集团股份有限公司

郑州日产汽车有限公司

戴姆勒大中华投资有限公司

上汽大通汽车有限公司

陕西法士特汽车传动集团有限责任公司

浙江新吉奥汽车有限公司

浙江万安科技股份有限公司

浙江立邦合信智能制动系统股份有限公司

厦门雅迅网络股份有限公司

凯龙高科技股份有限公司

北京京西重工有限公司

常州星宇车灯股份有限公司

江苏超力电器有限公司

江苏新通达电子科技股份有限公司

瑞立集团有限公司

长春一汽富晟集团有限公司

常州腾龙汽车零部件股份有限公司

亚普汽车部件股份有限公司

北京理工大学电动车辆国家工程研究中心

中汽研汽车检验中心（天津）有限公司

招商局检测车辆技术研究院有限公司

中汽研汽车检验中心（武汉）有限公司

上海重塑能源科技有限公司

安徽明天氢能科技股份有限公司

上海捷氢科技股份有限公司

大连新源动力股份有限公司

国创氢能科技有限公司

华测检测认证集团股份有限公司

襄阳达安汽车检测中心有限公司

佛山市飞驰汽车科技有限公司

杭州集智机电股份有限公司

广东国鸿氢能科技有限公司

宁波凯福莱特种汽车有限公司

中联环境科技有限公司

应急管理部上海消防研究所

东北工业集团有限公司

潍柴动力股份有限公司

玉柴动力股份有限公司

欧洲汽车工业协会

日本汽车工业协会

德国汽车工业协会

摘　要

《中国商用汽车产业发展报告（2023）》属于汽车工业蓝皮书系列，2020 年首次出版，本年度为第四册，由中国汽车工业协会联合中国汽车工程研究院股份有限公司、一汽解放集团股份有限公司共同研究撰写，是一部系统完整论述中国商用汽车产业发展现状及趋势的权威性报告，以期助推我国商用汽车产业高质量发展。

全书由总报告、车型篇和专题篇三部分组成，共 12 篇报告。

总报告描述了 2022 年全球商用汽车产业发展形势，阐述了我国商用汽车产业发展情况，基于行业高质量发展要求、国家"双碳"目标实现、汽车产业变革和转型需要，深入研讨了商用汽车绿色发展前景、国Ⅵ产品及技术应用情况，剖析了我国商用汽车发展中存在的问题和面临的挑战，结合产业发展的市场环境及竞争态势、新技术新产品发展、新能源汽车发展等提出了商用汽车产业发展建议。

车型篇包括中重型载货车、轻型载货车、客车、皮卡车、专用汽车五类车型发展报告，综合介绍了各类车型发展现状，剖析了发展过程中存在的问题和挑战，研判了各类车型发展趋势，提出了商用汽车各类车型发展思路和发展建议。

专题篇剖析了当前商用汽车产业发展热点，研判了商用汽车低碳化、智能网联化和重点领域专用车发展趋势，以及二手商用车市场发展前景等。

本书基于国家统计局、中国汽车工业协会、国际汽车制造商协会（OICA）等权威数据信息，联合各骨干企业、行业服务机构和智库机构的力

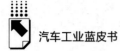

量，组织数十位专家、学者研究和编制，其中还特别针对重点领域专用车、二手商用车市场、商用车低碳技术路径、商用车国六技术等问题进行了深度调研，提出了行业发展建议。

关键词： 商用汽车　产业运行　智能网联　低碳化

Abstract

The report of the development of China commercial vehicle industry (2023) is part of the Blue book series of the automobile industry, which was first published in 2020, and this year is the fourth volume. It was Written by the China Association of Automobile Manufacturers, China Automotive Engineering Research Institute Co., LTD., and FAW Automobile Co., LTD.. It is an authoritative report on the status quo and trend of the development of China's commercial automobile industry in a systematic and comprehensive way, in order to boost the high-quality development of China's commercial automobile industry.

The book consists of three parts: general report, model chapter and special topic. It has a total of 12 reports.

The general report describes the development status of the global commercial vehicle industry in 2022, and expounds the development of the commercial automobile industry in our country. Based on the high quality development requirements of the industry, the realization of the national "dual carbon" strategic goals, the transformation and transformation needs of the automobile industry, in-depth research on the green development prospects of commercial automobile, the VI products and technology applications in China. The paper analyzes the problems and challenges in the development of commercial automobile. Combined with the market environment and competition situation of the industrial development, the development of new technologies and new products, and the development of new energy vehicles, the suggestions for the development of commercial automobile industry are put forward.

The model chapter includes five types of vehicle development reports, including medium and heavy truck, light truck, bus, pickup truck and special

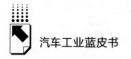
vehicle. This article comprehensively introduces the current development status of various vehicle models, analyzes the problems and challenges in the development process, evaluates the development trends of various vehicle models, and proposes development ideas and suggestions for various commercial vehicle models.

The special topic analyzes the current hot spots in the development of commercial automobile industry, studies and evaluates the development trends of low-carbon commercial automobile, intelligent networked commercial automobile and special vehicles in key fields, as well as the development trends of second-hand commercial vehicle market.

This book is based on authoritative data information such as the National Bureau of Statistics, the China Association of Automobile Manufacturers, andthe International Organization of Motor Vehicle Manufacturers (OICA), exertsd the strength of key enterprises, industry organizations, service institutions and think tanks, mobilized dozens of experts and scholars to jointly study and prepare, in particular for the key areas of special vehicles, used commercial vehicle market, commercial vehicle low-carbon technology path, commercial vehicle national six technologies, etc., in-depth research, put forward industry development suggestions.

Keywords: Commercial Automobile; Industrial Operation; Intelligent Network Connection; Low Carbonization

目 录 ↖↘

I 总报告

II 车型篇

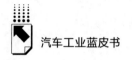

Ⅲ 专题篇

皮书数据库阅读**使用指南**

总 报 告

General Report

B.1

2022年中国商用汽车产业发展报告

摘 要: 2022年我国商用车销售330万辆,同比下降31.2%。在各品类中,重型载货车产销量下滑幅度最大,全年仅销售67.2万辆,同比下降51.8%,较2021年减少72.3万辆。2022年商用汽车市场全年保持低位运行,商用汽车产业发展面临巨大考验。根据"双碳"战略及汽车和物流行业高质量发展要求,商用汽车产业需要变革和转型。国家应在新能源、出口、二手车等领域加大政策支持力度,促进商用汽车产业加快转型。同时,在商用汽车及物流要素统一、产业集群化、强化合规管理等方面加大政策支持力度。商用汽车产业将坚持以客户为中心,积极推动产业链融合发展,大力推进产业新能源化、数字化、智能化。商用汽车企业将在创新、零碳、智能制造等领域加大投入,提升产品和营销服务的全球竞争力。

关键词: 商用车 电动化 智能化 低碳化

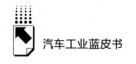
一　全球商用汽车产业发展概述

（一）全球商用车产销情况

1. 全球商用车产销情况

2022 年海外疫情形势趋缓，供应链受阻问题得到缓解，各商用车企业产能逐渐恢复，但全球经济在通货膨胀、地缘政治等影响下复苏缓慢，导致商用车需求量仍较小。2022 年全球商用车产销分别完成 2341.8①万辆和 2414.3万辆，较上年同期分别增长 1.3% 和下降 8.3%。其中，亚洲/大洋洲商用车产销量分别为 769.6 万辆和 706.2 万辆（包括中东地区销量），同比分别下降 10.3% 和 13.4%；欧洲商用车产销量分别为 249.2 万辆和 244.3 万辆，同比分别下降 1% 和 14.8%；美洲商用车产销量分别为 1292.3 万辆和 1433.8万辆，产量同比增长 10.5%，销量同比下降 4.4%；非洲商用车产销量分别为 30.7 万辆和 30.1 万辆，产量同比下降 5.5%，销量同比增长 0.1%，是全年唯一销量实现同比正增长的区域（见表 1、表 2）。

2. 全球商用车分区域情况

分区域看，2022 年亚洲/大洋洲商用车产量为 769.6 万辆，同比下降10.3%；欧洲产量为 249.2 万辆，同比下降 1%；美洲产量为 1292.3 万辆，同比增长 10.5%；非洲产量为 30.7 万辆，同比下降 5.5%（见表 1）。

表 1　全球商用车分区域产量情况

单位：万辆，%

地　区	2021 年	2022 年	同比增速
亚洲/大洋洲	858.0	769.6	-10.3
欧　洲	251.6	249.2	-1.0

---

① 由于销量或产量数据保留至万位，而同比增长率、市场占有率、占比等均是按实际数据计算的，会与直接用图或表中数据计算结果存在差异，全书同。

地 区	2021 年	2022 年	同比增速
美 洲	1169.9	1292.3	10.5
非 洲	32.4	30.7	−5.5
总 计	2311.9	2341.8	1.3

资料来源：根据国际汽车制造商协会（OICA）数据整理。

2022 年亚洲/大洋洲/中东商用车销量为 706.2 万辆，同比下降 13.4%；欧洲销量为 244.3 万辆，同比下降 14.8%；美洲销量为 1433.8 万辆，规模最大，同比下降 4.4%；非洲销量为 30.1 万辆，同比微增 0.1%（见表 2）。

表 2　全球商用车分区域销量情况

单位：万辆，%

地 区	2021 年	2022 年	同比增速
亚洲/大洋洲/中东	815.9	706.2	−13.4
欧 洲	286.6	244.3	−14.8
美 洲	1499.2	1433.8	−4.4
非 洲	30.0	30.1	0.1
总 计	2631.7	2414.4	−8.3

资料来源：根据国际汽车制造商协会（OICA）数据整理。

3. 全球商用车分品类情况

分品类看，2022 年全球重型载货车产量 330.5 万辆，同比下滑 23%；轻型商用车产量 1986 万辆，同比增长 7%；客车产量 25.3 万辆，同比增长 28%（见表 3）。

从产量占比看，2022 年重型载货车占比 14.1%；轻型商用车占比 84.8%；客车占比相对较低，仅为 1.1%。

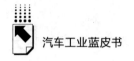

表3　全球商用车分品类产量情况

单位：万辆，%

品类	2021 年	2022 年	2022 年同比增速
重型载货车	427.8	330.5	−23.0
轻型商用车	1864.3	1986.0	7.0
客车	19.9	25.3	28.0
总　计	2312.0	2341.8	1.3

注：重型载货车指用于运输货物的车辆，总质量≥16t 的产品，包括牵引半挂车。轻型商用车指至少有四个轮子的机动车辆，用于载货及载客，总质量<16t 的产品。客车指用于运送乘客，除驾驶员座位外包括 8 个以上座位的公共汽车和长途汽车。

资料来源：根据国际汽车制造商协会（OICA）数据整理。

（1）重型载货车

分区域看，2022 年亚洲/大洋洲重型载货车规模最大，产量为 228 万辆，同比下滑 32%；欧洲重型载货车产量为 30.5 万辆，同比增长 2%；美洲重型载货车产量为 68.9 万辆，同比增长 11%；非洲重型载货车产量仅为 3 万辆，同比增长 12%（见表 4）。

表4　全球重型载货车分区域产量情况

单位：万辆，%

地　区	2021 年	2022 年	同比增速
亚洲/大洋洲	333.1	228.0	−32
欧　洲	29.9	30.5	2
美　洲	62.1	68.9	11
非　洲	2.7	3.0	12
总　计	427.8	330.4	−23

注：斯堪尼亚及戴姆勒未上报。

资料来源：根据国际汽车制造商协会（OICA）数据整理。

（2）轻型商用车

分区域看，2022 年亚洲/大洋洲的轻型商用车产量为 523.8 万辆，同比增长 3%；欧洲轻型商用车产量为 214.8 万辆，同比下降 2%；美洲轻型商用车规模最大，产量 1219.8 万辆，同比增长 10%；非洲轻型商用车产量仅为 27.6 万辆，同比下降 7%（见表 5）。

表5 全球轻型商用车分区域产量情况

单位：万辆，%

地 区	2021 年	2022 年	同比增速
亚洲/大洋洲	510.8	523.8	3
欧洲	218.2	214.8	−2
美洲	1105.5	1219.8	10
非洲	29.7	27.6	−7
总 计	1864.2	1986	7

资料来源：根据国际汽车制造商协会（OICA）数据整理。

（3）客车

分区域看，2022 年亚洲/大洋洲的客车产量为 17.8 万辆，同比增长 27%；欧洲客车产量为 3.8 万辆，同比增长 8%；美洲客车产量 3.7 万辆，同比增长 64%；非洲客车产量仅 0.07 万辆，同比增长 9%（见表 6）。

表6 全球客车分区域产量情况

单位：万辆，%

地 区	2021 年	2022 年	同比增速
亚洲/大洋洲	14.0	17.8	27
欧 洲	3.5	3.8	8
美 洲	2.2	3.7	64
非 洲	0.07	0.07	9
总 计	19.77	25.37	28

注：沃尔沃未上报。

资料来源：根据国际汽车制造商协会（OICA）数据整理。

4. 全球商用车市场发展趋势

（1）政策趋势

近年来，欧洲和美国大力推动商用车领域降碳发展。欧盟除了通过碳排放交易体系（ETS）和碳边境调整机制（CBAM）促进碳减排外，还于 2023 年 3 月正式决定从 2035 年起禁售新的燃油轿车和燃油小型客货车。

美国则是以加州地区为主要代表，持续推进商用车新能源化发展，发布的《先进清洁车队法案》提出，汽车企业销售包括皮卡在内的 Class2b-8 级

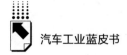

别的柴油卡车，从 2024 年起需保持一定比例的零排放车辆销售，至 2045 年，在加州销售的卡车将全部转型为零排放汽车。

新能源商用车发展政策将不断完善，加速推进全球新能源商用车发展。但是在全球经济低迷及地缘政治等不利因素影响下，贸易保护主义可能加剧，国外企业向欧美市场渗透的难度增加。

（2）竞争分析

近年来国际领先商用车企业均将新能源、零碳作为未来发展方向，发展重点主要是电动化、低碳动力解决方案多元化。从主要车企公开发布的目标信息来看，戴姆勒宣布，到 2030 年，预计零排放车辆将占其欧洲市场新车销量的 60%；斯堪尼亚预计，到 2030 年电动卡车将占其新车销量的一半；沃尔沃计划，到 2030 年其一半的营业额将来自电动卡车销售，从 2040 年开始只销售替代能源驱动的卡车。

国际领先商用车企业希望在新能源领域保持对全球商用车行业的持续引领，避免出现被新能源车企弯道超车的情况。国际领先商用车企业将持续推动全球商用车新能源化，加速新能源商用车行业发展。

（二）欧洲商用车市场情况

2022 年欧洲商用车市场同样下行趋势明显，全年销售 244.3 万辆，同比下降 14.8%，为 2015 年以来新低（见图 1）。

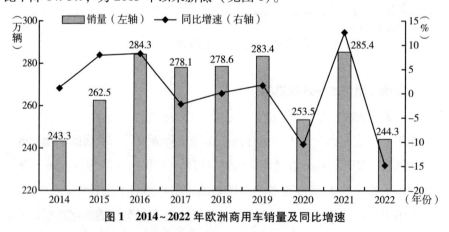

图 1　2014~2022 年欧洲商用车销量及同比增速

资料来源：根据国际汽车制造商协会（OICA）数据整理。

（三）美洲商用车市场情况

从销量看，2022年美洲仍为全球规模最大的商用车市场，全年销售1433.8万辆，同比下降4.4%（见图2）。

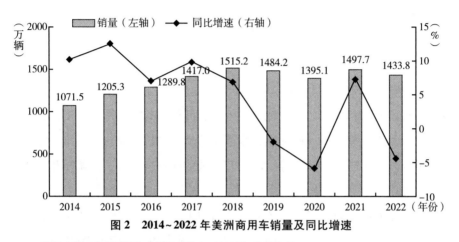

图2　2014~2022年美洲商用车销量及同比增速

资料来源：根据国际汽车制造商协会（OICA）数据整理。

（四）日本商用车市场情况

2022年日本商用车销量为75.3万辆，同比下降2.6%（见图3）。

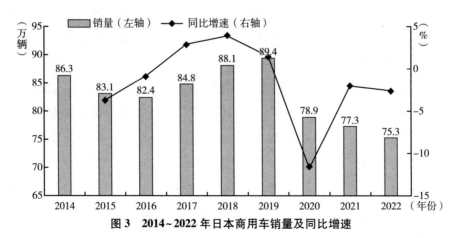

图3　2014~2022年日本商用车销量及同比增速

资料来源：根据国际汽车制造商协会（OICA）数据整理。

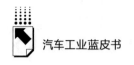

二　中国商用汽车产业发展

（一）中国商用汽车产业发展环境

1. 政策情况

（1）全面实施汽车国Ⅵ排放标准

实施碳达峰碳中和战略，大力推动节能减排，深入打好污染防治攻坚战。2021年12月28日，国务院印发《"十四五"节能减排综合工作方案》，提出全面实施汽车国Ⅵ排放标准和非道路移动柴油机国Ⅲ排放标准，基本淘汰国Ⅲ及以下排放标准汽车等。深入实施清洁柴油机行动，鼓励重型柴油货车更新替代。

生态环境部、国家发展改革委等10部门的政策发布以及北京市、河北省等7省（市）联合印发的《2021—2022年秋冬季大气污染综合治理攻坚方案》形成配合，加快淘汰国Ⅲ车，更好推进商用车更新换代。

（2）加速淘汰国Ⅳ货车

随着柴油货车污染治理的持续深入，国Ⅳ货车淘汰趋势愈发明朗。2022年11月，工信部联合多部门发布《建材行业碳达峰实施方案》《有色金属行业碳达峰实施方案》，明确指出推动大气污染防治重点区域淘汰国Ⅳ及以下车辆。北京、上海等10省市也出台了政策，就国Ⅳ货车淘汰和新能源汽车推广作出部署。

此外，生态环境部、发改委、工信部、公安部、财政部、交通部等15部门联合印发《深入打好重污染天气消除、臭氧污染防治和柴油货车污染治理攻坚战行动方案》，提出到2025年全国柴油货车排放检测合格率超过90%，全国柴油货车氮氧化物排放量下降12%，新能源和国Ⅵ排放标准货车保有量占比力争超过40%。方案虽未提及"国Ⅳ淘汰"，但对新能源和国Ⅵ货车保有量占比提升提出了明确目标，这将在一定程度上促进国Ⅳ及以下柴油车淘汰更新。

（3）促进汽车消费和流通

由于疫情反复，经济下行压力加大，为稳经济、促消费，国家出台了一系列政策措施。

2022年4月，国务院办公厅印发《关于进一步释放消费潜力促进消费持续恢复的意见》，2022年5月31日，国务院印发《扎实稳住经济一揽子政策措施》，强调要稳定增加汽车等大宗消费。此外，加快发展汽车后市场、全面取消二手车限迁政策、放宽皮卡进城限制、加快推动交通基础设施投资等都为商用车市场的发展提供了有利的政策环境。

（4）新能源政策

2022年，商用车市场总体大幅回落，但新能源市场却逆势上扬。这其中国家相关政策发挥了重要作用。2021年12月31日，财政部联合工信部、科技部、发改委发布《关于2022年新能源汽车推广应用财政补贴政策的通知》，明确2022年新能源汽车补贴标准在2021年的基础上退坡30%；城市公交、道路客运、出租（含网约车）、环卫、城市物流配送、邮政快递、民航机场以及党政机关公务领域符合要求的车辆，补贴标准在2021年的基础上退坡20%。补贴政策于2022年12月31日终止。2023年初，多地已表示将延长新能源车补贴政策时效。工信部、交通部亦联合多部门组织开展公共领域车辆全面电动化试点。

新能源商用车产业对政策依赖度高，随着各类有利政策的出台，同时叠加市场驱动因素，新能源商用车市场渗透率将持续提升。

（5）国务院全面取消货车闭环管理要求

2022年12月9日，国务院物流保通保畅工作领导小组办公室印发《关于落实国务院联防联控机制十条优化措施　科学精准做好交通物流保通保畅工作的通知》，全面取消货运车辆闭环管理要求，各地不得随意层层加码，限制货运车辆跨区域通行。受疫情影响而"沉寂"已久的货运物流市场终于"松绑"。

新冠疫情防控进入新阶段，交通物流不通不畅问题得到有效改善，物流行业开始复苏，并带动商用车行业发展。

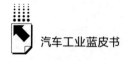
（6）放宽城市配送车辆限行管控

2022年8月17日，公安部制定并出台服务经济社会发展、助力稳住经济大盘重点措施，其中，针对城市配送车辆限行问题给出了指导意见。一是进一步放宽城市道路货车通行限制，城市道路采取分时段限行措施的，每天允许货车通行的时间放宽到不少于7小时。二是对4.5吨以下货车不再细分限行吨位，逐步放宽中型厢式、封闭式货车通行限制。三是对新能源配送货车给予延长通行时间、扩大通行范围等便利，鼓励对新能源轻型厢式及封闭式货车不限行。

对城配车辆管控的放宽有利于轻型商用车市场发展，作为物流配送领域"最后一公里"的主力担当，城配车辆通行效率的提高和通行范围的扩大将带动整体货运行业流转效率的提高，有利于商用车市场整体恢复和稳定发展。

2. 标准法规情况

（1）重型商用车四阶段油耗标准文稿公开征求意见

2022年6月17日，工业和信息化部公开征求强制性国家标准《重型商用车辆燃料消耗量限值》（征求意见稿）意见，备受行业关注。

标准规定了四阶段重型商用车辆燃料消耗量限值、生产一致性、认证扩展和实施日期，对于新申请型式批准的车型，自2024年7月1日起实施；对于已获得型式批准的车型，自2026年7月1日起实施。标准适用范围包含最大设计总质量大于3.5吨的商用车辆，包括载货车、半挂牵引车、客车、自卸汽车和城市客车，不适用于专用作业车，涉及目前市场上的绝大多数商用车产品。

征求意见稿中标准限值力度加严了12%~16%，对标欧美2025年先进水平，基于国情采用中国工况测试，为兼顾车辆碳排放标准，增加了与限值对应的二氧化碳（CO_2）排放量参考值的计算方法。标准将对重型商用车企业节能技术研发、车型技术路线布局产生深远影响。

（2）蓝牌新政公布

自"5·21事件"以来，政府相关部门高度重视蓝牌轻卡"大吨小标"问题，并针对蓝牌轻卡生产违规、非法改装等现象开展专项治理。2022年1

月 12 日，蓝牌轻卡新政正式公布，提出发动机排量不大于 2.5L、轮胎负荷不大于总质量 1.4 倍、货厢内部宽度不大于 2100mm 等要求。要求生产企业自 2022 年 3 月 1 日起，停止销售违规车辆，并给予六个月过渡期，即自 2022 年 9 月 1 日起，在售的轻卡车型需全部符合新规要求。

蓝牌新政的公布是进一步巩固车辆非法改装专项整治成果的需要，该政策的正式落地，让深受诟病的"大吨小标"及非法改装问题成为历史，超标车现象也将不复存在，加速了蓝牌轻卡规范化，有利于货运行业的健康发展。

（3）皮卡标准发布

2022 年 5 月 1 日，GB/T 40712-2021《多用途货车通用技术条件》正式实施。GB/T 40712-2021 是中国第一部针对皮卡制定的技术标准，对皮卡车型的各项参数作出了准确、全面的定义，在技术层面明确皮卡以"多用途货车"的身份独立存在，同时规定了皮卡的尺寸、载重、座椅间距、拖拽标定等技术标准，对皮卡在安全、节能、环保、舒适性等方面做出规范和要求，更强调皮卡的乘用化和多用途属性。

在国家陆续出台多项利好皮卡政策的背景下，标准的实施一定程度上将促进相关鼓励政策的有效落地，推进更大范围的皮卡解禁。其将使皮卡市场更加规范化、标准化，对行业发展起到积极作用，引导行业健康有序发展。

（4）网络货运平台监管

网络货运平台近年来发展迅速，但违规乱象时有出现，同时抽成比例过高也严重侵害了司机群体权益。继延长《网络平台道路货物运输经营管理暂行办法》有效期至 2023 年 12 月 31 日后，交通部于 2022 年 4 月 11 日公布《2022 年开展交通运输新业态平台企业抽成"阳光行动"工作方案》，指出 2022 年 4 月底前，货运平台企业要制定"阳光行动"实施方案，在 2022 年 5 月底前，主动向社会公开计价规则，合理设定收费金额、抽成比例上限、会员费上限等。随着"阳光行动"的持续推进，相信货运平台在收费上会更加透明合理，这有助于减轻司机群体的负担，使货运行业良性健康发展。

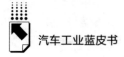

3.商用车运输情况

（1）货运量

2022 年，我国货运总量为 506.1 亿吨，同比下降 4.5%，其中公路货运量为 371.2 亿吨，同比下降 5.2%（见图 4），占整体货运总量的比重为 73.3%，较 2021 年略有下降（见图 5）。

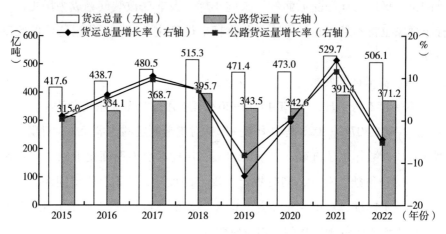

图 4　2015~2022 年货运总量及公路货运量情况

资料来源：根据国家统计局数据整理。

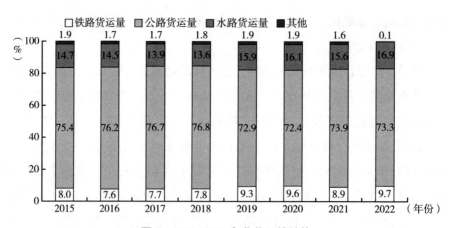

图 5　2015~2022 年货物运输结构

资料来源：根据国家统计局数据整理。

2022 年，我国货运总量及公路货运量均同比下降。同时，国家推动运输结构调整，大力推广"公转铁水"，发展多式联运，部分港口建设铁路进港，大宗货物运输转向铁路或水路运输的趋势明显，公路运输占比呈下降趋势，但因其灵活性高，在整体运输中占比仍超 70%。

（2）快递量

2021 年，我国快递量首次超过千亿件，互联网经济的高速发展推动了我国快递业务的高速增长。2013~2021 年，快递业务量始终保持两位数的增长速度。2022 年，我国快递量达 1105.8 亿件，同比增长 2.1%（见图6）。增速的大幅下降反映出快递业务或将由高速增长阶段进入平稳发展阶段，同时亦反映出受疫情影响，居民消费意愿下降。随着经济重回良性发展轨道，我国快递量有望继续保持增长，为普货快递运输市场发展带来稳定的动力。

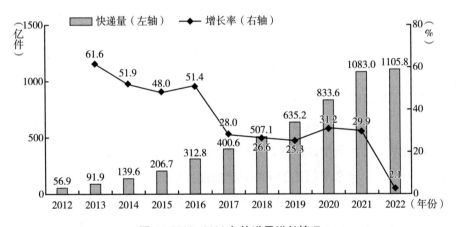

图 6　2012~2022 年快递量增长情况

资料来源：根据国家统计局数据整理。

（3）客运量

2022 年我国客运量大幅下降，下降幅度较 2021 年有所扩大。2022 年，我国旅客运输总量为 55.9 亿人次，同比下降 32.7%，其中公路客运量为 35.5 亿人次，同比下降 30.3%，占比为 63.5%，较 2021 年上升 2.2 个百分点（见图7）。

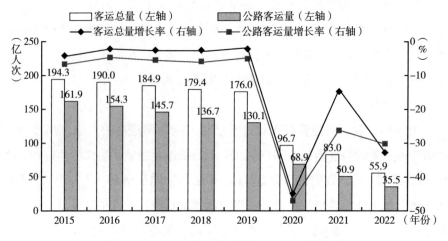

图 7 2015~2022 年客运总量及公路客运量情况

资料来源：根据国家统计局数据整理。

（二）中国商用车市场发展现状

2021~2022 年中国商用车市场经历了剧烈波动。2021 年 7 月，国Ⅵ排放标准实施，在标准切换前夕市场掀起了国Ⅴ车型抢购热潮，上半年销量可观。随着下半年经济增速放缓，市场严重透支，新车需求量低于预期，市场销量开始下滑，但全年仍处于 480 万辆的高位水平。

2022 年，新冠疫情多点散发，国际地缘政治冲突加剧，原材料价格高位运行，经济面临需求收缩、供给冲击、预期转弱三重压力，货运行业整体呈现货源少、成本高、盈利难的特征，叠加 2020~2021 年严重的需求提前透支，载货车市场出现断崖式下滑，客运市场受到疫情防控、出行及旅游意愿降低等影响，也出现了一定程度的下滑，商用车整体下降超过 140 万辆，全年销量 330 万辆，行业进入深度调整期。

1. 产销情况

2022 年商用车产量 318.5 万辆，同比下降 31.9%；销售 330 万辆，同比下降 31.2%（见图 8）。

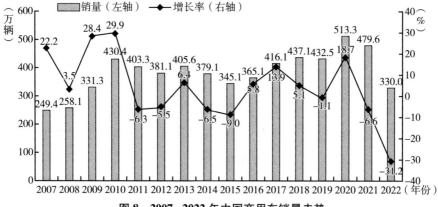

图8 2007~2022年中国商用车销量走势

资料来源：根据中国汽车工业协会数据整理。

从2022年月度走势来看，全年在低位徘徊运行，除1月、3月外，月销量均在30万辆以下，仅8月实现同比正增长，其余月份表现均不及上年同期，也并未迎来传统"金九银十"的销售旺季（见图9）。

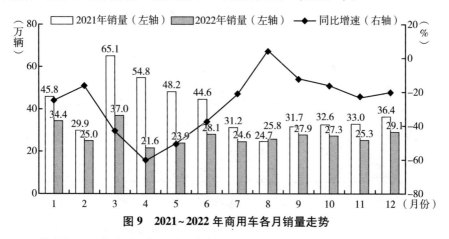

图9 2021~2022年商用车各月销量走势

资料来源：根据中国汽车工业协会数据整理。

2. 品类情况

2022年，重型载货车①产销量在各品类中下滑幅度最大。全年生产

---

① 重型载货车：GVW>14t，包含重型货车整车、重型货车非完整车辆和半挂牵引车。

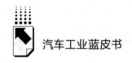

63.2 万辆，同比下降 51.4%；销售 67.2 万辆，同比下降 51.8%，比 2021 年减少 72.3 万辆。

2022 年，中型载货车①生产 9.1 万辆，同比下降 45.1%；销售 9.6 万辆，同比下降 46.5%。

轻型载货车②2022 年降幅较中重型载货车小，全年生产 156.0 万辆，同比下降 25.4%；销售 161.8 万辆，同比下降 23.3%。其中，皮卡市场小幅下降，全年销售 51.9 万辆，同比下降 6.4%。

微型载货车③是 2022 年货车细分领域中表现最好的品类，全年生产 49.4 万辆，同比下降 19.3%；销售 50.7 万辆，同比下降 16.2%。

2022 年，客车这一细分领域亦下滑明显，但整体表现好于载货车。2022 年生产 40.7 万辆，同比下降 19.9%；销售 40.8 万辆，同比下降 19.2%。其中，大型客车销售 5.1 万辆，同比增长 7%；中型客车销售 3.7 万辆，同比下降 19.5%；轻型客车销售 32 万辆，同比下降 22.3%（见图 10）。

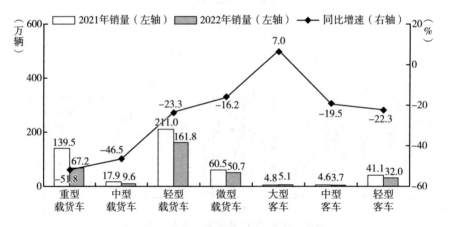

图 10　2021~2022 年商用车各车型销量及增长率

资料来源：根据中国汽车工业协会数据整理。

---

① 中型载货车：6t<GVW≤14t，包含中型货车整车、中型货车非完整车辆。

② 轻型载货车：1.8t<GVW≤6t，包含轻型货车整车、轻型货车非完整车辆。

③ 微型载货车：GVW≤1.8t，包含微型货车、微型货车非完整车辆。

3. 区域情况

2022 年国内商用车销量 TOP5 省份为山东、河北、广东、江苏及浙江，合计市占率 36.5%。所有区域销量均同比下降，天津同比降幅最大，达 56.6%，上海同比降幅最小（见表 7）。

表 7 2021~2022 年商用车区域销量及增速

单位：辆，%

排名	省 份	2021 年销量	2022 年销量	同比增长	市场占有率
1	山 东	409740	229539	−44.0	8.9
2	河 北	376735	213020	−43.5	8.3
3	广 东	365537	194235	−46.9	7.5
4	江 苏	262702	153028	−41.7	5.9
5	浙 江	248093	152149	−38.7	5.9
6	河 南	261866	148130	−43.4	5.7
7	四 川	188138	132206	−29.7	5.1
8	湖 北	156188	116148	−25.6	4.5
9	安 徽	182808	108355	−40.7	4.2
10	云 南	140190	105957	−24.4	4.1
11	湖 南	134524	85321	−36.6	3.3
12	新 疆	125790	84705	−32.7	3.3
13	山 西	123694	78503	−36.5	3.0
14	陕 西	107360	64831	−39.6	2.5
15	内蒙古	82542	63105	−23.5	2.4
16	福 建	99771	62383	−37.5	2.4
17	广 西	117742	59706	−49.3	2.3
18	辽 宁	98720	59106	−40.1	2.3
19	贵 州	76643	55020	−28.2	2.1
20	甘 肃	75580	53480	−29.2	2.1
21	江 西	89883	49566	−44.9	1.9
22	黑龙江	70792	45967	−35.1	1.8
23	上 海	57731	44251	−23.3	1.7
24	重 庆	76877	44184	−42.5	1.7
25	北 京	66133	43761	−33.8	1.7
26	吉 林	53394	34295	−35.8	1.3
27	天 津	59127	25636	−56.6	1.0

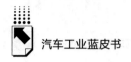
续表

排名	省份	2021年销量	2022年销量	同比增长	市场占有率
28	宁 夏	39059	24300	-37.8	0.9
29	青 海	28508	19793	-30.6	0.8
30	海 南	28293	17693	-37.5	0.7
31	西 藏	20866	13002	-37.7	0.5
	总 计	4225026	2581375	-38.9	100.0

资料来源：根据终端零售数据整理。

2022年载货车销量 TOP5 省份为山东、河北、广东、河南及浙江。全国所有省级地区销量均同比下降，其中，天津同比降幅最大，达59%，内蒙古降幅最小（见表8）。

表8　2021~2022年载货车区域销量及增速

单位：辆，%

排名	省份	2021年销量	2022年销量	同比增长	市场占有率
1	山 东	384621	205799	-46.5	9.2
2	河 北	363309	202123	-44.4	9.0
3	广 东	340488	161307	-52.6	7.2
4	河 南	240644	130493	-45.8	5.8
5	浙 江	214226	121224	-43.4	5.4
6	四 川	174774	117851	-32.6	5.3
7	江 苏	207911	103894	-50.0	4.6
8	湖 北	141806	99294	-30.0	4.4
9	安 徽	169682	96260	-43.3	4.3
10	云 南	130598	96242	-26.3	4.3
11	新 疆	118620	79461	-33.0	3.6
12	山 西	117747	72924	-38.1	3.3
13	湖 南	122420	71646	-41.5	3.2
14	内蒙古	79399	59304	-25.3	2.7
15	广 西	113740	56231	-50.6	2.5
16	陕 西	97956	56000	-42.8	2.5
17	福 建	92554	54685	-40.9	2.4

续表

排名	省份	2021年销量	2022年销量	同比增长	市场占有率
18	辽 宁	88481	51495	−41.8	2.3
19	甘 肃	72447	50627	−30.1	2.3
20	贵 州	70364	49723	−29.3	2.2
21	江 西	83720	44381	−47.0	2.0
22	黑龙江	66162	41796	−36.8	1.9
23	重 庆	68977	34961	−49.3	1.6
24	北 京	50448	32662	−35.3	1.5
25	吉 林	48176	30350	−37.0	1.4
26	上 海	40477	25208	−37.7	1.1
27	宁 夏	37850	22807	−39.7	1.0
28	天 津	53219	21818	−59.0	1.0
29	青 海	27268	19267	−29.3	0.9
30	海 南	26208	14776	−43.6	0.7
31	西 藏	20197	12681	−37.2	0.6
总 计		3864489	2237290	−42.1	100.0

资料来源：根据终端零售数据整理。

客车市场2022年销量TOP5省份为江苏、广东、浙江、山东及上海。大部分区域销量均同比下降，海南、广东、宁夏、内蒙古等11个省级地区销量逆势上涨，海南省同比增幅最大，达39.9%（见表9）。

表9　2021~2022年客车区域销量分布

单位：辆，%

排名	省份	2021年销量	2022年销量	同比增长	市场占有率
1	江 苏	54791	49134	−10.3	14.3
2	广 东	25049	32928	31.5	9.6
3	浙 江	33867	30925	−8.7	9.0
4	山 东	25119	23740	−5.5	6.9
5	上 海	17254	19043	10.4	5.5
6	河 南	21222	17637	−16.9	5.1
7	湖 北	14382	16854	17.2	4.9

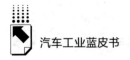

续表

排名	省　份	2021 年销量	2022 年销量	同比增长	市场占有率
8	四　川	13364	14355	7.4	4.2
9	湖　南	12104	13675	13.0	4.0
10	安　徽	13126	12095	-7.9	3.5
11	北　京	15685	11099	-29.2	3.2
12	河　北	13426	10897	-18.8	3.2
13	云　南	9592	9715	1.3	2.8
14	重　庆	7900	9223	16.7	2.7
15	陕　西	9404	8831	-6.1	2.6
16	福　建	7217	7698	6.7	2.2
17	辽　宁	10239	7611	-25.7	2.2
18	山　西	5947	5579	-6.2	1.6
19	贵　州	6279	5297	-15.6	1.5
20	新　疆	7170	5244	-26.9	1.5
21	江　西	6163	5185	-15.9	1.5
22	黑龙江	4630	4171	-9.9	1.2
23	吉　林	5218	3945	-24.4	1.1
24	天　津	5908	3818	-35.4	1.1
25	内蒙古	3143	3801	20.9	1.1
26	广　西	4002	3475	-13.2	1.0
27	海　南	2085	2917	39.9	0.8
28	甘　肃	3133	2853	-8.9	0.8
29	宁　夏	1209	1493	23.5	0.4
30	青　海	1240	526	-57.6	0.2
31	西　藏	669	321	-52.0	0.1
总　计		360537	344085	-4.6	100.0

资料来源：根据终端零售数据整理。

2022 年，在政策引导、市场及技术的合力驱动下，新能源商用车发展态势较好。2022 年共销售 23.4 万辆，同比增长 91.2%，多个省份实现了销量翻番。广东省为销量最大的省份，市场占有率达 15.6%。东北地区及新疆、西藏、青海等地受到地域及疫情影响，市占率较低，且增速较慢（见表 10）。

表10 2021~2022年新能源商用车区域销量分布

单位：辆，%

排名	省 份	2021年销量	2022年销量	同比增长	市场占有率
1	广 东	16488	36600	122.0	15.6
2	四 川	10924	20675	89.3	8.8
3	江 苏	9270	18491	99.5	7.9
4	上 海	7270	16689	129.6	7.1
5	湖 南	5935	13158	121.7	5.6
6	湖 北	5474	11910	117.6	5.1
7	河 北	6562	11838	80.4	5.0
8	浙 江	5568	10721	92.5	4.57
9	重 庆	5200	10519	102.3	4.49
10	山 东	5062	9584	89.3	4.1
11	北 京	5484	9581	74.7	4.1
12	河 南	5710	8958	56.9	3.8
13	福 建	4817	7084	47.1	3.0
14	云 南	3154	6900	118.8	2.9
15	陕 西	3913	6067	55.0	2.6
16	海 南	2043	5459	167.2	2.3
17	安 徽	2760	4482	62.4	1.9
18	山 西	1752	3898	122.5	1.7
19	广 西	1505	3572	137.3	1.5
20	内蒙古	787	3118	296.2	1.3
21	江 西	1726	3052	76.8	1.3
22	天 津	1404	2567	82.8	1.1
23	贵 州	1569	1814	15.6	0.8
24	黑龙江	1598	1688	5.6	0.7
25	新 疆	1248	1454	16.5	0.6
26	吉 林	1780	1245	-30.1	0.5
27	辽 宁	2361	1150	-51.3	0.5
28	甘 肃	655	1125	71.8	0.5
29	宁 夏	270	945	250.0	0.4
30	青 海	205	120	-41.5	0.1
31	西 藏	123	9	-92.7	0.004
总 计		122617	234473	91.2	100.0

资料来源：根据终端零售数据整理。

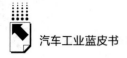
4. 出口情况

近两年，反复的新冠疫情及动荡的国际局势导致全球商用车产能不足，出现严重的供需不平衡，给产能恢复快的中国车企带来巨大机会。我国商用车产业经过多年发展，产品力和品牌力逐步提升，海外市场认可度提高，迎来出口的黄金期。我国商用车继 2021 年实现出口同比增长超 70% 的佳绩后，2022 年出口达到 58.2 万辆，同比增长 44.9%（见图 11）。

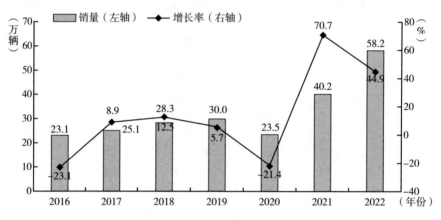

图 11　2016~2022 年商用车出口销量及增长率

资料来源：根据中国汽车工业协会数据整理。

从出口车辆类型看，载货车出口 51.9 万辆，占比为 89.1%，客车出口 6.3 万辆，占比为 10.9%。从燃料类型看，柴油车占比为 74.9%，汽油车占比 19.7%，新能源车占比 4.8%，天然气及插电式混合动力车占比分别为 0.5% 和 0.1%（见图 12）。

（三）中国商用车发展趋势

1. 市场趋势

"十四五"时期商用车市场进入新一轮调整期，总体进入存量竞争阶段，全球经济放缓、产业链受阻、原材料和油价高涨等因素持续影响行业发展。2023 年，在我国稳经济、扩内需等一揽子政策推动下，国内商用车市

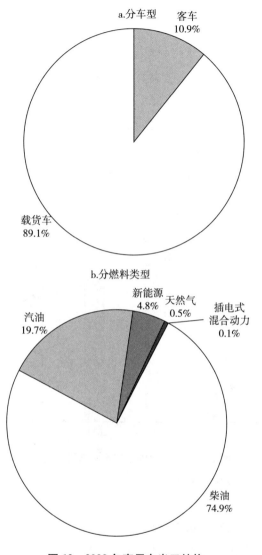

图12　2022年商用车出口结构

资料来源：根据中国汽车工业协会数据整理。

场有望走出低位运行区间，逐步恢复正向增长。公共领域电动化等新能源政策引导力度加大，新能源商用车将迎来快速发展期，市场渗透率逐步提升。在国际车企积极布局我国市场的同时，中国商用车品牌在海外市场的影响力

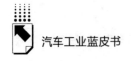

不断提升，商用车出口继续保持快速增长态势，为商用车行业发展带来新机遇。

（1）商用车市场进入重要调整期

受经济下行、新冠疫情多点散发、国Ⅵ排放法规切换等多重因素叠加影响，2022年商用车市场大幅下滑，产销分别完成318.5万辆和330万辆，同比分别下降31.9%和31.2%。随着不利因素影响逐步减小，稳增长、促消费等宏观政策持续发力，商用车市场将逐步恢复，2023年销量或将达到384万辆，同比增长超过15%，在"十四五"期间有望达到410万~440万辆（见图13）。

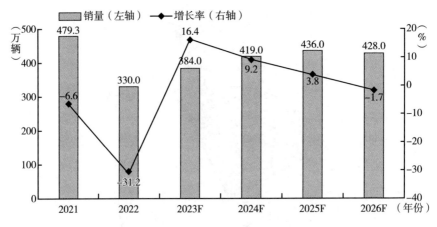

图13　2021~2026年商用车销量及增长率

资料来源：根据网络信息整理。

（2）新能源商用车渗透率持续攀升

2022年，国内新能源汽车市场呈爆发式增长，全年销量超过688万辆，同比增长93.4%，新能源汽车市场渗透率达到25.6%，提前完成《新能源汽车产业发展规划（2021—2035年）》中提出的2025年发展目标。新能源商用车销量30.8万辆，同比增长83.6%，渗透率为10.2%，比上年提高6.7个百分点（见图14）。

尽管新能源补贴政策退出，但"双碳"和环保政策持续发力、新能源

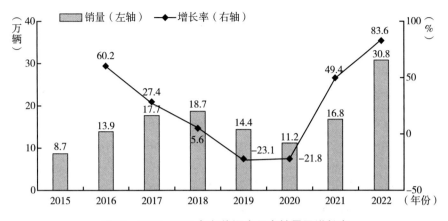

图14 2015~2022年新能源商用车销量及增长率

资料来源：中国汽车工业协会。

试点和绿色城配示范工程增加、路权等非财税政策出台有利于推动新能源商用车市场持续发展。《"十四五"节能减排综合工作方案》发布，要求在交通物流节能减排领域提高新能源汽车的使用比例。2023年1月，公共领域车辆全面电动化先行区试点启动，加快推动物流配送、环卫、邮政快递等领域电动化。

商用车主流企业加速新能源战略转型，提高产品质量，推动核心部件成本下降，探索运营模式创新，在供给侧形成强大推动力。分品类看，新能源大中客的渗透率较高，新能源轻微卡和轻客的渗透率处于第二梯队，新能源中重卡还处于起步阶段。"十四五"期间，预计燃料电池商用车进入市场化初级阶段。

（3）出口持续增长，品牌影响力提升

2022年，我国汽车出口销量再上新台阶，达到311.1万辆，同比增长54.4%，占汽车总销量的11.6%，比2021年提高3.9个百分点。商用车出口58.2万辆，同比增长44.9%，其中新能源商用车出口2.7万辆，同比增长130%。

政策层面，我国持续推动开放型经济向纵深发展，立足国内大循环，促

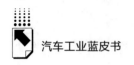

进国内国际双循环。"一带一路"倡议、RCEP 区域性合作等为国内汽车企业拓展海外市场提供了良好契机,持续利好商用车出口。2022 年 12 月,国家发布《关于进一步扩大开展二手车出口业务地区范围的通知》,支持二手车出口。

国内商用车市场表现低迷,各车企纷纷加大海外市场开拓力度,寻找新的增量空间,加快国际化发展步伐。我国商用车产品具有价格优势,同时,随着产品的技术水平、性能和质量不断提高,在新能源、智能网联方面的应用快速发展,商用车品牌的海外影响力不断提升。

随着疫情形势缓解,欧美商用车企业的生产逐步恢复,新车需求进一步释放,二手车流向发展中国家的速度加快,海外市场的竞争进一步加剧。

(4)物流货运枢纽加快建设,物流效率持续提升

我国已建成以国家物流枢纽为核心,多种运输方式为通道,骨干冷链物流基地、示范物流园区、城市配送中心、物流末端网点等为支撑的物流基础设施网络,形成"通道+枢纽+网络"的物流运行体系。"十四五"期间,我国将深入推进国家物流枢纽建设,依托枢纽整合区域物流资源,引导设施集中集约布局。

《推进多式联运发展优化调整运输结构工作方案(2021—2025 年)》指出,到 2025 年多式联运发展水平明显提升,基本形成大宗货物及集装箱中长距离运输以铁路和水路为主的发展格局。随着国家持续推进运输结构调整,公路货运份额将被挤占,对载货车市场的支撑作用减弱。

物流枢纽加快建设和多式联运健康发展将带动物流效率提升,促进物流运输高质量发展,对中重型载货车的可靠性和品质提出更高要求,促进产品向中高端升级。枢纽之间的干线运输效率提升,将增加城市群内经济联系,利好短途运输,为轻型载货车市场带来发展机遇。

(5)细分市场存在增量机会

我国城镇化水平不断提升,随着居民消费升级和饮食结构优化,社区团购和生鲜电商等新消费模式崛起,更多果蔬、蛋奶类产品进入流通渠道,绿通运输、冷链运输市场迎来发展机遇,利好绿通车、冷藏车发展。

国内煤炭产量持续处于高位，国外进口量仍然较大，短期内煤炭运输市场存在结构型机会，有望带动牵引车占比提升。但长期由于多式联运发展，大宗货物运输结构调整，商用车增量减小。

（6）二手车业务出现滑坡

中国汽车流通协会数据显示，2022年我国二手车交易量为1602.78万辆，同比下降8.86%。二手商用车交易量为233.62万辆，同比下降15.8%，占二手车总体交易量的14.6%。其中，二手载货车交易量为129.6万辆，同比下降10.9%，二手客车交易量104.0万辆，同比下降21.2%（见图15）。

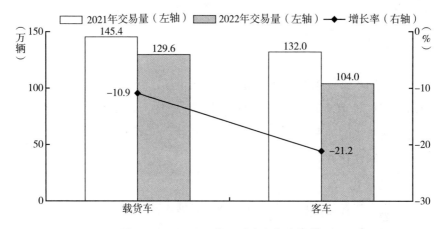

图15 2021~2022年二手商用车交易情况

受商用车整体需求放缓的影响，二手车交易量下滑，下滑幅度小于新车市场。在后疫情时代，随着物流运输恢复常态化，商用车市场需求有望回暖，二手商用车市场活跃度上升。在国Ⅲ、国Ⅳ及国Ⅴ车型自然淘汰的基础上，柴油货车治理促使高排放车辆提前淘汰，在拉动新车市场销量的同时，二手车市场也将迎来利好。

（7）供应链面临风险和挑战

汽车产业供应链仍面临诸多挑战，电池及芯片等关键零部件价格上涨、供应不足的风险依然存在。随着新能源、智能网联等技术渗透率不断提升，汽车产业链生态可能发生变化，对供应链管理提出了新的挑战。车企要重视

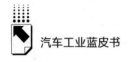

产业链安全问题，在充分利用全球资源的同时，加强本土供应链的构建，提高供应链的安全与韧性。

（8）用户组织化、年轻化

伴随第三方物流、网络货运平台的发展，物流运输行业呈现社会化、平台化、规模化的发展趋势，车队用户占比不断提高，对载货车的性能、可靠性和TCO综合竞争力、车队解决方案与服务等提出了更高要求，推动产品高端化。个人用户结构也在发生变化，随着"90后"和"00后"进入物流运输行业，载货车主体用户呈现年轻化趋势。除了经济性和可靠性，年轻一代用户更加关注品牌知名度、座舱舒适度、服务等，对新产品和新技术的接受度更高，需求结构不断升级。

2.产品趋势

我国商用车市场正由增量市场转向存量市场，行业转向高质量发展。我国商用车用户对TCO及高端产品的需求逐渐增加，外加国外商用车产品国产化对国内市场的冲击，商用车产品正在加快向高端化、场景化、定制化、新能源化及网联化方向发展。

（1）高端化

随着用户年轻化趋势愈发明显和产业发展逐渐成熟，用户对商用车产品的需求不断增加，对高端产品及配套解决方案的期待也越来越高，尤其是车辆性能、可靠性方面。

高端化最具代表性的特征就是自动挡化，自动挡配置能减轻司机的驾驶压力，提高驾驶安全，是未来商用车发展的大趋势和"刚需"。近年来AMT匹配率越来越高，对于驾驶舒适性和节油性能的提升作用较为明显，对于增加的额外购车成本，用户表示可以接受。

受高铁、航空等的冲击，以及旅游服务市场不断升级，客车用户对客车产品的升级需求不断增加，尤其是舒适性配置及安全配置方面。

商用车行业不断升级发展，用户日益追求高品质车辆，产品高端化是行业长期发展趋势。中短期来看，物流及客运市场呈现阶段性低迷，商用车用户盈利能力下降，对车辆有较高的经济性（购置成本和使用成本）要求。

所以商用车企业为满足用户，提供的产品需要平衡高品质和经济性两个方面。

（2）场景化

基于商用车产业不断升级和高质量发展要求，商用车企业需要以更加高效、专业、经济的运行方式满足用户需求。商用车企业需要深度分析用户需求和场景特点，进行场景开发及解决方案设计，在完整解决方案下，满足场景化需求。如何基于使用场景洞察客户需求，帮助客户实现全生命周期TCO 最佳，成为企业制胜的关键。

各细分市场正在向专业化、个性化发展，商用车企业依靠成熟的技术底蕴，以市场下沉和专业化配置及解决方案满足各类用户需求，推出了一批极具场景化应用特点的新产品。比如，整车企业为了满足不同客户需求，数年前便提出类似北方版、四季版、山区版、水产版等依据地域、路况、细分市场特性而设计的场景化产品。未来商用车企业还将继续深挖市场需求，设计更加符合客户需求的专业化、场景化产品。

（3）定制化

场景化为行业带来了定制化需求。随着物流行业运营模式场景化、专业化、分工精细化发展趋势加快，通用型商用车辆开始向个性化、专用化转变。商用车企业针对不同用户群体和不同场景，提出了可由用户选择的定制化产品解决方案。

部分商用车企业为充分满足用户的个性化需求，让用户参与产品的定义、开发、验证、销售、营运等全流程定制。

（4）新能源化

新能源商用车产业不断发展，在政策和技术双重驱动下，在城市物流、城市建设、市政环卫、机场、港口、矿山等核心场景新能源商用车实现了混动、纯电、氢燃料等多能源、全场景覆盖的产品应用，为不同客户提供了最优的绿色、智能解决方案。

车电分离、换电等不同商业模式的推广应用，同步解决了新能源商用车续航里程短、充电时间长、一次性购车成本高的三大客户痛点，为新能源商

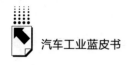

用车的适用场景扩大、销量增加打下了基础。但是从新能源商用车长期发展的角度看，行业仍将呈多技术路线并存发展态势。

在"双碳"战略的引领下，顺丰、京东、满帮等大型物流企业纷纷发布各自的"双碳"目标，这也将推动新能源商用车渗透率提升。

（5）网联化

当前社会已逐渐走向数字型社会，车联网及大数据概念逐渐普及，车联网功能和配置在汽车行业的应用也愈发广泛。车联网、人工智能、大数据等技术的不断应用，为商用车市场注入新的活力，带来新的利润增长点。

商用车油耗监测、运行状态监测、维保监测等功能的应用，直接影响物流企业发展。因此，很多大型物流企业、研究机构都热衷于研究大数据在商用车市场的潜在商业价值，加强车联网配置和功能优化。

国家物流枢纽建设也将推动物流行业的运转模式转变，加快推动物流行业的数字化发展，商用车企业需要为支撑未来物流模式的实现做好数字化和智能网联技术储备。

3. 技术趋势

（1）新能源技术

充电时间长是重卡使用的痛点之一，目前重卡充电桩即使采用直流电大功率快充，一般充满时间也要 2 小时，慢充时间则为 6~7 小时，严重影响车辆运行效率。通过应用高压充电技术、提升充电电压和增加充电枪两种方式，可以解决充电时间长的痛点。

现阶段纯电动重卡充电电压规格为 400~600V，研究结果显示，提高整车工作电压，优化系统软件（电机额定电流），可以提高充电效率。通过采用高压充电技术，将充电电压规格从 400V 升级至 800V，可以提供更高的功率，减少热耗。同时，整车工作电压的提高，可以在一定程度上调整电子线束的规格型号，减少电子线束的使用，降低成本和整车重量。同时，高压充电技术可以为充电设施提供更强大的快速充电功能，从而提高充电效率。但也需要考虑到，在传统的高压服务平台下，IGBT 电机控制不能满足要求，必须选择 SIC 技术解决高压技术标准问题，而目前在 SIC 技术和成本方面仍存在较大的阻碍。

随着 SIC 功率元器件的规模化应用、电池充放电倍率的提升、高压平台核心零部件的更新迭代，纯电卡车的充电功率将逐渐增加。充电技术已经进入直流超充阶段，结合特斯拉推出的 Megacharger 的表现看，未来充电功率将有较大概率进一步突破到 MW 级别，充电效率将较现阶段提升 3 倍以上。

增加充电枪方面，未来四枪快充模式也将成为补能模式的重要一环。当前主要销售的纯电车型采取两枪充电模式，后续若需要提升快充效率，重卡充电点位需增加到 4 个。未来新型高压充电桩的应用，有望进一步缩短快充时间。

（2）轻量化技术

汽车轻量化主要包含材料轻量化、结构轻量化、工艺轻量化等几个方向。

材料轻量化：目前，汽车的轻量化材料主要有高强度钢、铝合金、镁合金、碳纤维等，在新能源、轻量化趋势推动下，各种新材料不断出现。新型轻量化材料可在降低整车重量的同时兼顾散热、耐腐蚀、耐冲击等性能，质优量轻的非金属材料将成为未来发展趋势。

结构轻量化：商用车整车各系统轻量化设计主要围绕薄壁化、小型化、精简化、中空化和冗余度处理等五个轻量化设计方法，同时利用数字化技术进行车身布置设计和结构优化。在保证车身结构性能的前提下，优化零件结构、减少零件数量，对零件进行整体化、合理化设计，实现整车精益化设计。

新能源汽车结构轻量化设计方面，除了采用传统结构优化的轻量化方法外，还在驱动电机和逆变器小型化、电驱系统高度集成及轮毂电机的应用等方面进行轻量化设计。新能源汽车轻量化主要方向是电池包壳体轻量化、高密度电芯、电池包优化设计等。

工艺轻量化：目前主流工艺技术为激光拼焊、热成型、液压以及轻量化连接等成型工艺技术。2021 年，特斯拉发布首个车身一体化压铸巨型零件，使得压铸技术成为新热点，有可能改变传统汽车整车制造模式。

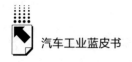

一体压铸工艺是汽车制程中的颠覆性技术,有利于简化车身制造工艺流程,整合供应链环节,除了实现车身轻量化外,还可以提高生产效率、降低零部件成本、提升尺寸精度,但是也面临多种材料连接与混合涂装技术挑战及可维修性差、整车投保费用高等痛点。

(3)节油技术

在当前油价上涨、物流及客运行业盈利困难的情况下,商用车客户对于车辆的节油性能提出了更高的要求。但是当前发动机热效率已几乎提升至极限,除了采用动力链节油技术外,还可以通过车身外饰结构设计优化及轮胎等零部件性能优化,达到节油目的。

首先是整车风阻优化。通过整车造型设计和结构优化,利用软件仿真和风洞试验,对包括导流罩在内,前格栅、外后视镜、车灯等零部件进行结构优化,降低风阻系数,从而进一步降低油耗。

其次是采用低滚阻轮胎。在车辆行驶过程中,轮胎滚动阻力能耗约占油耗损失的25%。低滚阻轮胎有助于整车运行效率的提升,为车辆带来更高的经济性。通过采用低滚阻轮胎,构建完善的低滚阻技术体系,可以有效降低滚动阻力,并提供更高的安全性、可靠性和更优的噪声控制。

(4)数据安全技术

用户更有意愿共享个人敏感信息的场景是行车安全保障、出行路线精准规划和接受故障/事故调查等,对其他场景下的隐私保护要求则较高。同时,物流产业数字化也对商用车数据采集的保密性和安全性提出了新的要求。如何保证用户数据安全将成为车企的核心竞争力之一。

车企应建立从数据产生至数据销毁的数据全生命周期战略。建立从端到端的数据安全保护体系和应急处理机制,加强用户数据安全防火墙设计,企业在数字化转型的过程中,必须加强对数据安全的重视程度,保障企业自身和用户信息安全。

(5)E/E架构技术

E/E架构升级是汽车智能化发展的关键。传统汽车采用的分布式E/E架构存在计算能力和通信带宽不足、软件升级不便等痛点,无法满足现阶段新能源及智能网联汽车发展需求,需要对 E/E 架构,包括硬件、软件和通信等三个方面实施跨越式升级来助力汽车产业发展。

(6)安全性技术

我国商用车安全技术的发展、推广与应用,改善了驾驶员的工作环境,减少了疲劳驾驶及其可能引起的安全事故,但与欧美等发达国家相比,还是存在一定的差距。

我国需要加快研究并推广应用新的安全技术,尤其在商用车被动安全系统方面,像 AMT、缓速器、辅助驾驶系统等与安全性相关的技术和产品都需进一步普及,从而提高车辆安全性,保障道路交通安全。

此外,纯电卡车的安全性要求逐渐提高。欧洲出台全球服务标准(GSR),要求未来欧盟卡车必须搭载至少 6 项 ADAS 安全辅助功能,ADAS系统在卡车产品的普及率将会上升,进一步提高车内、车外的安全性。

(四)中国商用车竞争形势

1. 产业布局情况

(1)产业链业务扩大及跨领域合作

商用车具有商业运营属性,车辆运营方越来越关注车辆全生命周期总成本(TCO),奔驰卡车于 2012 年引入 TCO 这一概念,经过 10 年的推广及普及,已逐渐被行业认同,运力精细化管理是打造企业核心竞争力的关键,这就要求商用车企业围绕 TCO 做深做细自身产品和服务,为客户提供一系列价值赋能举措,包括整车金融、售后维保、备品配件、二手车业务等,在车辆全生命周期内提供解决方案,商用车企业涉及的产业链业务范围逐步扩大。

同时,随着商用车运营场景复杂化程度逐步提高,行业竞争也越来越多地围绕细分市场展开,各企业均开展精细化运营,在设计、生产、销售、服务等环节倾听客户声音,场景化地推出产品,使得产业竞争链条进一步延伸、分支、细化。

在产业链业务范围扩大的过程中,各企业积极塑造竞争新优势,高度重

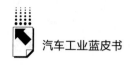

视与产业链上下游企业以及跨领域企业的合作，进行交互研发、协同采购、智慧平台建设、智能网联及数据共享等，在未来竞争中持续占领先机，通过联合打造更强的产业生态圈，布局全链品牌架构，在更大的维度中抓取利润点，并提升商用车产业链的整体发展能力。

（2）新能源及智能网联产业布局

2022年商用车市场需求收缩30%，而新能源商用车市场同比大涨，超过80%，传统车企在保持自身在优势领域的竞争力的同时，兼顾新领域投入，新入局车企直接发力于新能源赛道。各商用车企业均加大在新能源及智能网联领域的投资力度，加快布局新能源、智能网联产业。

一方面，商用车企业通过自研或合作在技术层面塑造竞争优势，一汽解放与宁德时代成立解放时代新能源科技有限公司，重点布局新能源后市场运营业务，建立辐射全国的新能源商用车运营中心；赢彻科技与东风商用车、中国重汽联合研发搭载轩辕自动驾驶系统重卡，商用车企与能源企业、科技互联网企业积极开展合资合作，形成优势互补。

另一方面，商用车企业致力于建设新能源智能产品生产线和生产工厂，三一集团与唐山市人民政府签订合作协议，共同打造中国最大的新能源装备制造基地；吉利远程建设上饶数智工厂，以数字化和智能化为核心，打造资源节约型、环境友好型智慧工厂；比亚迪在武清汽车产业园建设新能源客车产业化生产基地。此外，一汽解放、上汽集团、江铃汽车等多家商用车企业均针对新能源及智能产品规划产能，加大相关投资力度。

（3）国际化布局

随着中国商用车市场的逐步成熟和企业实力的不断壮大，各企业越来越关注全球化战略。

面对国际市场，中国商用车企业加大出口力度，提升产品的品牌力和服务水平。宇通客车已实现全球布局，覆盖欧洲、美洲、非洲、亚太、中东、独联体等六大区域，2022年出海服务公共领域，助力乌兹别克斯坦上合峰会、卡塔尔世界杯等多个重大国际活动；中国重汽在8个国家建立KD组装工厂，在全球90多个国家设立300家经销网点，一线销服人员超400名，

2022年累计出口超8万辆；一汽解放、北汽福田、上汽集团、比亚迪等多家商用车企业也已在海外建设KD工厂，设立海外代表处和办事机构，发展当地经销商，加强营销服务保障，中国商用车企业的全球化程度不断深入，海外布局成效初步显现。

当前我国企业海外布局仍主要集中在亚非等经济相对较落后、产品需求以低端车型为主的非主流市场，对欧美等地的高端市场渗透尚显不足，国内商用车企业在高端产品打造、服务体系能力建设、二手车及再制造等方面与国际领先商用车企业相比仍存在一定差距，在提供全生命周期解决方案层面还有待加强。

2. 企业竞争形势

中国商用车行业自1953年起步，经过70年的发展，已形成了充分竞争的市场环境，全国在册企业约1000家，注册资本在5000万元以上的企业占比超过40%，生产企业地域分布广泛。

以一汽集团、东风集团等为代表的传统商用车企业竞争逐年加剧，行业集中度进一步提升；随着新能源及智能网联技术逐步成熟，行业新入局者增加，新势力欲利用新赛道实现换道超车，传统车企持续蓄力保持领先地位。商用车行业处于一片红海市场，正形成前所未有的复杂的竞争格局。

（1）市场集中度进一步提高

国内商用车企业大致可分为3个竞争梯队，以2022年销量为参照，销量大于40万辆的企业包括上汽集团、长安汽车、北汽福田、东风集团，销量在15万~40万辆的企业有中国重汽、江淮汽车、长城汽车、一汽集团，销量在15万辆以下的企业有陕汽集团、厦门金龙等。

2022年，商用车市场TOP3企业合计销量达146.2万辆，合计市占率44.3%，同比提高2.2个百分点；TOP5企业合计销量215万辆，合计市占率65.2%，同比提高1.6个百分点，市场集中度进一步提高（见表11）。

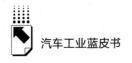

表11 2021～2022年商用车企业销量情况

单位：辆，%

排名	企业	2021年销量	2022年销量	同比增长	市场占有率
1	上汽集团	668494	505141	-24.4	15.3
2	长安汽车	575681	497379	-13.6	15.1
3	北汽福田	648687	459642	-29.1	13.9
4	东风集团	698483	447641	-35.9	13.6
5	中国重汽	399544	239728	-40.0	7.3
6	江淮汽车	271854	198366	-27.0	6.0
7	长城汽车	233006	186715	-19.9	5.7
8	一汽集团	454551	181963	-60.0	5.5
9	陕汽集团	200432	114075	-43.1	3.5
10	厦门金龙	51337	46525	-9.4	1.4
11	其他	591214	423283	-28.4	12.8
	总计	4793283	3300458	-31.1	100.0

资料来源：根据中国汽车工业协会数据整理。

从企业端来看，头部企业已积累足够的资金和技术，具有规模效应、成本优势及品牌竞争力。目前我国商用车市场已由增量市场转为存量市场，产能过剩问题不断凸显，规模较小或缺乏技术优势的企业受市场下行、国际竞争压力增大等影响，生存空间越来越小，面临被淘汰或整合的风险。

从用户端来看，当前国内经济环境复杂，行业受到多重因素的负面影响，用户对行业信心不足、预期转弱，较经济繁荣时期更倾向于选择稳定性好、性价比优、保值率高的优势企业产品，同时能享受到更好的金融政策及保障，也加速了行业的末位淘汰。

（2）新能源领域入局者增加

在"双碳"目标和技术升级的大背景下，新能源商用车行业快速发展。近年来，商用车领域不断涌现新进入者，如吉利、中国中车等，该类企业或本身具备汽车制造的基础和经验，或通过收购其他汽车企业，以新能源、智能车市场为切入点参与市场竞争，试图换道超车。部分企业集中资源，以先发优势已取得良好的市场成绩，但伴随传统商用车企业加大对新领域的投入，未来新能源商用车市场将呈现多方角逐的激烈竞争局面。

2022 年新能源商用车整体销量 33.8 万辆，同比提升 81.4%。从各企业来看，东风集团销量为 7.9 万辆，同比增长近 100%，市占率为 23.2%，处于绝对领先地位；吉利远程凭借轻型载货车持续发力，2022 年销售 3.9 万辆，同比大幅增长，市占率为 11.5%，跃居新能源商用车销量第二位；上汽集团销量为 3.3 万辆，市占率为 9.8%，居第三；TOP10 企业合计市占率达 78%（见表 12）。

表 12　2021~2022 年新能源商用车销量情况

单位：辆，%

排名	企　业	2022 年销量	2021 年销量	同比增长	市场占有率
1	东风集团	78610	39329	99.9	23.2
2	吉利远程	38723	6744	474.2	11.5
3	上汽集团	32993	19069	73.0	9.8
4	厦门金龙	24723	16563	49.3	7.3
5	长安汽车	21800	7708	182.8	6.4
6	北汽集团	21556	9648	123.4	6.4
7	奇瑞控股	17336	14116	22.8	5.1
8	宇通客车	12414	12571	-1.2	3.7
9	山西新能源	8801	10213	-13.8	2.6
10	浙江新吉奥	6894	—	—	2.0
11	华晨鑫源重庆	5828	2764	110.9	1.7
12	南京金龙	5765	4871	18.4	1.7
13	珠海广通	5339	2078	156.9	1.6
14	中国重汽	5032	5794	-13.2	1.5

资料来源：根据中国汽车工业协会数据整理。

（五）中国商用车主要企业发展情况

我国主要商用车企业有一汽解放、东风商用车、中国重汽、陕西重汽、北汽福田等，以及客车和新能源领域的宇通客车、厦门金龙、吉利汽车等。

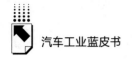

1. 一汽解放汽车有限公司

2022年，一汽解放面对商用车市场大幅下降的挑战，各种风险挑战交织上演，在剧变中谋变应变、在风险中竭力求存，及时调整经营策略，扩大终端份额、降低库存压力、化解渠道风险，实现了稳中有进、进中提质。一汽解放全年实现中重卡销售14万辆，北斗数据口径国内市场终端份额25.7%，始终引领商用车行业高质量发展。

2023年，一汽解放按照"锚定一个目标、聚焦领航主线、坚持双轮驱动、强化五大领域攻坚"的总体思路推进全年生产经营各项任务，坚定行业第一地位不动摇，增强危机意识，发扬斗争精神，以超凡行动力、创新力，落实2023年经营各项目标任务，使之向着成为"世界一流汽车企业、百年民族汽车品牌"不懈奋斗，为建设制造强国、交通强国贡献解放力量。整车销售目标25万辆。

2. 东风商用车有限公司

2022年，东风商用车公司中重卡销量8.7万辆，市场份额11.3%，同比持平，在国内、海外均跑赢大市，其中本部国内销量6.7万辆，份额11.9%，同比提升1.6个百分点；子公司销量1.55万辆，份额2.7%，同比提升0.9个百分点，海外销量0.4万辆，份额2.0%，同比提升0.1个百分点。

2023年是东风商用车全面推进品牌向上战略实现突破发展的重要一年，全年销量目标12.7万辆。公司上下将围绕一个目标，落实"两个毫不动摇"，坚持以客户为中心，以SP/BP（中长期战略规划/年度运营目标）为主线，基于市场洞察及客户满意度管理，聚焦商品竞争力改善，持续打造高质量营销体系、深化配件分销向服务营销转型、加快新业务落地见效、深耕DCPW、推进体制机制变革，构建以客户为中心的运营管控体系，为客户提供满意的产品和服务，全面推进品牌向上战略落地，建设卓越的商用车企业。

3. 东风汽车股份有限公司

2022年，面对经济形势下滑、疫情多点散发、市场竞争加剧、汽车消费不足等严峻形势，东风汽车股份与合作伙伴齐心努力，完成销量13.1万辆，其中东风轻型卡车销售11.8万辆，在市场全面下滑的逆境中跑赢大市。

2023年，东风汽车股份销量目标为18.5万辆。紧扣"质量、成本、交付"三大主题，东风汽车股份供应链管理工作将持续聚焦客户需求，以稳定的交付保障能力为前提，在质量提升与成本优化两条主线上不断发力，建立客户同期、成本领先、高效安全的供应链保障体系，确保销量目标顺利实现。

东风汽车股份将围绕五个"领先战略"，持续推进商品转型、营销转型、制造转型、收益转型、管理转型，打造具有国际竞争力的轻型车商品和高效管理运营体系，实现公司高质量发展。

4. 中国重型汽车集团有限公司

目前，中国重汽已成为我国最大的重型汽车生产基地，是我国重卡行业驱动形式和功率覆盖最全的企业，拥有黄河、汕德卡、豪沃等商用车品牌，并形成了以重卡为主导，同时涵盖中卡、轻卡、特种车等全系列商用车的产业格局。2022年，中国重汽集团在行业下行压力加大的情况下，全年累计完成汽车销售24.85万辆，其中重型汽车销售15.88万辆，居行业首位，实现营业收入1214亿元。

重型商用车业务是中国重汽集团的核心支柱，面临行业下行压力，中国重汽将加快产品结构调整，保持行业高端引领优势。在技术研发方面，聚焦关键技术攻关，加快新产品研发，打造核心竞争优势，在中重卡产品上实现全面完善优化。重点开展新能源商用车研发创新，坚持纯电动、混合动力、燃料电池三线并举，围绕新能源整车集成开发、集成式电驱动桥等关键技术开展重点攻关，通过新能源汽车电控系统全部开发与测试核心技术，以自主软硬件研发为基础，达到国内领先、国际先进水平，全面提升中国重汽新能源产品的核心技术竞争力。继续大力实施国际化战略，响应国家"一带一路"倡议，继续加快本地化产销一体化建设，在战略性海外市场实现本地化运营。重点做好海外区域市场特征、营销模式和竞争模式研究，开拓国际

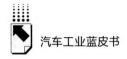

区域市场，继续深挖存量市场，精耕细作，同时聚焦攻坚增量市场，尤其是发达国家，实现海外营销新突破。

5. 陕西汽车控股集团有限公司

2022年，陕汽集团以科技创新为动力，稳步实施管理变革，加快推进高质量发展转型，不断提升经济效益和生产效率，全年累计产销汽车11.41万辆，市场份额不断攀升，同比增长2.33个百分点；国内市场持续深化营销体系改革，产品结构调整成效显著；国际市场填补多个空白地区，全年实现销售3.44万辆，同比增长80%，创造历史最好成绩；新能源市场抢抓市场增长机遇，全年销量同比增长315%；以产品引领为主线，增强研发实力，以商业成功为目标推进产品开发，聚焦商用车新技术发展方向，推进科研攻关，创新产品技术研发模式，突破多项关键核心技术；牢牢稳住发展基本盘，彰显了持续向好发展的韧性。

2023年，陕汽将持续推动战略落地，聚焦市场变化，围绕客户需求，实现营销升级，不断优化产品全生命周期服务，实行新能源市场的场景式营销模式，为客户提供一体化整体解决方案；强化产品创新，加速核心技术科研攻关和成果转化，打造原创技术策源地，加快平台产品系列化布局，确保产品技术领先。

面向"十四五"发展，陕汽坚持以客户需求为中心，不断提升市场占有率、产品竞争力和品牌影响力，构建完善的"三个一代"产品升级换代体系，全面推进节能与新能源核心技术开发与迭代升级，加速电动化、智能化、网联化技术深度融合，与产业链成员一同构建共生共赢的全新商用车产业生态圈。

6. 北汽福田汽车股份有限公司

北汽福田汽车股份有限公司是中国品种最全、规模最大的商用车企业，2022年品牌价值达1915.16亿元，连续18年蝉联中国商用车行业第一的位置。2021年4月，福田汽车总销量突破1000万辆，成为中国汽车工业史上首个销量突破千万辆的商用车企、中国首个千万级"双自主"商用车企、全球突破千万辆销量用时最短的商用车企。海外累计出口68万辆，连续11

年位居中国商用车出口第一，产品覆盖全球110个国家和地区。福田汽车锻造了从新兴企业到世界前列商用车引领者的传奇。

福田汽车已经形成集整车制造、核心零部件、汽车金融、后市场于一体的汽车生态体系，涵盖整车、零部件、金融、汽车后市场四大业务板块。整车业务覆盖卡车、大中客车、轻型客车、皮卡、工程机械与环境装备、新能源汽车等六大业务单元及18个产品品牌。在超级动力链层面，福田汽车与康明斯、采埃孚等全球合作伙伴在全球首创动力链集成创新模式，成立福田汽车动力集成创新中心PDIC，定制打造福田汽车第一条超级动力链产品，引领中国商用车动力系统变革。

2022年，在"十四五"开局之年，福田汽车将持续建设世界级自主品牌的核心能力，力争成为绿色、智能高科技的全球主流汽车企业。2022年福田汽车全年销量46万辆，受疫情、供应链等多方面因素影响，销量同比下降。但是新能源汽车销售逆势上涨，达2.1万辆，累计同比增加154.81%。

未来，福田汽车将以科技引领发展，品质铸就价值，为客户提供智慧与高效的综合解决方案，持续强化中国商用车第一品牌价值，努力成为科技与品质领先的世界级商用车企业。

7. 上汽红岩汽车有限公司

2022年面对疫情散发、运费低迷、油价高企、基建项目开工延期等导致重卡行业需求疲软、市场下滑的外部环境，上汽红岩继续围绕"客户导向、业务驱动、矩阵管理、持续提升"，坚持"新四化"（电动化、网联化、智能化、共享化）发展方向，实施传统赛道及新赛道双轮驱动，一是全力开拓市场，营销下沉终端，努力提升经销商终端零售能力；二是在新技术和新产品开发方面，通过携手产业链上下游企业资源整合，聚焦细分市场推出11款车型；三是在运营管理方面，推进数字化转型，提高运营管理效率。2022年红岩实现重卡整车销售1.31万辆，受益于新能源重卡市场的发展机遇，2022年上汽红岩实现新能源重卡销售0.17万辆，同比增长101%。

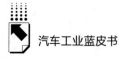

8. 安徽江淮汽车集团股份有限公司

安徽江淮汽车集团股份有限公司致力打造一个"全生态链、全产业链、全价值链"的综合性汽车服务平台。公司目前形成燃油＆新能源动力的整车业务（乘用车、商用车、客车）、核心零部件、汽车出行、汽车服务四大核心板块，拥有"思皓""瑞风""JAC""安凯"等知名品牌。

2022年受行业大势影响，江淮商用车销售同比下降了27%，但降幅小于商用车行业平均水平，市场地位稳步提升，2022年商用车市场占有率较2021年提升了0.5个百分点。商用车出口同比大幅增长72%，尤其是皮卡产品在海外市场广受欢迎。2022年江淮轻型商用车立足转型升级，坚持裂变发展，不断构建价值发现体系，基于不同应用场景开展产品规划与布局，推动新技术应用，皮卡、康铃事业部单独运作，全新轻卡品牌战略发布，全新一代车型亮相，帅铃S系、骏铃S系、康铃S系、运多多、恺达柴油小卡、德沃斯T9高顶双卧、威铃K5等轻卡新产品陆续上市。重型商用车面对行业下滑，推出针对不同需求的细分品牌车型，有效降低风险。骏铃聚宝盆混动轻卡、蓝猫纯电动城市物流车、换电重卡等新能源产品顺利上市交付。

9. 江铃汽车股份有限公司

2022年，江铃汽车克服了疫情反复、芯片短缺、原材料上涨和供应链危机等多项困难，顶住了商用车行业下行压力，稳住了江铃轻型商用车的市场地位；全年产销分别为28.2万辆和28.2万辆，比上年同期分别下滑17.09%和17.30%。

2022年，江铃汽车扎实推进各项战略举措，稳步开展新能源汽车业务，持续强化布局海外市场。在轻客方面，江铃福顺、E路顺等战略车型迅速上马，进一步巩固"第一轻客"地位，全年实现轻客销量7.7万辆，同比下降23.92%；江铃皮卡位居行业第二，全年销售6.29万辆，同比下降7.41%；江铃轻卡保持在行业前五强之列，全年销售6.47万辆，同比下降45.20%；全年出口6.3万辆汽车，同比大幅增长87%，创历史新高。

10. 宇通客车股份有限公司

宇通客车股份有限公司是中国客车行业的龙头企业、全球知名的新能源客车企业，集客车产品研发、制造与销售于一体，产品主要分布于公交、客运、旅游、团体、校车及专用出行等细分市场。

作为行业龙头，宇通以高水平创新团队为支撑、以高强度研发投入为保障，不断突破新能源与智能网联客车共性关键技术，持续提升新能源商用车的国际竞争力。2022年，宇通销售客车30198辆，实现营业收入196亿元。大中型客车国内市场占有率达到29.70%，连续21年居国内第一；全球占有率超过10%，连续12年居全球第一。目前，已累计出口客车超86000辆，累计销售新能源客车170000辆，产销规模全球领先。

11. 厦门金龙汽车集团

2022年，厦门金龙汽车集团坚持创新驱动，推进全面改革，积极拓展国内外市场，生产经营态势稳中向好、进中提质。受多种不利因素影响，2022年客车市场需求进一步萎缩，金龙汽车集团知难而进、迎难而上，跑赢大市。全年销售各型客车4.62万辆，市场占有率逆势增长。新能源汽车销量同比增长49.9%，燃料电池车销量同比增长299%。海外出口额同比增长11.7%。其中，新能源汽车出口同比增长514%，进入30个国家和地区。

2022年，金龙汽车集团强化创新引领，加快科技成果转化。集中资源攻关新能源和智能网联两大领域，全年获得专利授权232件、发明专利38件；参与制定和修订国家标准11项、行业标准10项；新增国家级技术发明奖1项，省级科技进步奖7项。在2022年世界品牌大会公布的"中国500最具价值品牌"排行榜中，金龙汽车集团合计品牌价值1735.92亿元，比上年提升219.45亿元。其中，金龙客车品牌价值686.97亿元，名列第115位；海格客车品牌价值665.39亿元，名列第130位；金旅客车品牌价值383.56亿元，排名提升两个位次至第213位。

12. 浙江吉利新能源商用车集团有限公司

历经起伏的新能源商用车行业，在国内能源转型和产业优势的共同推动下，2022年迎来市场拐点，全年渗透率达到11.3%。与此同时，远程摘得

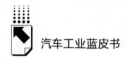

这一赛道 2022 年销冠。夺得第一的背后是远程八年内外兼修顺应市场周期、持续投入的战略思维的集中体现，最终在竞争中把握住机遇。

未来商用车行业的竞争，将从有形的实物产品逐步转向无形的软实力，交互体验、信息融合、能源配套、运力生态等才是衡量车企实力的集中表现。

远程新能源商用车快速崛起，得益于"以研发为先导"的品牌发展理念。依托吉利在汽车领域的深厚积累，远程建立了国内最大的新能源商用车研究院，汇聚了全球超 2000 名研发工程师，累计申请专利 1700 余项，主导并参与 65 项国家行业团体标准制定。同时，远程在三电核心技术、自动驾驶、智慧座舱等相关方面具备一定实力，形成软硬件一体化的核心竞争力。

三 商用车海外市场发展

（一）中国商用车海外市场发展概述

2022 年是我国商用车出口大年，全年商用车出口为 58.2 万辆规模，增长率超过 42%，创造了商用车出口的历史纪录。

疫情前，我国商用车出口相对平稳，保持在年均 25 万辆的规模，受疫情影响，2020 年我国商用车出口受到一定冲击，下降至 23.5 万辆的水平，2021 年，我国商用车出口实现了大幅增长（见图 16）。2022 年，在海外市场持续恢复、需求旺盛的支持下，我国商用车出口延续了增长势头。此外，俄乌战争、疫情、原材料涨价、芯片短缺等因素叠加，导致欧美商用车产业链受到影响，或者是成本急剧上升。中国的商用车产业链全面、稳定、可靠，对国外的品牌形成了部分产能替代。同时，我国卡车等产品的综合竞争力不断提升，产品成熟、稳定可靠且更具性价比，在国际市场上能得到更多认可。新能源汽车行业全方位、超高速发展，新能源商用车出口量稳定增长。

从产品结构来看，我国商用车出口以货车为主，货车出口 51.9 万辆，

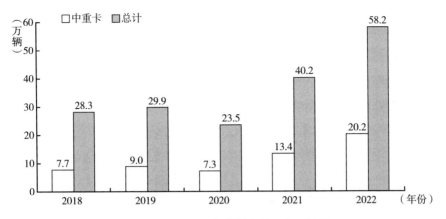

图 16 2018~2022 年我国商用车出口情况

资料来源：中国汽车工业协会。

重型货车出口 17.5 万辆，轻型货车出口 29.4 万辆，其中皮卡出口约 18.9 万辆；客车相对出口较少，为 6.3 万辆，大中型客车出口约 2.2 万辆，轻型客车出口约 4.2 万辆。

1. 我国商用车海外市场分布情况

按地域划分，我国商用车出口以南美、独联体、东南亚和非洲区域为主，2022 年产品出口国家（或地区）达到 190 余个，其中智利、越南、俄罗斯、墨西哥、澳大利亚市场排名前五位，前五名集中度约 41%（见图 17）。

按照经济发展水平划分，我国商用车出口市场可分为两大类：发达国家市场与发展中国家和新兴经济体市场，随着我国汽车工业的发展，我国商用车出口至发达国家的占比逐步提升。

在以欧洲、北美、日本为代表的发达国家市场中，中国品牌面临的最大障碍是技术壁垒，短期内无法满足上述市场要求，凭借我国新能源技术进入上述市场是可能的途径。此外，在欧美传统优势的南美、澳洲市场，中国品牌同样面临一定的技术壁垒和市场准入壁垒，凭借传统技术整车进入难度较高，当地化、新能源整车等是规避上述壁垒的较好选择。

在发展中国家和新兴经济体市场中，海外市场商用车中国化趋势正在形成，欧、美、日、韩传统汽车巨头在发展中国家和新兴经济体市场的份额受

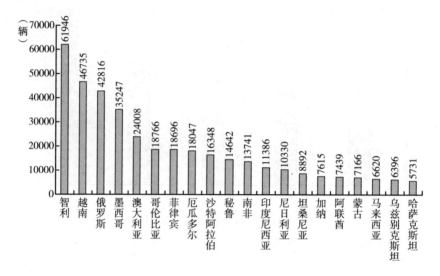

图 17 2022 年我国商用车出口目标国家情况

资料来源：中国汽车工业协会。

到中国品牌冲击。

这些市场又可分为两类：一类是工业化水平较高的市场，如俄罗斯、泰国、印度、印度尼西亚等，中国品牌面临着来自本土品牌的竞争，当地政府为扶持本土品牌，设置了关税壁垒和非关税壁垒，影响中国品牌的价格竞争力。另一类是工业化水平不高的市场，卡车需求完全依赖进口，中国品牌主要面临着来自欧、美、日二手车的竞争。中国品牌质量不断提升，相较于欧、美、日二手车，逐渐具备性价比优势，正在逐步取代欧、美、日二手车。但随着这些经济体工业化进程的不断加快，未来卡车当地化生产将是不可避免的趋势。

2. 重型载货车海外市场发展情况

根据 2022 年重型载货车出口统计，我国商用车企业出口重型载货车超过 17 万辆，且高度集中，前五名集中度超过九成。其中中国重汽出口重型载货车约 8 万辆，出口份额超 46%，优势明显；陕汽控股、中国一汽、北汽福田、东风汽车列第二集团，出口重型载货车均超过万辆；徐工汽车、上汽红岩、安徽江淮、成都大运列第三集团，销量规模为千辆级，而其余厂家出口量较小（见图18、图19）。

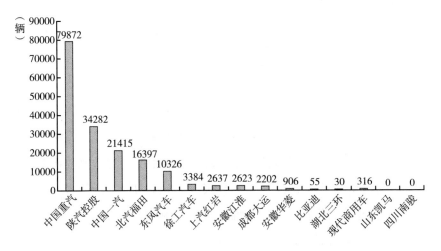

图18　2022年重型载货车企业出口量

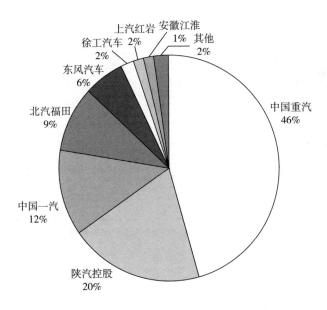

图19　2022年重型载货车企业出口份额

从出口目标国家来看，我国重型载货车出口区域以俄罗斯、越南、菲律宾、印度尼西亚、尼日利亚为主，前五名集中度约为45%，产品出口国家（或地区）达到180余个，产品覆盖率越来越高。分车型看，我国出口重型载货车以牵引车为主，出口销量为73744辆，相较2021年几乎实现翻倍增长；其次为自卸车，出口销量为58057辆；普通货车与专用车出口销量分别为27049辆和14266辆。

3. 轻型载货车（不含皮卡）海外市场发展情况

2022年我国商用车企业出口轻型载货车（不含皮卡）10.5万辆。轻型载货车（不含皮卡）出口企业高度集中，前三名集中度高达六成。其中，排名第一的北汽福田，轻型载货车（不含皮卡）出口近4万辆，出口份额为37.6%；第二名江淮汽车出口1.6万辆，出口份额为15%；第三名上汽大通出口0.9万辆，出口份额为8.6%（见表13）。

表13 2021~2022年主要企业轻型载货车（不含皮卡）出口量

单位：万辆，%

企　　业	2022年出口量	2021年出口量	出口量增长
北汽福田汽车股份有限公司	3.96	3.10	27.75
安徽江淮汽车集团股份有限公司	1.58	1.27	24.49
上汽大通汽车有限公司	0.91	0.55	64.88
江铃汽车股份有限公司	0.87	0.85	1.65
东风汽车集团有限公司	0.81	0.53	51.76
华晨鑫源重庆汽车有限公司	0.58	0.27	114.55
重庆长安汽车股份有限公司	0.46	0.48	-3.41
江西昌河汽车有限责任公司	0.31	0.35	-13.04

注：表中轻型载货车含轻型载货车整车及轻型载货车非完整车辆数据。
资料来源：中国汽车工业协会。

4. 客车海外市场发展情况

2022年我国客车出口6.3万辆，同比增长22.2%（见表14）。

表14 2021~2022年主要企业客车出口量

单位：万辆，%

企　业	2022年出口量	2021年出口量	出口量增长
上汽大通汽车有限公司	1.40	1.34	3.87
北汽福田汽车股份有限公司	0.96	0.43	123.16
厦门金龙联合汽车工业有限公司	0.69	0.80	-14.02
宇通客车股份有限公司	0.57	0.49	15.60
安徽江淮汽车集团股份有限公司	0.57	0.18	213.13
厦门金龙旅行车有限公司	0.53	0.57	-7.63
中通客车股份有限公司	0.29	0.16	79.36
江铃汽车股份有限公司	0.28	0.10	168.44
金龙联合汽车工业(苏州)有限公司	0.27	0.37	-26.29
重庆长安汽车股份有限公司	0.26	0.18	41.63
比亚迪股份有限公司	0.21	0.24	-13.26

注：表中客车含客车整车及客车非完整车辆数据。
资料来源：中国汽车工业协会。

在燃料类型方面，传统燃料车型出口量约5万辆，同比提升15.1%。中国客车企业正加快海外市场新能源客车布局，新能源客车出口为1.4万辆，同比提升54.4%，新能源出口车型以纯电动大中型客车为主。

5. 皮卡车海外市场发展情况

2022年皮卡出口18.9万辆，同比增长72.4%。其中排名前三的企业为上汽大通、长城汽车、江淮汽车，分别出口5.57万辆、5.11万辆、2.94万辆，出口份额分别为29.5%、27.1%、15.6%（见表15）。

表15 2021~2022年中国企业皮卡车出口量

单位：万辆，%

企　业	2022年出口量	2021年出口量	出口量增长
上汽大通汽车有限公司	5.57	2.05	171.29
长城汽车股份有限公司	5.11	4.36	17.12
安徽江淮汽车集团股份有限公司	2.94	1.72	70.78

续表

企　业	2022 年出口量	2021 年出口量	出口量增长
重庆长安汽车股份有限公司	2.63	1.24	112.37
江铃汽车股份有限公司	0.97	0.55	75.09
河北中兴汽车制造有限公司	0.82	0.59	40.02
北汽福田汽车股份有限公司	0.62	0.25	144.43
东风汽车集团有限公司	0.21	0.17	22.42

资料来源：中国汽车工业协会。

6. 我国商用车海外市场特点及发展趋势

中国传统重型载货车技术一直沿用欧洲标准，国内重型载货车市场需求升级至高端产品档，刚好触及其产品线。20 世纪国家汽车工业缺重少轻，日本二手重型载货车遍地开花，欧洲二手重型载货车算"高等货"，经过我国汽车行业 30 年的努力，上述状况大有改观，欧、美、日、韩二手车已经"绝迹"，新车进口量也屈指可数。

国内传统重型载货车技术升级与法规约束已经触及天花板，产业政策和碳中和承诺导致需求端走势存在很大不确定性，传统重型载货车需求开始萎缩，新能源重型载货车需求快速上升。叠加国内重型载货车需求升级至高端产品这一档，外资品牌的优势开始显现，国内重型载货车市场竞争更趋白热化，越来越外溢到海外市场，我国品牌出海步伐正在加快。

从产业链角度看，海外市场越来越重视投资带来的效益，部分市场如非洲的安哥拉和刚果（金）、东盟的马来西亚等对 KD 进口组装的需求，巴西、阿尔及利亚、埃及、摩洛哥、泰国等国家对技术引进、吸引投资和本地化生产的需求等，影响了中国品牌海外市场的布局和营销策略。

（二）中国商用车海外市场发展面临的形势

中国是全球最大的商用车市场和生产国，商用车种类齐全且产业自主程度高，绝大多数零部件均在本土生产，产业基础雄厚，具有明显的全球竞争优势。同时，随着我国法规标准提升，我国高排放标准的车型在国际市场也形成了一定的竞争力，得到了国际市场的认同。此外，随着我国治理超载超限工作的开展，载货车的设计也逐步符合国际标准，有利于我国商用车企业拓展海外市场。

1. 我国商用车海外市场发展机遇

（1）新兴经济体触底反弹叠加西方经济体高通胀，中国商用车品牌的竞争力越来越强

2023年国际货币基金组织乐观预计，新兴市场和发展中经济体2023年和2024年的经济增速将分别小幅回升至4%和4.2%，新兴市场和发展中经济体作为整体经济已经触底反弹，而西方经济体经济还处在高通胀过程中，其供应链成本居高不下。中国商用车品牌的海外竞争力越来越强，或许会出现"马太效应"，带来商用车出口的持续增长。

（2）国家继续推动高质量共建"一带一路"，实施互联互通和产能合作项目，必将带来更多的海外需求机会和更大的示范效应

国家着力推进多元化的国际经贸合作，加快开拓拉美和中东等新兴市场，继续推动高质量共建"一带一路"，扩大实施互联互通和产能合作项目。随着"一带一路"倡议下的合作不断加深，更多的国家或区域的大项目、大工程陆续开工建设，越来越多的中国商用车品牌随工程建设单位一道出海，为当地基础设施建设发挥作用的同时也拉动了当地更多的需求，强大的示范效应有利于中国商用车品牌加快开拓市场。

（3）海外市场商用车需求升级加快，中国商用车品牌的适应性更强，服务和品牌建设加强

海外市场商用车需求升级加快，主要表现在：一是各国政府更加注重环保，排放法规加快升级，如东南亚的越南排放从欧二到欧三再到欧五的跳跃式过渡，时间很短，南美的墨西哥、秘鲁、智利、哥伦比亚等排放直接过渡到欧六；二是商用车用户从注重购车成本转而更加关注舒适性和运营效率。

海外市场需求结构逐步接近于国内市场，使得中国商用车品牌排放法规的适应性较强，几乎不用调整或者略微变动设计就能满足当地市场需求，出口产品与国内产品技术差距缩小，理论上也会降低海外维修服务和配件供应

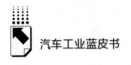

成本。

海外市场用户关注点由低价逐渐转向舒适度和运行效率，部分高端市场用户更多关注产品 TCO 和车辆整体解决方案，中国商用车品牌要更加关注海外用户需求变化，做好针对性市场研究，提供更合适的产品与服务方案。

（4）全球新能源、智能化发展提速，部分海外市场相继推出新能源车辆规划及相应支持政策

经过数年的技术开发和使用验证，中、美、欧等新能源商用车不断创新和拓展产品线，在关键动力总成产业链、智能网联技术等方面的比较优势凸显，并快速上量，这让其他发展中经济体看到新能源商用车普及的可能。南非、印度、巴西、俄罗斯等经济体制定新能源车辆规划，从关税和产业政策等方面鼓励发展新能源汽车。

新兴市场的新能源车辆运输需求，使我国新能源商用车面临前所未有的发展机会，并有望引领海外新能源商用车发展。

2. 我国商用车海外市场发展面临的挑战

（1）西方发达经济体高通胀、高债务，出口业务面临不确定性风险

西方发达经济体高通胀下金融环境收紧给全球经济带来压力，并导致全球借款成本增加。在经济增速放缓、财政压力上升、金融环境收紧背景下，外币债务水平较高的国家〔如亚洲的巴基斯坦、孟加拉国，非洲的刚果（布）、索马里、苏丹、津巴布韦等〕发生债务重组或违约的可能性增大，其流动性危机和偿债危机可能集中爆发，对其商用车市场的影响也将是空前的。

欧美出于自身政治需求对一些商用车市场采取制裁或长臂管辖措施，如美欧对俄罗斯采取了迄今为止多达十轮的制裁，并开始向第三方市场扩散，给我国的出口业务带来潜在风险；美国长期对伊朗、古巴的贸易禁运制裁，联合国对朝鲜的制裁等。

海外区域动乱（如马里和布基纳法索政变等）也使中国品牌出口面临巨大的挑战，这些风险往往无法提前预警或者难以判断，处于战乱区域的人员和货物安全很难得到保证，损失也往往无从追偿。

（2）海外二手车供应链修复引发的快速反弹或将冲击中国商用车品牌出口

随着全球疫情形势趋缓，欧美重型载货车产业的一线品牌发展趋于稳定，其新车供应能力恢复，二手车成本下降，加上欧美大陆淘汰燃油卡车、加快替换电动车的政策驱动，未来会有大量的二手车回流海外，其是否会引发报复性反弹进而冲击我国的出口难以预料。

未来几年的影响因素还包括欧美高通胀演化成金融危机、大宗商品暴涨暴跌、碳排放和环保政策带来的不确定性等。

四 新能源商用车发展

（一）新能源商用车发展现状

1. 新能源商用车发展

2022 年新能源商用车销售 33.8 万辆，同比上涨 81.4%，渗透率提升至 10.2%。分车型看，新能源客车共销售 10.3 万辆，同比增长 24.0%；新能源货车销售 23.5 万辆，同比增长 128.0%，其中新能源重型货车销量 1.9 万辆，同比增长 170.2%。轻、中、重型货车和客车全面发力，在商用车各类使用场景加速渗透。预计 2023 年新能源商用车销量有望超过 60 万辆，渗透率将提升至 17% 左右。

2. 新能源商用车标准、法规及政策

（1）国家层面

国家发改委、国家能源局印发《关于进一步提升电动汽车充电基础设施服务保障能力的实施意见》，围绕矿场、港口、城市转运等场景，支持建设布局专用换电站；加快车电分离模式探索和推广，促进重型货车和港口内部集卡等领域的电动化转型；探索出租、物流运输等领域的共享换电模式，优化共享换电服务。

工信部、国家发改委、生态环境部发布《关于印发工业领域碳达峰实施方案的通知》，开展电动重卡、氢燃料汽车研发及示范应用；加快充电桩

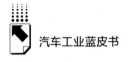

建设及换电模式创新；对标国际领先标准，制修订汽车减排标准；2030年，清洁能源交通占比40%以上，商用车新车二氧化碳排放减少20%以上。

生态环境部、国家发改委、公安部等15部门联合发布《柴油货车污染治理攻坚行动方案》，通过对"车、油、路、企"的统筹，全面推动运输结构调整，加速大宗商品运输方式低碳化、清洁化转型，降低柴油货车污染。

《氢能产业发展中长期规划（2021—2035年）》明确提出，到2025年，初步建立以工业副产氢和可再生能源制氢就近利用为主的氢能供应体系，氢燃料电池车辆保有量约5万辆；形成较为完备的氢能产业技术创新体系、清洁能源制氢及供应体系，产业布局合理有序，可再生能源制氢广泛应用，有力支撑碳达峰目标实现。预计到2035年，初步形成氢能产业体系，构建涵盖交通运输、绿电储能、工业能源等多领域的氢能应用生态。规划到2050年，氢能在中国终端能源体系中占比至少达到10%，氢气需求量接近6000万吨，燃料电池车产量达到520万辆/年。

（2）地方层面

新能源汽车产业关乎国家"双碳"战略、环保治理，同时新能源汽车产业庞大，整车主机厂、关键零部件企业、充换电基建、绿氢制备储运、加氢站建设及相关的技术研发都会吸引大量的投资，并成为经济增长的新引擎。各省区市结合自身产业特点，制定了符合自身发展的新能源产业政策规划。目前对新能源商用车发展重视度较高的省区市主要有北京、河北、山东、山西、内蒙古、辽宁、上海、江苏、浙江、安徽、湖北、四川、重庆、广东、广西等。

在国家"双碳"政策引导下，各地逐步实施换电站建设补贴政策，拉动新能源中重卡发展；新能源路权相关政策将落地落实，目前已有超过50个城市颁布新能源路权政策；针对轻卡、轻客等限制燃油车型上路，部分城市如北京仅新增新能源物流车辆。

在部分场景，电动商用车TCO已与传统燃料车型持平或略具优势，由政府牵头制定的产业规划初具雏形，如山西、陕西、内蒙古煤炭核心产区围绕"风/光发电+储能+充换电站+煤运短倒重卡"的整体规划，引导产业快速发展。而在纯电商用车TCO仍弱于传统能源车辆的使用场景，仍然以传统能源车辆路权限制和新能源车辆补贴政策为主。

氢能源商用车受限于目前上、下游技术及使用成本无法满足市场经济性要求，目前以补贴政策支持为主。多地市制定了中长期产业规划和补贴政策，鼓励氢燃料电池商用车的开发和试运营。

3. 新能源商用车交通运输情况

（1）电动重卡

电动重卡短期内会在政策要求较高的煤炭、钢材等厂区内运输，并优先渗透至环卫、渣土等城市内作业用车场景。随着电动重卡的经济性和续航里程的提升，其市场驱动力增强，在以下场景的应用将会逐步增多：政策要求较高的城市内作业用车场景，如环卫、洗扫、渣土等；运输半径150公里以内，城市周边园区短倒运输，如钢厂、电厂、物流园等；运输半径150公里以内大宗货物短倒运输，如场矿、港口、站台等；运输半径150公里以内的工程建筑场景，如砂石料、水泥搅拌等。

（2）新能源轻卡

受限于续航里程，新能源轻卡目前的应用场景主要集中于城市内的物流配送、个体自用及一些专用场景。用户特征：大型物流公司集中购买，自营为主；物流平台集中购买，租借给加盟司机；主机厂租赁平台自产车辆，对外租赁；第三方运营公司集中购买，对外租赁；以小卡为主的散户，主要是自购自用、加盟挂靠。各场景工况如下：①城市快递快运，仓与仓之间物流运输、仓库至终端客户之间物流运输，载重1~2t，运距50~100公里，城市内路况及环城高速；②零担配送，城郊仓库向城市内客户配送、城市内搬家运输，载重2~3t，运距50~100公里，城市内路况及环城高速；③物流配送，城市内运输配送，主要用于城市末端物流，载重0.5~1.5t，运距20~80公里，主要是城市内路况；④个体自用，果蔬散杂个体店面物流，主要用于城市末端物流，载重0.5~1.5t，运距10~80公里，城市内路况；⑤高效物流，百货、家具、酒水饮料等城市郊区仓库之间配送，载重4~6t，运距100~200公里，高速、国道为主；⑥零担快运，米面粮油、五金建材、酒水饮料、生鲜冷链等同城内配送，载重3~5t，运距50~100公里，城市内

路况及环城高速；⑦环卫路政：城市内路况，日里程 50 公里以内。

（3）新能源客车

电动客车在城市内公交客运场景，TCO 明显优于传统能源车辆，电动化程度较高。在部分场景氢能源客车开始试运营。

（二）新能源商用车发展趋势

1. 法规标准及政策趋势

新能源商用车行业仍处于发展初级阶段，当前基于纯电、氢能均未形成完整、全面的标准体系，也没有与国际标准体系全面对接。未来，随着中国新能源商用车的快速发展、产业规模持续扩大，各种标准必然会逐步细化并形成完整的标准体系，同时力争参与国际标准体系的制修订。在整个标准体系逐步完善的过程中，参与新能源商用车产业链的各头部企业，无疑对各类标准的制修订有更大的话语权。

商用车年均行驶里程长，碳排放总量、氮氧化物、PM 颗粒物排放量远超乘用车。在节能减排政策要求下，国家及各省区市未来对新能源商用车产业发展的推动政策将会更加细化具体、更加行之有效，政策力度也会加大；政策工具以资金补贴、路权开放、渗透率强制要求等为主。

2. 技术趋势

目前，新能源商用车的主要技术路线有两种：纯电动车辆依靠充电电池组驱动，无辅助动力源；氢燃料电池车辆依靠氢燃料电池驱动，通过空气中的氧气与自带的压缩氢气反应发电，结合电池为电机提供动力输出。未来技术发展将基于以下几个方向。

（1）整车开发

当前，绝大多数新能源车采用的是"油改电"方案，但从长期来看，正向研发整车平台将是整车性能提升的必由之路，也是头部企业共同选择的攻关方向。比如，电驱桥与车架、电池包等整体规划并集成于底盘，提高底盘空间利用率的同时电池容量更大、续航里程更长；驾驶室外形及结构重新设计，重心下移、降低风阻系数；采用电驱桥或分布式电机，提高传动效率、降低能耗，空间布局更加灵活。

（2）电驱动系统

现阶段正向开发的电驱动系统正在向集成化发展，集成式电驱桥是集电机、减速器、驱动轴等于一体的高集成传动系统，具备整车布置空间小、集成度高、传动链小、效率高等优点，与油改电整车中央驱动模式相比，集成化的电驱动系统有利于扩大可用空间、降低车体自重，从而实现更好的动力性能和更优的能效。

电驱动系统的另一个发展趋势是高压平台的应用，当前商用车主流的电压平台为600V，而下一代电动车的发展方向是800V～1000V的高压系统。高压平台可以实现大功率充电，配合超充桩的应用可以大幅缩短充电时间。高电压系统下，电流变小使得整个系统传动功率损耗减小，从而在同等带电量的情况下提升整车动力性能、延长续航里程。

（3）智能化

①自动驾驶和智能网联技术

实现安全、稳定、高效的无人化运用，从根本上提升重卡生产力，解放司机。根据头部卡车自动驾驶公司公布的进度，L2+重卡已于2021年开启量产和运营，而L4卡车仍处于测试阶段，前装量产预计在2025年前后。

②线控技术

线控技术是指用电信号的形式直接控制执行机构，以取代传统的机械、液压或气动等形式，关键技术有线控驱动、线控制动、线控转向。线控技术具有精度高、响应快、执行安全稳定等特点，是商用车自动驾驶落地的必备基础设施。

③集中化的电子电气架构

商用车智能化的发展需要更多的传感器、更复杂的算法、更快的通信、更频繁的功能更新，推动车辆电子电气架构从分布式向集中式演进。采用域控制系统（DCU），将汽车的功能整合为自动驾驶域、座舱域、底盘域、动力总成域、车身域等几大功能域，并利用性能更强的SOC，将原本分散于各ECU中的功能集中到域控制器内，实现功能的高度集成，提升系统性能和

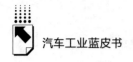

整体可靠性，降低系统的软硬件复杂度。

（4）氢能源

相比于纯电动车辆，氢能源车辆理论上可支持更长的续航里程和更高的载重，未来主要应用于长途牵引等200公里以上且载重较大的长距离干线运输场景，目前有氢内燃机和氢燃料电池两种技术路线。以现有技术情况判断，未来氢燃料电池更具竞争力。

氢能源商用车行业仍处于发展起步期，氢燃料电池技术仍不够成熟，燃料电池寿命尚不足以支撑整车生命周期。比较明显的是，在未来3~5年，随着重卡对功率和功率密度要求的提高，同时金属双极板寿命低问题逐步得到解决，重卡电堆中金属双极板应用将逐步增加，电堆的体积功率密度预计将由当前的3~3.5kW/L提升至7~8kW/L；同时大功率燃料电池系统的应用，不仅有助于减少电池的用量，还能够满足重卡对功率的要求。另外，质子膜关键部件的国产化、催化剂回收重复利用、氢燃料电堆工业化生产、氢能储运方式的优化、加氢方式的优化、技术迭代和新技术的出现等因素，都可能对氢能源商用车的技术发展带来影响，同时助推氢能源商用车产业化进程加速。

3. 市场需求分析

新能源商用车已基本明确纯电动与氢燃料电池两大技术路线。国内新能源商用车的发展主要由各地相关政策驱动，随着新能源基建的完善和部分场景下车辆使用经济性的提升，新能源商用车需求将逐渐由政策驱动变为市场驱动。

（1）"双碳"战略及环保政策驱动

低碳的本质是能源问题，商用车以两成的保有量贡献了五成的燃油消耗量，是交通运输领域低碳发展的重中之重。国务院印发《2030年前碳达峰行动方案》，明确提出推动运输工具装备低碳转型，积极促进新能源、清洁能源在交通运输领域的应用，大力推广新能源汽车，逐步降低传统燃油汽车在新车产销和汽车保有量中的占比，推动城市公共服务车辆电动化替代，推广电力、氢燃料、液化天然气动力重型货运车辆。在"双碳"战略指引下，各地政府陆续出台了针对新能源汽车的补贴政策或者对传统能源车辆的限制政策，双向引导下，物流配送、环卫渣土、公交客运等场景开始使用新能源车辆。各地政策仍存在较大的差异，但方向一致。

（2）市场驱动

在部分短距离运输场景，纯电重卡总成本已经优于传统能源车辆，典型工况：单程运距150公里以内，年运营里程6万公里以上，低频运营采用充电模式，高频运营采用换电模式；主要应用场景如场矿短倒、港口运输、城市渣土、电厂钢铁水泥厂区物流等。短途运输场景在重卡运输场景中占比近半，随着铁运、水运中长途运力的持续提升，预计短途运输占比将持续提升至60%~70%，未来几年仍然是重卡的增量市场，前景广阔。随着新能源商用车市场规模的扩大，包括电池在内的零部件成本下降、规模化生产带来的整车制造成本下降、充换电等相关配套设施的完善带来营运成本下降；伴随国际环境变动带来的传统能源价格上涨、持续的技术革新带来新能源车辆性能和运营效率的提升等，新能源重卡尤其是纯电重卡TCO将持续增长，并迈入高速发展期。

（3）地方氢能政策助推氢能源商用车发展

氢能作为一种优秀的储能介质，可以配合风能、光伏、水电等不稳定绿色能源协同发展，将多余的可再生能源电力通过电解水制氢并储存起来，既可以用于电网系统调峰，还能够大规模消纳风能、太阳能等不稳定绿色能源，是解决弃风、弃光问题的新路径。氢气能量密度高、燃烧热值高、来源广泛、制取途径多样化，不管是在燃料电池中进行的电化学转化或者直接燃烧，最终排放的都只有水，所以氢能被视为脱碳时代的"理想燃料"。氢能源商用车在发展过程中将孕育出新的产业链，相关技术的研发投入、制氢、储氢、加氢甚至工业用氢，可以吸引大量的资本和人才，成为各地经济增长的新引擎。目前国内已规划多个"氢走廊"项目：成渝氢走廊、长三角氢走廊、长江氢走廊、广东粤湾氢走廊、山东半岛氢走廊、浙江氢走廊、内蒙古氢走廊、北京周边的氢走廊等。"氢走廊"项目首先围绕交通运输行业发展，氢能源商用车依靠氢走廊项目试点导入、应用。部分省区市氢能产业政策示例包括：①北京，2025年前培育10~15家龙头企业，新增37座加氢站建设，燃料电池汽车推广突破1万辆。②上海，到2025年，计划建成运行超过70座加氢站，燃料电池汽车推广应用达到万辆级规模。③重庆，到

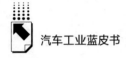

2023 年，氢燃料电池汽车应用规模将达 1000 辆。还联合四川打造 "成渝氢走廊"，两地已建成加氢站 15 座。④广东，到 2025 年前，实现推广 1 万辆以上燃料电池汽车目标，年供氢超过 10 万吨，建成加氢站约 200 座。⑤河南，到 2025 年，示范应用氢燃料电池汽车累计超过 5000 辆，加氢站 80 个以上。⑥山西，推进商用车 "柴转氢" 工作，利用山西省焦炉煤气资源和成本优势，带动全省氢能源商用车发展。

4.发展存在的问题和挑战

(1) 技术不成熟

目前新能源整车正向开发、电池性能提升、电驱动集成化和高电压平台应用、氢燃料电池性能提升等关键技术路线仍处于优化过程中，需要大量的技术攻关，持续提升 TCO 竞争力。未来随着新能源商用车渗透率提升、产业规模扩大，各企业仍然需要持续提升制造工艺和制造技术，提升企业竞争力。

(2) 产业规模小

尽管 2022 年新能源商用车市场快速增长，但总销量仅 31.6 万辆、渗透率仅 11.2%，产业规模、企业利润不足以支撑在新能源方面的研发投入和制造升级，导致相关企业的生存能力变得更加脆弱。

(3) 相关配套设施不完善

相较于随处可见的加油站，新能源车辆所需的充换电站、加氢站还十分稀少，新能源车辆的应用需要同步考虑配套设施建设。充换电站的建设需要大量的资金投入，同时需要国家电力系统的支持。氢能源方面，制氢、储运、加氢除需要大量的资金投入外，还极度依赖于关键技术的突破。

五　商用汽车产业发展建议

(一)政策方面

1.科学确定商用车积分管理方案

乘用车积分政策对新能源乘用车推广起到了重要作用，商用车引入积分管理也将对车辆节能减排产生极大的促进作用。制定商用车"双积分"制度，不仅可以加快商用车车企转型升级的步伐，还能将更多的资源导入节能及新能源商用车领域，对于商用车行业变革具有重要意义。但是商用车本身的性质、应用场景、生产企业等行业要素与乘用车有很大不同，给"双积分"管理目标的确定和考核要求的设计带来较大挑战，导致商用车积分制度推进得较为缓慢。

从生产企业角度来看，"双积分"政策的引入，将为企业带来较大的成本压力和经营挑战，但是从管理部门和行业长远发展来看，明确商用车"双积分"的管理目的和管理重点，可以促进新能源商用车渗透率提升，降低机动车碳排放。

2. 切实落地物流行业高质量发展政策

物流行业高质量发展是经济高质量发展的重要组成部分，也是推动经济高质量发展不可或缺的重要力量。国务院先后印发《"十四五"冷链物流发展规划》《"十四五"现代流通体系建设规划》《推进多式联运发展优化调整运输结构工作方案（2021—2025 年）》《"十四五"现代物流发展规划》等多个重要规划文件，提出对现代物流发展的要求和建议，是为我国物流向规模化、标准化和全球化等高质量维度发展而进行的顶层设计。

相关部门及各地方政府需尽快根据相关规划的要求，制定具体政策，加快物流行业转型升级，助力物流行业向高质量发展，以推动物流行业升级及国家物流枢纽建设为契机，为经济发展创造新的增长极。

3. 进一步加大换电重卡推广力度

续驶里程短和充电时间长成为新能源商用车发展的瓶颈，削弱了其竞争优势。换电模式解决了当前新能源重卡的应用痛点，但是，当前我国换电重卡面临着电池标准不统一、基础设施数量不足、基础设施标准不统一、运营成本高等问题。

国家应从顶层设计和系统规划角度，解决当前换电模式发展中的痛点，比如在重卡物流等领域落地实施换电重卡车辆购置补贴、城市通行路权开

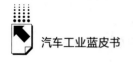

放、场站建设运营优惠政策,提升换电模式的经济性,加大换电模式的推广力度。

目前市场主流商用车换电方案分别为顶换式、侧向换电及整体双向换电。制约换电重卡发展的痛点主要集中为建设及接口标准不统一。2022年8月,中汽协发布《电动中重型卡车共享换电站建设及换电车辆技术规范》,对重卡换电站换电系统、电池包、换电车辆技术进行规定。随着换电站标准逐步统一,换电站的规模经济优势将逐渐凸显。

4. 加快统一商用车及物流行业市场要素

我国商用车产业发展已达到世界先进水平,资本、技术、数据等市场要素规模迅速扩大,但市场竞争不充分、监管规则不统一,部分市场存在地方保护等现象,极大地影响了商用车市场要素资源的有序、自由流动。《中共中央 国务院关于加快建设全国统一大市场的意见》的发布对我国汽车行业高质量发展而言,既提出了更高要求,也提供了很好的发展机遇。

在公路物流行业中,各地政策、标准不尽相同,极大地降低了车辆运营效率,增加了运输成本。只有建设统一大市场,才能实现商品的快速流通,形成有效的供给体系。未来,如何建立覆盖省际、城乡的物流流通体系,成为关乎行业健康发展的重要保障。

5. 积极扶持氢燃料电池商用车发展

在"双碳"目标指引下,我国氢能产业发展正进入快车道。《氢能产业发展中长期规划(2021—2035年)》的发布,标志着氢能源发展正式升级为国家战略,与电能平起平坐。各地方政府纷纷响应政策号召,积极布局相关产业,制定各类地方规划和政策。此举既是为寻求能源转型,也可以刺激投资,进而推动经济复苏,带动地区经济发展。

氢燃料电池商用车作为氢能源的重要应用端,虽然得到国家和地方政策支持,但是仍面临购车及用车成本高、基础设施不完善、产业链生态不健全等阻碍市场化发展的问题。各级政府应针对行业发展的不同痛点"对症施药",以路权、财税、行政等各类手段促进氢燃料电池商用车的推广。

（二）产业培育方面

1. 大力实施品牌战略

近两年中国商用车出口销量不断提升，预测在未来的几年仍将保持高位运行态势。这主要依赖于我国商用车产品力的提升和我国商用车企业不断优化海外布局。但是，受限于海外市场对我国商用车品牌的认知不足和文化差异，中国商用车企业在国际市场仍未能树立强大的品牌形象。缺乏强大的国际化品牌，在很大程度上阻碍了中国商用车企业的全球化发展和价值提升。

品牌建设是一个需要长期累积的过程，长远的文化历史和品牌形象、坚实的产品实力和渠道能力，是中国制造业品牌不断发展的基石，发力点在于改变外界对中国工业制品、中国商用车产品"低端、低价、低质"的传统印象，实现品牌的全面焕新。

在减碳、减排、股比放开、存量竞争等多重因素交融的大环境下，商用车品牌建设也拉开了以颠覆传统、创新整合为特征的新时代序幕，需要树立"以品牌为统领"的正向品牌发展理念。

2. 建设商用车"灯塔工厂"

我国商用车行业发展至今，面临产品同质化严重，无法满足客户个性化、定制化需求，客户对质量、配置、服务和交付时间的要求越来越高等问题，倒逼企业进行转型升级。随着数字经济发展，我国商用车制造业的数字化、智能化转型升级已是大势所趋。

"灯塔工厂"作为智能化时代"先进的工厂"，其最大特点是智能化、数字化、自动化等技术的融合和综合应用，是制造业企业在全球智能制造领域领先地位的有力印证。我国商用车企业应综合运用新技术，实现商业模式、产品研发模式、生产模式、质量管理模式和消费者服务模式等的全方位变革，建设属于中国商用车企业自己的"灯塔工厂"。

3. 推动商用车产业集群化

商用车的产业链条超长，涵盖了研发、制造、改装、销售、保险、金融、租赁、运输、维修、挂靠、拆解、再制造、配件、配送等环节，是普通

乘用车链条规模的 10 倍以上，适宜以产业集群模式发展。

通过制定区域商用车产业规划，加快商用车产业基地（商用车产业综合体）建设，可将散落在一个区域内的商用车企业聚集起来，形成集群效应，在区域内逐渐发展成为重要的富民行业，为区域经济发展提供动力支持。

4. 重视再制造产业发展

再制造是企业实现节能减排的有效手段之一，可有效降低碳排放，以应对更严格的碳排放限制政策。再制造产品理论成本约为新品的 40%，市场销售价格一般为新品的 50%～70%，理论毛利润为 10%～30%，具备可观的盈利空间。

欧美发达地区汽车再制造产业发展相对成熟，尤其是欧洲地区，通过立法要求报废汽车废弃物占比不能超过 15%，并且欧洲的再制造业务主要由 OEM 企业主导。相较于欧洲再制造产业，我国起步较晚，市场对再制造产品的认可度不高，因此，再制造产品销量不大。

商用车企业应跟踪并适时加大再制造产业投入，基于已有的发动机再制造技术，加快推进再制造技术升级，降低再制造产品成本，提前开展再制造设计及评价技术预研，满足市场低碳化需求。

5. 推进智慧物流发展

近年来，随着物联网、智能物流装备、人工智能等的发展，外加新零售、智能制造等领域对物流行业的效率及成本要求越来越高，集中配送、智慧物流市场规模不断扩大。2022 年，国务院印发的《"十四五"现代物流发展规划》是国家层面又一个推动现代物流发展的纲领性文件，将智慧物流作为推动物流高质量发展的重要抓手。

在智慧物流发展过程中，物流商用车智慧化是非常重要的一环，因此，商用车产业也迎来了重要的发展机遇。物流行业对商用车运行效率及车队管理系统的要求越来越高，车联网顺畅、安全将是用户的重点需求。

（三）运营管理方面

1. 加强低碳排放监管

商用车作为生产资料，使用强度大、活动范围广、污染排放高，是我国汽车领域氮氧化物排放的主要来源。但是，我国商用车生产一致性合格率较低，在用车方面，超标排放现象普遍存在，甚至国Ⅵ车型仍有非法拆除后处理装置现象。

当前我国生态环境得到改善，但效果尚不稳固，商用车行业污染物减排空间仍然比较大，应加强商用车领域的排放监管。

一是应加强整车及零部件生产企业的生产一致性及工艺监管，保证出厂产品均为符合国家要求的国Ⅵ产品，发动机及后处理装置不能打折扣。同时要保证使用的材料、涂料等符合低碳排放要求。加强违法排放整治，帮助企业完善治污措施，实现稳定达标排放。二是在车辆油品方面，强化新车和在用车执法检查，并根据问题线索，追溯倒查。三是作为排放最核心的行驶阶段，加强道路运营监管，严查严处非法拆除后处理及有后处理却不使用的行为。

2. 重视实施行业数据监管

数字化能帮助货运经营者摆脱对经验的依赖、规避经验的局限性，以数据的事实来洞察问题与风险。随着我国智能制造水平的不断提升，企业数字化、网络化、智能化水平显著提高，对数字化技术的依赖度也越来越高。在当今数字化社会中数据和信息的价值越来越高，信息安全关乎着国家安全和经济社会的稳定。

国家对数据安全高度重视，在行业及企业数字化发展和转型过程中，数据已经成为企业至关重要的资产，应注重全要素数据安全防护。

未来，注重用户隐私保护的汽车品牌更容易得到消费者青睐，数据也将成为车企的核心竞争力之一。企业在数字化转型的过程中，必须加强对数据安全的重视程度，保障企业自身和用户信息安全。

3. 推进物流及其执法标准统一

建设全国统一大市场，要求市场监管规则、执法、能力统一，完善统一市场的执法标准，提高管理效率。

物流检查标准和规则频繁变化，对承运人和整车生产、改装企业带来了非常大的经营成本压力，对物流行业高质量发展非常不利，国家应统合相关

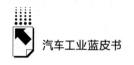

交通运管部门制定统一的路权及运营标准，避免给行业从业者造成额外的经营成本压力。

同时，我国多式联运发展水平仍然较低，而发展多式联运需要统一的物流体系标准。推广标准化运载单元，提升不同交通方式间的转运效率，将大大降低运输成本，进而促进交通运输行业的结构性节能减排。物流标准化提升，要求车辆与标准化单元（托盘、周转箱等）匹配，对货车产品装货空间的设计提出适配要求。

4. 强化合规、安全管理

根据物流行业的特性，梳理不同业务模式及相关环节存在的风险，建立物流行业合规指引，为物流企业合规建设提供业务范式，帮助企业规范业务流程，开展标准化经营，减少风险隐患。

物流行业持续健康发展，强化行业合规经营，提升风险防控能力。行政管理部门应当以企业合规建设为抓手，在开展行政管理和行业培训过程中有针对性地向企业传递合规建设理念，逐步将企业引导到合规建设的轨道上。

5. 有效实施网络货运平台监管

网络货运平台开始兴起，是解决公路货运市场信息不对称、优化运输流程、进一步加强运力管理、提高行业的税务合规性的创新方式。但是，在网络货运平台发展过程中，出现了部分企业利用垄断资源而引发定价机制不合理、运营规则不公平、生产经营不规范、主体责任不落实等突出问题，应加快相关部门对行业乱象的治理，及时规范行业发展。

同时，还应大力发展第三方物流，支持数字化第三方物流交付平台建设，推动第三方物流产业科技和商业模式创新，但是要反垄断、反不正当竞争，破除平台企业数据垄断等问题，防止利用数据、算法、技术手段等方式排除、限制竞争，加强对平台经济、共享经济等领域不正当竞争行为的规范管理，治理新型网络不正当竞争行为。

（四）企业发展方面

当前国内商用车企业虽然整车销量达到较高水平，但营收仍较依赖于车辆销售，在国际高端市场上的竞争力不强，需加快提升。在当前市场饱和、销量下滑的形势下，较为传统的业务模式使国内商用车企业的生存和发展面临巨大压力，需加快进行业务调整和转型。

1. 加大企业创新投入

当前，我国受到"卡脖子"影响，为突破科技限制，国家高度重视发展"专精特新"企业。高技术产业受到资本市场热捧，尤其是高技术制造业投资，已成为产业转型和高质量发展的重要力量。

商用车企业应该以创新驱动为第一动力，加大创新投入。在基础研究、传统车及新能源车技术、智能技术及服务等领域开展创新活动，从而实现企业高质量、可持续发展，为客户提供更高质量的服务。

2. 加快海外布局建设

国内商用车市场空间减小、海外市场空间增加的态势，使商用车企业意识到加大力度开拓海外市场的重要性和迫切性，近两年商用车出口增长较快，出口量占比从 2016 年的 6.3% 提升到 2022 年的近 20%。随着国产品牌的技术含量、附加值不断提升，中国商用车迎来出口的黄金期。

当前，我国商用车出口仍处于产品出口阶段，以整车出口和 KD 散件出口为主，基本上没有属地化的生产，产品销售主要还是依托于海外的经销商和代理商，海外几乎没有实体公司。中国商用车应加快拓展国际市场，加大对外投资，基于研发、服务、营销、金融等一系列国际化战略积极布局海外市场。

3. 积极推动零碳发展

绿色制造是我国制造业发展的必然趋势。商用车制造业要在源头、过程、终端全面脱碳，同时要使管理方式智慧化、数字化。商用车企业应针对现有情况和条件，尽早制定符合自身发展的科学有效的"双碳"路线图，并建立与之相匹配的管理架构，开展流程变革，提升应对气候变化行动的执行力。

4. 提升智能制造水平

智能制造是先进制造技术和新一代信息技术的深度融合，代表着我国制

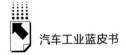

造业高质量发展的主要方向。智能制造已成为推动我国制造业高质量发展的强劲动力。虽然我国制造业是全球产业门类最齐全、产业体系最完整的，但我国制造业智能化转型还存在渗透率低、企业各环节智能化转型不均衡的问题。

发展智能制造应以智慧化、数字化、低碳化生产为主，逐步实现研产供销全产业链数字化。在生产效率、能耗、上市速度等企业关键运营指标上，应展现出卓越的改善成效。

5. 强化实施人才战略

数字经济、绿色转型、智能制造等是全球制造业转型的新趋势，商用车企业应抓住发展的新机遇，加大培养、招聘相关人才力度。企业在升级转型过程中也将面临全行业的人才竞争，必须加大人才吸引力以及原有人才的保留力度。

商用车企业应深刻认识到人才对于企业发展而言的重要性，不断优化人才体制机制，为人才创造机会、提供平台，构建具有行业竞争力的人力资源体系，持续优化人才引进机制。

（五）产品技术升级方面

商用车产品及技术升级应瞄准高安全、高舒适、高可靠、高效率、低成本等需求，基于价值实现和共创导向，推出具备战略意义和价值的产品，重塑商用车产品定义和突破方向。

回顾商用车近十年的发展，产品升级幅度和速度显而易见。企业推广产品不再仅仅强调性能，用户选车不再拘泥于价格。供需双方的关注点都已经从基本的性能层面，提升到运输效率和智能网联范畴。商用车行业面临的不再是单纯的价格竞争，已经转向产品品质层面，唯有更加低耗高效、更加智能舒适的产品才能被用户接受。

放眼未来，我国商用车企业将在"双碳"发展战略下，依托现有的庞大市场规模，在愈加成熟规范的市场氛围中，实现更快更高的产品升级。

1. 牢牢把握以客户为中心

在"互联网+"时代,传统商用车企业需要不断地适应市场需求,坚持以客户为中心,提供客户"选、购、用、管、修、换"车辆全生命周期整体解决方案,抓住机遇转型升级,才能赢得未来竞争。

客户价值是商用车技术发展的主要驱动力,作为生产资料,车辆的低使用成本和高可靠性是用户的不变诉求,传统车客户更关注经济性、轻量化、可靠性、耐久性等核心技术所带来的价值。在提升行业运输效率和降低司机驾驶强度、提升驾驶安全性方面,大马力发动机和 AMT 需求呈快速增加趋势。

新能源及智能网联领域仍面临着新能源整车技术、三电技术、智能驾驶架构技术、感知和决策算法等难点,需要与相关的产业跨界合作,推动技术产业化,降低车辆成本,为客户带来更多的价值。

2. 积极推动产业链融合

商用车产业链应深度融合发展,使上下游企业实现协同共赢,只有这样才能让产业链整体健康可持续发展。当前商用车产业链生态正由传统的链式关系向网状生态演变。在政策、用户及资本驱动下,商用车产业加快融合发展,催生新的产业生态和新模态。在同业竞争拓展至跨行业竞争的过程中,资源整合能力成为企业的核心竞争力。合作共生和共同进化成为产业的发展共识。

商用车行业的未来发展应以整车企业为主体,推动产业链、生态链等协同发展,充分发挥市场和政府的作用,形成政府、市场和社会力量协同推动的发展机制。

3. 大力推进新能源化、数字化、智能化

新能源商用车的渗透是大势所趋。随着电池技术进步,新能源商用车将适用更多的应用场景。在低碳发展的大背景下,新能源技术在商用车产品上的应用正愈发成熟,且市场规模不断扩大。近年来,交通运输行业的新能源汽车推广应用取得了突破性进展。

新能源汽车智能操作系统支撑电子电气信息架构升级,兼容车用芯片、

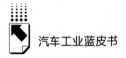

传感器和应用程序创新，支持新能源汽车与交通和网络的跨界协同，具有开放、安全、融合和兼容的特征，是维护汽车硬件资源管理和软运行的基础平台，也是未来新型汽车产业生态构建的核心。当前，新能源汽车电子电气架构正从分布式向跨域集中式转变，由此带来车用操作系统的技术架构、核心技术、软件开发模式、应用生态等的全面变革。

当前，国内智能网联汽车产业正不断取得突破，行业整体发展势头强劲，正使商用车在安全、高效、节能、舒适、经济性等方面快速发展，并深刻影响着未来商用车发展态势。随着"互联网+"的蓬勃发展，公路货运也迎来了网络货运新时代。

未来，在由货运经营者组成的公路货运生态中，数字化和软件化将是整片生态的土壤，将物流行业的一切都关联在一起。自动驾驶技术的应用有利于降低车辆管理难度和司机的招募门槛，中小货运经营者规模有望进一步扩张。

为促进汽车与人工智能、信息通信、清洁能源、智能交通、智慧城市等的融合发展，推动产业转型升级，满足新能源汽车电动化、智能化和低碳出行的需求，有必要整合行业智慧和创新能力，共同研发开源的新能源汽车智慧操作系统。

车 型 篇
Model Chapter

B.2
中重型载货车发展报告

摘　要： 2022 年我国中重型载货车市场需求大幅减少，全年销量仅 76.8 万辆，同比下降 51.2%，其中，牵引车销量为 29.9 万辆，同比降低 55.8%。但是在海外市场，中重型载货车实现出口 21 万辆，同比增长 26.5%，再次刷新了历史最大销量纪录。我国中重型载货车市场正在由过饱和转向平衡态，未来受前期市场空间透支、宏观经济进入新常态、单车运能持续提升等影响，市场需求将处于低位，进入存量竞争阶段。当前中重型载货车市场面临下行压力大、产业链保障能力不足、监管政策统筹性弱、与国际领先企业相比仍有差距、企业创新能力不足、对新能源产品核心零部件掌控不足等问题。国家应科学确定行业"双碳"战略和排放升级节奏。整车企业应着力突破"卡脖子"技术，同时注重企业品牌价值的挖掘，提升企业品牌的影响力。

关键词： 中重型载货车　新能源产品　品牌价值

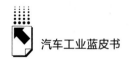

一 中重型载货车发展现状

（一）市场情况

1. 总体情况

2022年，中重型载货车（GVW>6吨，包含中重型货车、中重型货车非完整车辆和半挂牵引车）市场受到疫情反复、经济下行、货运行业低迷等影响，需求收缩，叠加2020~2021年的需求提前透支，中重型载货车全年销量76.8万辆，同比下降51.2%，遭遇了断崖式下滑（见图1）。

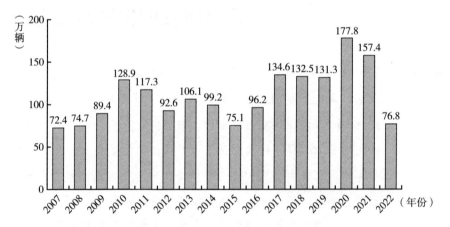

图1　2007~2022年中国中重型载货车销量变化

资料来源：根据中国汽车工业协会数据整理。

2. 竞争情况

2022年，前十名企业销量同比均下降，中国重汽排名第一，市占率21.0%，超过一汽解放；一汽解放排名第二，市占率同比降幅较大，超过5个百分点；东风集团排名第三；陕汽集团排名第四；北汽福田排名第五。前五名企业的市场占有率达84.2%，同比提升0.5个百分点，市场集中度进一步提高（见表1）。

表1 2021~2022年中重型载货车企业销量和市场份额变化

企 业	销量(万辆)		同比增长	市场占有率(%)		同比增长
	2022年	2021年	(%)	2022年	2021年	(个百分点)
中国重汽	16.1	29.0	-44.3	21.0	18.4	2.6
一汽解放	14.0	37.3	-62.4	18.3	23.7	-5.4
东风集团	13.5	28.0	-51.6	17.6	17.8	-0.2
陕汽集团	10.8	19.3	-44.1	14.1	12.3	1.8
北汽福田	10.2	18.1	-43.9	13.2	11.5	1.7
江淮汽车	3.0	4.9	-38.1	4.0	3.1	0.8
成都大运	2.9	5.1	-43.0	3.8	3.2	0.5
上汽红岩	1.3	6.3	-79.2	1.7	4.0	-2.3
徐州徐工	1.2	1.9	-36.3	1.6	1.2	0.4
包头北奔	0.8	1.3	-37.6	1.0	0.8	0.2
其 他	2.8	6.2	-54.3	3.7	3.9	-0.2

资料来源：根据中国汽车工业协会数据整理。

（1）主要企业销量

中国重汽销量16.1万辆，同比下降44.3%，市占率21%，同比提高2.6个百分点，是市占率增幅最大的企业。一汽解放销量14万辆，同比下降62.4%，市场占有率18.3%，同比降低5.4个百分点，是市占率降幅最大的企业。东风集团销量13.5万辆，同比下降51.6%，市占率17.6%，同比下降0.2个百分点。陕汽集团销量10.8万辆，同比下降44.1%，市占率14.1%，同比提升1.8个百分点。北汽福田销量10.2万辆，同比下降43.9%，市占率13.2%，同比提升1.7个百分点。

（2）主要企业各品系分布

牵引车方面，一汽解放、中国重汽、东风集团、北汽福田、陕汽集团列前五，其中，一汽解放占比28%、中国重汽占比18%、东风集团占比16%。载货车方面，一汽解放、东风集团、中国重汽、北汽福田、江淮汽车分列前五，其中，一汽解放占比30%、东风集团占比26%、中国重汽占比16%。专用车方面，东风集团、中国重汽、三一集团、一汽解放、北汽福田、徐州徐工分列前五，其中，东风集团占比39%、中国重汽占比14%、三一集团占比10%。自卸车方

面，东风集团、中国重汽、陕汽集团、北汽福田、一汽解放分列前五，其中东风集团占比17%、中国重汽占比16%、陕汽集团占比13%（见图2）。

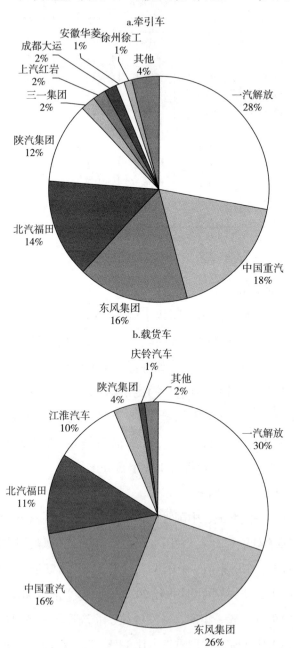

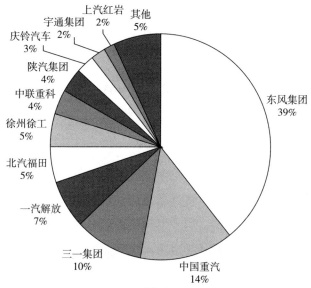

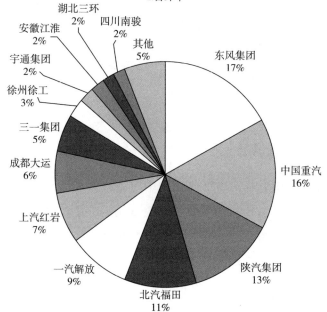

图 2 2022 年中重型载货车分品系排名

注：载货车包含普通厢式车和仓栅式车。

资料来源：根据终端零售数据整理。

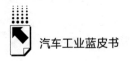

（二）各品系情况

从品系需求结构上看，2022年牵引车销量为29.9万辆，同比降低55.8%；载货车销量为21.3万辆，同比下降43.8%；受疫情及房地产市场低迷影响，基建开工量减少，专用车需求收缩，销量13.1万辆，同比下降56.8%，是降幅最大的品系；自卸车销量为12.5万辆，同比下降41.9%（见图3）。

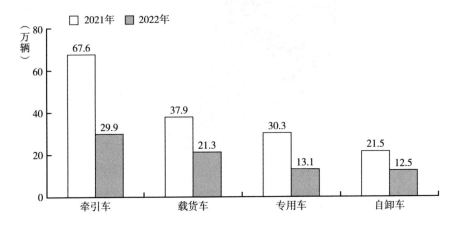

图3　2021~2022年中重型载货车品系需求结构

资料来源：根据中国汽车工业协会数据整理。

（三）区域市场情况

从区域需求结构上看，2022年国内中重型载货车销量超过5万辆的省份有河北、山东，份额均超过10%；销量3万~5万辆的省份有江苏、广东、山西；大部分省份销量不足1万辆（见图4）；所有省份同比均下降，其中，广西、重庆降幅超80%。

（四）行业进出口情况

1. 出口情况

2022年中重型载货车出口量为21万辆，同比增长26.5%，再次刷新

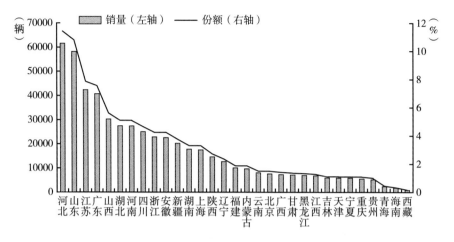

图4 2022年中重型载货车市场区域需求状况

资料来源：根据终端零售数据整理。

了历史最大销量纪录（见图5）。相较于中重卡总销量遭遇"腰斩"，在国外经济逐渐恢复、需求增长但供应链恢复滞后的情况下，国内中重型载货车生产企业的产品竞争力提升，出口市场实现逆势上涨。

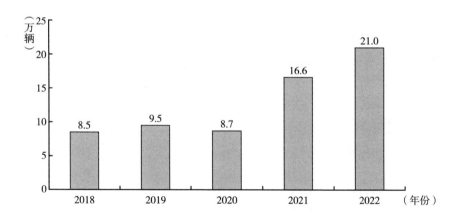

图5 2018~2022年中重型载货车出口销量

资料来源：根据中国汽车流通协会数据整理。

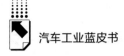
2. 进口情况

受商用车行业整体下滑影响，2022 年进口中重型载货车销量同样遭遇
"腰斩"，进口数量仅 5002 辆，同比下降 61.7%（见图 6）。

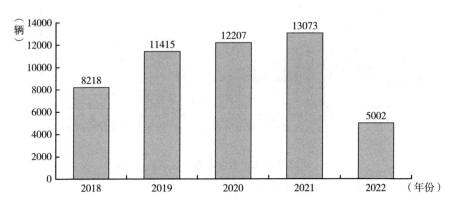

图 6 2018~2022 年中重型载货车进口数量

资料来源：根据 IHS 数据整理。

从进口车的品牌看，中重型载货车依然以沃尔沃、戴姆勒、斯堪尼亚、
日野、曼为主，沃尔沃超过戴姆勒成为国内销量第一的品牌（见图 7）。从品
牌的国别看，国内市场对欧洲进口车更加青睐，80%以上的进口车产品均是欧洲
品牌；日本品牌也在进口品牌中占据一席之地，但销量占比下滑至 20%以下。

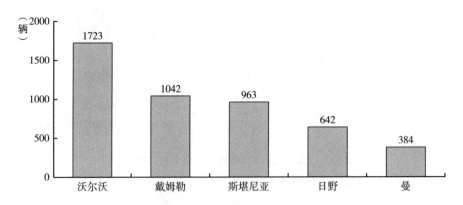

图 7 2022 年中重型载货车进口品牌销售数量

资料来源：根据 IHS 数据整理。

（五）国际市场情况

1. 全球情况

受中国中重型载货车销量下降影响，2022 年全球中重型载货车销量仅 272 万辆，同比下降 17.6%（见图 8）。

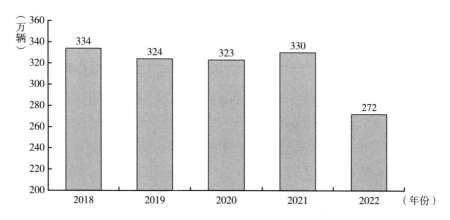

图 8 2018~2022 年全球中重型载货车销量

资料来源：根据 IHS 数据整理。

2. 区域情况

从销售区域看，中国 2022 年销量下滑严重，在全球销量份额有所下降，但依然是全球中重型载货车销量最大的，2022 年销量为 77.7 万辆；南亚/东南亚超过北美，成为全球第二大市场，销量为 58.9 万辆；北美是第三大市场，销量为 52 万辆（见图 9）。

3. 竞争情况

在全球各企业中重型载货车销量排名方面，2022 年戴姆勒排名第一，销量为 37.5 万辆；Traton 排名第二，销量为 22.7 万辆；沃尔沃排名第三，销量为 19.2 万辆。国内品牌中，重汽排名最靠前，排名第五，销量为 18.2 万辆；解放销量为 15.4 万辆，排名第八；东风、北汽分别排名第九、第十（见图 10）。

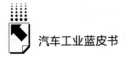

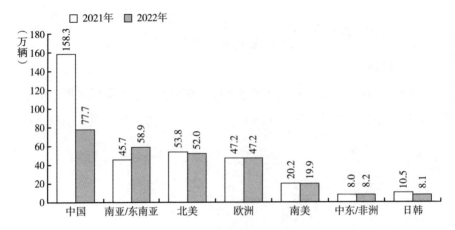

图9　2021~2022年全球中重型载货车分区域销量情况

资料来源：根据IHS数据整理。

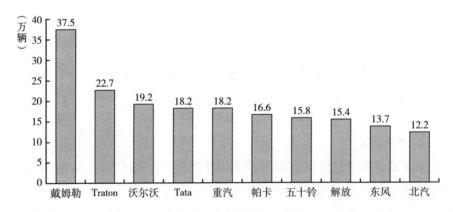

图10　2022年全球中重型载货车销量前10名企业

资料来源：根据IHS数据整理。

二　中重型载货车发展趋势

（一）市场增长潜力

2022年，中重卡全年市场需求仅76.8万辆，同比降幅达51.2%，从近十年需求看，2022 年达历史低点，仅比需求最低的 2015 年高 1.7 万辆。市场需求低迷主要原因有：首先，受到疫情影响，宏观经济增速下降，交通运输不畅，公路货运受到影响严重，导致运输工具整体需求减少；其次，中重卡行业需求呈周期性波动，自然更新周期为 8~10 年，2022 年正处于周期低谷期，自然更新车辆相较往年更少；最后，2017~2021 年公路货运需求增长整体已经放缓，但中重卡市场却连续 5 年保持在 130 万辆以上，特别是 2020~2021 年突破 150 万辆，市场需求已被严重透支，导致需求进一步减少。

2023 年中重卡市场所处的宏观环境较 2022 年将有所改善，运输流转更为顺畅，合规程度进一步改善，海外出口持续增长，预计 2023 年中重卡市场将有所改观，但市场公路货运增速低、运价低迷等不利影响尚未消除，市场改善程度依然有限。

1. 积极因素

（1）居民消费逐步回暖，货运需求稳中有升，载货车需求恢复

2023 年国内宏观经济逐步恢复，国内外主流金融机构对中国宏观经济增速预测值均高于 5%，从结构看，虽然投资与出口方面的提升空间有限，但消费较 2022 年明显好转。居民消费恢复将明显提升公路货运量及公路货运周转量，提升对运输工具的需求，从根本支撑中重型载货车销量恢复增长。

（2）国产车海外认可度提升，出口成为新增长点

2022 年，我国中重型载货车在海外市场销量呈现大幅增长，一方面得益于"一带一路"倡议的推动，沿线国家基建等活动明显增加，对运输工具的需求增加；另一方面得益于国内整车企业在海外市场的销售网络逐步完善，服务质量不断提升，全球用户对"中国制造"的中重型载货车更加认可，国产车在海外市场的占比增加。2023 年全球经济虽会大概率比 2022 年更糟糕，但新兴国家的经济增长速度仍然高于全球平均水平，货运需求依旧旺盛，国内企业在海外积累的销售与服务基础将助力国产车出口。因此 2023 年中重型载货车出口将延续 2022 年态势，成为市场新的增长点。

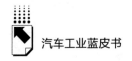

（3）超载超限治理持续深化，合规车型转化带来增量

我国公路运输行业经过数十年的发展，逐步从"野蛮生长"阶段向"合法合规"阶段过渡，超载超限等不合规现象在政府、企业和用户的共同努力下得到明显改善，但超载超限的车型依然存在，超长平板车、超长集装箱等不合规车型依然被用于长途运输场景。2023年政府对超载超限治理的进一步加强，将有部分不合规车型被转化为合规产品，合规车型由于单车运力不及超载超限车型，将在转化过程中产生新增车辆需求，从而促进中重型载货车销量增加。

（4）蓝牌载货车治理加强，部分用户转向中重型载货车

蓝牌载货车相比黄牌载货车具有诸多优势，如驾驶证级别要求较低、不需要运营证件、能够进入城区等，但其载重量低（4.5吨）的劣势也十分突出。部分主机厂为迎合客户需求，将原本的蓝牌载货车升级为载重量远大于4.5吨的不合规超载车，严重影响道路行车安全。2022年《工业和信息化部 公安部关于进一步加强轻型货车、小微型载客汽车生产和登记管理工作的通知》，再次明确蓝牌载货车的要求，并加强对不合规蓝牌载货车的治理。合规的蓝牌载货车已无法满足中长距离运输、载重量较大用户的需求，部分用户未来将转向中重型载货车，支撑中重型载货车销量增加。

2. 制约因素

（1）提前透支严重，市场处于恢复调整期，中重型载货车需求减少

2019年至2021年上半年，中重卡市场受到国Ⅲ/国Ⅳ提前淘汰、新进入者非理性涌入、客户提前采购国Ⅴ车等影响，新车销售数量严重大于市场实际需求量，导致市场被提前透支。2022~2024年，市场进入透支恢复阶段，需要消化前期因透支而造成的过度饱和，因此中重型载货车需求增长受到制约。

（2）传统基建转向"新基建"，工程类车型需求不足

"十四五"时期以前，我国基建行业的主要方向是铁路、公路、机场等需要大量钢筋、水泥的传统基建行业；进入"十四五"时期，我国基建的主要发力方向转向以5G基建、工业互联网、大数据中心等为代表的"新基

建"。虽然整体看国家和地方在基建方面投入并未大幅减少，但"新基建"对自卸车、水泥搅拌车等工程类车辆的需求较小，对互联网、数据网络等电子电器的需求更大。

（3）公路货运份额降低，整体公路货运需求减少

2022年，我国公路货运量占全国货运量的73%，是最重要的货运方式之一，但公路货运相比铁路运输及水路运输效率更低、碳排放量更高。为提高整体运输效率、降低碳排放量，国家出台《"十四五"现代综合交通运输体系发展规划》《"十四五"现代物流发展规划》等，计划整体降低公路货运占比。货运占比的降低，将减少市场对公路货运车辆的需求，对市场增长形成制约。

（4）网络货运平台等促进单车效率提升，减少车辆需求

自中重型载货车形成一定市场规模以来，提高单车运输效率、降低能源消耗一直是行业发展的主流方向。当前公路货运场景下，仅一小部分运力拥有双边固定货源，大部分运力货源并不固定，仍然需要各类货运平台匹配临时货源，网络货运平台在这样的行业背景下迅速发展，市场规模快速提升。与此同时，各类客户为应付复杂的公路货运场景，对车联网的需求逐步提升，客户希望车联网能够优化路线、提高运输效率。网络货运平台、车联网等应用比例的提升，将降低空车行驶比例，提高单车运输效力，导致车辆需求减少。

（二）竞争趋势

1. 国内竞争进一步加剧

随着国内中重型载货车行业"新四化"的发展，以及相关限制政策的放开，国际汽车企业与造车新势力不断入局，国内市场竞争将日益激烈，在不同领域形成"三个战场"，高端产品"遭遇战"正式打响、中低端产品"保卫战"持续升级以及新赛道"闪电战"提前爆发。

（1）高端产品"遭遇战"正式打响

随着2020年《外商投资准入特别管理措施（负面清单）（2020年版）》（以下简称"清单"）的发布，以戴姆勒为代表的欧洲重型载货车企业已经

在国内建厂，计划通过本土化生产，充分参与国内重型载货车市场竞争。目前进口产品的主要弊端在于价格高居不下，销售、服务网络密度低，但随着国际车企供销渠道的逐步稳定，价格及销服方面的劣势也将消除，这将对国产中高端市场形成巨大的冲击，国际车企产品与国内高端产品将引发高端产品"遭遇战"。国际车企的本土化生产，将把部分国际优质的供应商资源引入国内，在为国内整车企业提供优质总成、零部件的同时，也将促进国内供应商的进步，从而缩小国内重型载货车企业与国际一流企业之间的差距，从长远看将有助于国内产业的发展。

（2）中低端产品"保卫战"持续升级

"十四五"中后期，重型载货车市场将处于饱和态，叠加货运行业运价低迷，市场对车辆需求处于历史低位，2022年市场需求更是骤降50%，短期内各企业销量都将大幅减少。国内部分企业为提高产品销量、提升市场地位，一方面增加低端产品占比，另一方面持续降低产品价格，导致行业竞争进一步加剧，行业整体利润持续降低。行业利润持续偏低对成本控制能力不足以及规模效应尚不明显的企业更为不利，激烈的竞争将导致以上企业长期亏损，甚至被市场淘汰。随着缺乏竞争力的企业被淘汰，行业内市场集中度将进一步提升，届时将出现更多的"强强联合""兼并重组"，市场格局将进一步优化。

（3）新赛道"闪电战"提前爆发

进入"十四五"时期，新能源重型载货车市场迅速发展，特别是2022年渗透率从前期的0.6%提升至3.5%，为以新能源、自动驾驶为切入点的重卡新势力提供了更为有利的发展空间。除新势力以外，部分传统重卡企业也抓住新能源产品高速发展的契机大力发展新能源产品，甚至"ALL IN"新能源产品。重卡新势力、传统重卡企业等为能够抢占市场先机，均在新能源赛道投入大量资源，新赛道"闪电战"提前到来。未来随着新能源产品渗透率的进一步提升，新能源赛道的竞争将更为激烈，届时传统重卡企业的优势将被削弱，新能源优势企业的市场地位将逐步提升。当新能源产品渗透率达到30%以上时，重型载货车领域将迎来新的竞争格局。

2. 出口市场成主要竞争平台

2022 年以前出口量占行业整体销量的比例不足 10%，因此出口市场的表现对行业整体影响并不明显。但 2022 年由于国内市场需求低迷，出口量逆势上涨，出口量占行业整体销量的比例迅速增长至 25.9%，且预计未来将长期保持在 20% 以上。近几年，国内主要重型载货车企业都在积极开拓海外市场，致力于提升海外产品竞争力及品牌影响力，希望通过出口量增长，对冲国内市场的低迷。海外市场虽然空间巨大，但国内企业目前的产品技术能力不足，难以稳定进入欧美发达国家的市场，国内企业主要出口市场依然分布于欠发达地区。欠发达地区的市场空间有限，随着国内企业出口不断增加，出口市场的竞争将更为激烈，未来也将成为国内企业的主要竞争平台之一。

3. 竞争领域向后市场延伸

我国重型载货车技术路线以欧洲路线为主，行业经过 20 年左右的发展、演变，整车产品技术方向趋同，产品同质化严重，难以形成差异化产品，仅依靠整车销售业务行业难以进一步发展，企业必须寻求新的利润增长点。我国重型载货车企业非整车销售利润占整体利润的比例不足 10%，欧洲领先企业非整车销售利润占总利润的比例超 30%，这也是欧洲车企利润高于我国车企的重要原因之一。我国整车企业在产品差异化突破困难、利润增长不足的情况下，均在备品、服务、智能网联、网络平台、二手车、驾驶培训等后市场领域发力。随着后市场领域的发展愈加成熟，参与竞争的企业越来越多，后市场领域的竞争将更为激烈。

（三）产品趋势

1. 低碳节能

在低碳发展的大背景下，外加油价不断上涨，中重卡用户对车辆的低碳节能需求较之以往更加强烈。传统车领域，各商用车企业在低风阻、轻量化、动力总成研发等领域投入资源，以期达到节油的目的。同时，随着新能源技术、创新商业模式在中重卡产品领域的应用愈发成熟，相关配套设施体

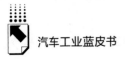

系逐渐完善，新能源中重卡 TCO 优势逐渐显现，市场规模不断扩大。预计新能源重卡将在未来数年快速普及，并基于场景化发展，在公共领域、厂区园区及港口等应用场景逐步渗透，带动相关生态圈共同实现价值跃升。

2. 高端化

随着国内中重卡用户组织结构、年龄结构及需求的演变，对于可靠性、安全性、舒适性、智能化等领域的高端化需求愈发突出。针对 AMT、缓速器、智能大屏、车载冰箱、驻车空调等增加舒适度、智能化配置的需求越来越多，用户对中高端产品的接受度越来越高。

同时在自动驾驶的背景下，对于智能驾驶的追求也是越来越高。目前已经有不少重卡配备了 GPS 定位系统、防止侧翻系统，以及 ABS、ESP 等安全系统，车辆安全性逐步提高。另外，针对司机还有车道偏离预警、防疲劳、车速标志识别等系统的出现，促进了国内中高端重卡的发展。

3. 智能化

随着无人驾驶应用场景的不断聚焦与突破，组织用户对无人驾驶的需求增加，高阶自动驾驶在重卡领域的应用和渗透速度可能加快。近年来各整车制造企业与无人驾驶系统开发企业不断发展，外加政策的支持，领先企业已经在全国多地开展了开放道路下长时间无人干预的自动驾驶试验。

利用无人驾驶技术，运营方可提高车队资产运营效率、降低运营风险、提升燃油经济性等，从而降低运营成本，这也将进一步助推自动驾驶的推广。但要实现完全的无人驾驶，仍然有许多阻碍需要克服，产业链各相关企业与监管机构等各方需在技术、法规等多领域进行较长时间的探索与合作，才能做好准备。

4. 定制化

整车生产企业围绕市场和客户痛点提供定制化产品，重卡定制化发展趋势越来越明显。商用车企业需要在技术研发、质量管理、订单生产、制造模式、产品服务等方面融入客户需求，以满足客户对节油、可靠、安全、舒适、低运营成本等的要求，为客户提供高性价比产品，由 B2C 向 C2B 模式转型，加强产品的综合竞争力。

（四）技术趋势

1. 整车低风阻技术

传统平头重卡的风阻系数为 0.51～0.56，车辆行驶保持在 80～90km/h 时，其 30% 的功率是在克服空气阻力。为了进一步降低车辆能量消耗，最有效的方式就是通过 CAE 模拟仿真和风洞测试，调整驾驶室造型和结构设计，从而达到降低风阻目的。特斯拉 Semi 驾驶室的楔形造型充分考虑空气阻力，在满足整车设计和结构要求的情况下，实现了风阻系数的优化，为商用车整车企业提供了产品优化思路，实现更低油耗、更低电耗的产品优化。

2. 一体压铸技术

2021 年 5 月，特斯拉发布首个车身一体化压铸巨型零件引领汽车电动化转型进入新的蓝海领域，传统汽车整车制造模式迎来巨大挑战。一体压铸技术具有降低产品重量、提升生产效率、提升产品精度等优点。国内主流乘用车、商用车企业纷纷跟进并布局一体铸造产品，商用车领域在仪表盘骨架、气瓶支架产品等方面已有预研项目。

一体压铸技术的核心是在大型压铸设备和铸件及模具加工领域，对相应供应商能力有较高要求。目前行业供应资源较丰富，需要整车企业与供应商加强联合研发，输出成熟产品。

三　中重型载货车问题及建议

（一）存在的问题

国内中重型载货车产业经过数十年的发展，在政府引导、政策管控、企业合规、用户守法的共同努力下，产业环境有了较大的改善，行业产品的竞争力稳步增强，国产品牌的影响力不断提升，行业运输效率不断提升。但行业依然存在部分待优化问题，需要通过多方的努力，共同促进行业健康发展。

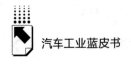

1. 市场与产业

（1）行业空间下行压力大，企业展开"价格竞争"

"十四五"中后期，中重型载货车市场空间大幅下降，由"十四五"初期的 160 万 ~ 180 万辆预计下降到 100 万辆左右。空间下降将导致行业规模效应递减，企业利润降低，行业竞争加剧，部分企业为应对空间下降带来的不利影响，率先开展价格竞争，导致本就不高的企业利润进一步降低。然而产品降价并未如期带来市场需求增长，以重型牵引车为例，2022 年重型牵引车平均价格下降 7%，市场销量降低 56%，产品虽然降价销售，但销量相较于整个重型载货车市场而言降幅更大。"价格竞争"将严重损坏行业利益，不利于行业长期健康发展。

（2）货少车多运价低，产业高质量发展受阻

中重型载货车行业发展受到宏观经济影响十分明显。近几年受疫情影响，我国宏观经济整体增速明显放缓，导致货运需求量小；2018 ~ 2021 年国Ⅲ、国Ⅳ提前淘汰，从业者非理性涌入货运行业等，导致货运市场车辆严重饱和；近年来网络货运平台迅速发展，提升了单车运输效率的同时，也提高了货运市场货源信息透明度，部分运力为能够争取货源，降低运价，导致行业运价持续低迷，甚至出现"赔钱跑一趟"的现象。长期的产业低利润迫使货运从业者、整车企业等多方陷入低价竞争困境，产业的高端技术升级、新材料应用、新技术实践等缺乏需求支撑，产业高质量发展受阻。

（3）逆全球化趋势愈发凸显，产业链供应保障能力不足

近年来，全球经济下行压力巨大，金融风险大幅增加，地缘冲突持续不断，逆全球化趋势愈演愈烈。国内中重型载货车产业"新四化"趋势加速，并且正处于从"高速增长"转向"高质量发展"的关键时期，对核心技术以及关键零部件的需求日益增加，但是我国汽车产业大量的核心零部件仍然无法摆脱进口依赖。据统计，我国自主零部件在个别领域的竞争力与进口零部件相比尚有较大差距，自主产业链供应链保障能力依然不足。未来随着零部件断供风险持续增加，核心供应链断供将对中重型载货车产业造成严重冲击。

（4）二手车业务仍未形成规模

为提高资源循环利用率，降低行业整体碳排放量，工业和信息化部及汽车行业鼓励车企开展二手车业务，一方面可以规范二手车市场，另一方面也能提高车企利润。但中重型载货车二手车业务受车辆使用场景不同、车辆排量不同、地域不同等诸多因素影响，相较于乘用车二手车业务更为复杂，保有量规模更小，因此其业务成熟度与乘用车二手车业务相比还有较大差距。当前二手车业务主要面临政策法规不明朗、质量标准不完备、信用体系不健全、跨省通办困难大等诸多问题。以上相关问题的解决和相关体系的构建需要政府、行业、企业等多方共同努力。如果这些问题能够得到解决，那么将有利于二手车产业的发展。

2. 政策与管理

（1）政策长期趋势明显，但短期减碳标准不清晰

在汽车产业各细分类别中，中重型载货车受到政策的影响相对较大，部分政策的出台直接对其市场空间、市场结构、产业趋势产生深远的影响。对行业而言部分领域的长期发展方向与趋势已经相对明朗，如绿色发展方向、能源转型的电动化发展趋势，提升运输效率、降低司机强度的自动驾驶发展趋势等，但目前各类细分标准、相关具体法规未及时出台。以"双碳"为例，汽车行业并未制定明确的减碳标准，企业开展减碳工作过程中缺乏指导，对行业系统性开展减碳工作不利。目前尚不明晰的政策，制约着行业的发展，同时造成资源浪费。

（2）多头监管现象明显，监管政策统筹性弱

与其他行业相比，中重型载货车产业涉及领域较多，包括准入、生产、营运、排放、安全等诸多领域，因此也涉及多个部门的监管。多部门监管可以更有效地提升产业的规范性，但各部门管理范围存在交叉，因此也形成了复杂的认证管理体系，如企业准入由国家发改委、工业和信息化部监管，产品准入由工业和信息化部、生态环境部、市场监管总局、交通运输部共同监管，市场监管则由市场监管总局、交通运输部和公安部等监管。各监管部门虽然目标与原则都是致力于服务企业发展、规范市场行为，但监管政策统筹

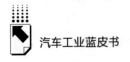

不足，出现个别领域管理冲突的现象，对行业整体健康发展形成阻力。

3.企业与产品

（1）产品竞争力与国际领先水平仍有差距

2022年中重型载货车出口量大涨，增长幅度达83%，但出口产品以中低端产品为主，且出口地区以中东、西亚、非洲、南美等为主。当前国产中重型载货车产品尚不具备出口到欧美国家的实力，最主要的原因就是国产产品在安全、可靠、油耗、驾驶舒适性等方面与欧美头部企业的产品相比尚存差距。即使在国内中重型载货车市场，欧美领先车企的进口产品通常被冠以"高端"的名号，国产产品在本土市场的主要优势依然是性价比，进口中重型载货车的品牌影响力、产品议价能力大幅领先于国内产品。

（2）企业创新能力不足，核心竞争力依然较弱

当前商用车行业正处于向新能源化、智能化、低碳化、轻量化及高品质发展过渡的关键阶段，创新是高质量发展的有效路径。党的二十大报告指出创新是第一动力。但我国中重型载货车行业在产品、技术、业务等方面同质化严重，企业在一片红海中相互竞争，甚至引发"价格战"，这主要是由企业创新能力较弱造成的。由于创新能力不足，我国企业的核心竞争力不足，这不仅是指具体的产品，也包括企业所具有的管理能力。具有核心竞争力的企业能够在竞争中脱颖而出，为用户带来较佳的服务体验，并且能够引导行业高质量发展。提高产品和服务的竞争力，是企业发展的根本方向。

（3）整车企业对新能源产品核心零部件掌控不足

2022年是新能源中重型载货车销量大涨的一年，新能源产品渗透率迅速提升至3.5%，未来还将继续提升。传统领域整车企业对发动机、变速箱等主要核心零部件的掌控度较高，但新能源领域大部分整车企业对"三电"的掌控度不足，主要零部件自主比例过低。纵观全球主要的传统汽车企业，绝大多数的核心零部件均是自主可控的，依靠外采零部件并单纯进行组装的企业均会被淘汰。未来新能源产品渗透率快速提升，新能源产品的核心零部件对整车企业而言至关重要，甚至关乎企业未来的发展。同时缺少稳定的核心零部件供应渠道将影响整车产品。

（二）发展建议

1. 加快明晰行业"双碳"、自动驾驶等政策

当前我国中重型载货车行业正在积极探索减碳举措及自动驾驶技术落地，但目前政策法规的更新速度明显慢于企业探索的速度，导致企业探索过程中缺少政策指引，资源大量浪费。虽然当前企业探索积极性较高，但多是事倍功半，一方面不利于碳减排措施的实施，另一方面造成企业积极性减弱。因此，需基于当前企业探索现状以及行业发展步伐，尽快制定中重型载货车领域的"双碳"指导政策以及自动驾驶法规。

2. 合理科学确定排放升级节奏

2017 年 7 月 1 日至 2021 年 7 月 1 日，中重型载货车完成从国 V 标准到国 VI 标准的转变。但是国 VI 产品较国 V 产品技术要求更高，且技术难度更大，由于时间短、任务重，国内主要整车企业难以在短时间内充分完成产品的实验、验证，国 VI 产品上市后，出现了大量的产品问题。短时间的排放升级，一方面使得产品问题增加，用户体验感降低，整体来看对行业发展不利，另一方面不利于企业专心提升技术水平。

国 VII 排放标准被称为全球最严格的排放标准，企业需要投入大量的精力和充足的验证时间以保证在标准切换过程中符合要求，满足用户需要。因此建议国 VII 排放升级节奏适当放缓，为市场及企业留足缓冲时间。

3. 着力突破"卡脖子"技术

中重型载货车行业属于先进技术优先应用的领域，但目前行业中关键技术及核心零部件的自主可控程度较低，依靠国内产业链难以稳定地供应高质量的零部件，如电控供油、自动挡变速箱、后处理、电子安全等。仅靠单一企业的能力难以突破"卡脖子"技术，需要行业整合优质资源共同发力，各企业共同加大研发投入。以传统领域为基础，实现核心零部件的自主可控；以新能源产品为切入点，实现"三电"技术的突破；以智能驾驶为长期方向，实现无人驾驶技术的国际领先。

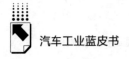

4. 注重品牌价值挖掘，提升企业品牌影响力

随着我国中重型载货车出口量大幅增加，国内企业的海外知名度与美誉度逐步提升，但与欧美企业相比依然有较大差距。一方面国内企业与欧美企业在产品力方面尚有差距，另一方面国内企业对品牌价值的挖掘不足，未能形成有影响力的品牌故事。企业产品力的打造需要长时间的技术积累与沉淀，但品牌价值的提升可以通过讲好品牌故事、挖掘品牌内涵、宣传品牌优势等方式。特别是可以通过新能源车、智能车等转型契机寻求弯道超车的机会。

5. 提升自动驾驶成熟度，加速产业布局

自动驾驶作为未来汽车产业发展的主要方向之一，同样也是中重型载货车行业的主要发展方向。与乘用车相比，中重型载货车的封闭园区、长途干线等场景更适宜应用自动驾驶技术。但目前，自动驾驶即使在中重型载货车领域的渗透率也非常低，依然处于探索阶段，最重要的原因是自动驾驶技术的成熟度不足，尚不足以保证自动驾驶的安全性。为此，行业针对自动驾驶技术还需进一步创新突破，尽快实现个别场景的商业化落地，从而带动国内自动驾驶技术进步。

B.3
轻型载货车发展报告

摘　要： 我国轻型载货车在消费品运输、基础设施建设、出口货物运输等
方面发挥着重要作用。近年来，伴随着国家战略性推动运输结构
调整，加上新冠疫情影响，行业竞争形势日趋激烈，物流成本
高、效率低等问题也变得更加突出。本报告阐述了 2022 年中国
轻型载货车发展情况，深入剖析了轻型载货车市场发展中存在的
问题，研究分析了轻型载货车发展趋势及影响因素，并提出了相
关建议。

关键词： 轻型载货车　市场　政策　技术

一　轻型载货车发展现状

（一）国内市场情况

1.国内市场销量

2022 年是"十四五"规划实施的关键一年。在复杂严峻的国内外形势
下，轻型载货车销量出现大幅下滑，处于近十年低位区，全年共计 161.9 万
辆，同比下降 23.3%（见图 1）。

2022 年中国轻型载货车销量呈现"V"形走势。2022 年以来，受疫情
反复、经济收紧、新蓝牌政策不稳定、油价上涨、运价低迷等因素影响，市
场消费低迷，物流配送市场需求下降，卡友收入降低，轻卡市场处于下滑观

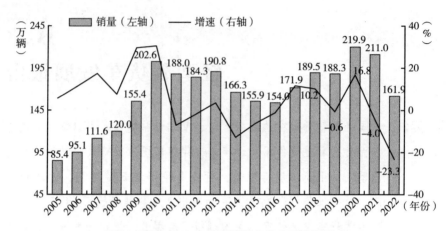

图 1　2005~2022 年中国轻型载货车销量及增速

资料来源：根据中国汽车工业协会数据整理整。

望期，但随着稳市场政策呵护、蓝牌新规正式确立、油价回调等，下半年市场逐渐回暖（见图 2）。

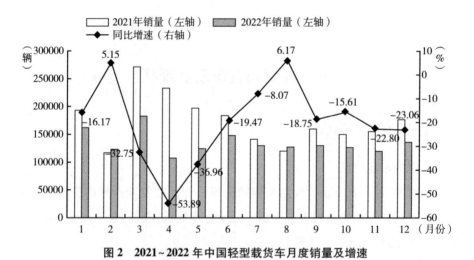

图 2　2021~2022 年中国轻型载货车月度销量及增速

资料来源：根据中国汽车工业协会数据整理整。

2. 国内市场产品情况

自蓝牌新规实施后，各地车管所加大对车型上牌、年检的审查力度，产品逐渐向合规化发展。传统蓝牌重载货车向轻量化标载货车转变，部分重载需求，如绿通用户转移至黄牌车型，核心诉求为进城且对载重要求不高，如以商超配送、家电家具搬运为代表的用户仍将选择蓝牌轻卡、小微卡或者轻客车型。从 2021~2022 年结构对比分析，N1 类车辆份额较上年大幅上涨，N2 类蓝牌车辆份额下降 7.6 个百分点，份额变化主要体现在 N2 类黄牌转向 N1 类小卡及 N3 类重载黄牌（见图 3）。

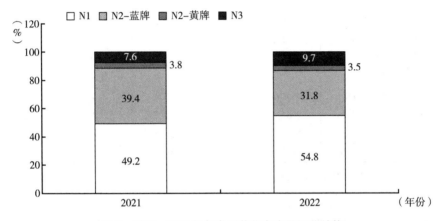

图 3　2021~2022 年各类别载货车产品细分结构

资料来源：根据市场终端数据整理。

3.国内市场企业竞争格局

市场份额持续向头部企业集中。2022 年，轻型载货车市场销量较上年同期大幅下滑，市场份额向头部企业集中，TOP5 企业合计市场份额达到 70.5%。头部企业中，北汽福田全年销售 29.4 万辆，市场份额上升 1.4 个百分点，继续保持行业领先；重庆长安表现亮眼，市场份额上涨 4.3 个百分点，跑赢大市；东风汽车在行业销量整体下行情况下，市场份额表现为上涨 0.5 个百分点；吉利四川商用车逆势上涨，排名首次进入 TOP10（见表 1）。

4.国内区域市场销售

分区域看，山东、湖北、河北、河南、江苏等地销量较大，全国各地区均

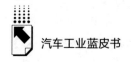

表 1　2021~2022 年轻型载货车（不含皮卡）企业销量及份额变化

企　业	销量（辆）		同比增速（%）	份额（%）		同比增长（个百分点）
	2022 年	2021 年		2022 年	2021 年	
北汽福田	294184	395019	-25.5	26.8	25.4	1.4
重庆长安	171901	175942	-2.3	15.6	11.3	4.3
东风汽车	135544	184025	-26.3	12.3	11.8	0.5
江淮汽车	103504	178342	-42.0	9.4	11.5	-2.0
中国重汽	70329	109364	-35.7	6.4	7.0	-0.6
TOP5 小计	775462	1042692	-25.6	70.5	67.0	3.5
江铃汽车	64727	118105	-45.2	5.9	7.6	-1.7
中国一汽	39418	77282	-49.0	3.6	5.0	-1.4
金杯汽车	37670	63796	-41.0	3.4	4.1	-0.7
上汽大通	37421	60800	-38.5	3.4	3.9	-0.5
吉利四川	28826	6946	315.0	2.6	0.4	2.2
TOP10 小计	983524	1369621	-28.2	89.4	88.0	1.4
其他	115626	186020	-37.8	10.5	12.0	-1.4

资料来源：根据中国汽车工业协会数据整理。

出现较大程度下滑，湖北省下滑幅度为 26.2%；广东下滑最为严重，达到 -64.2%，销量排名跌出前五位（见图 4）。

（二）海外市场情况

1. 海外市场销量

在国内疫情反复、国际形势愈加复杂的背景下，中国轻卡出口结束了 2019~2020 年的负增长趋势，连续两年保持较高增速，2022 年出口同比增长 55.3%。同时新能源、新市场贡献增量，推动汽车出口势头走强。皮卡出口近年来稳步增长，2022 年同比增长 72%（见图 5）。

2. 国内企业海外出口

轻卡出口稳步增长。近年来，北汽福田、江淮汽车、上汽大通、江铃汽车、东风汽车为中国轻卡出口的主力军，这五家企业的轻卡出口规模占中国轻卡出口总量的 77.3%，其中北汽福田凭借丰富的产品线和较强的品牌力，

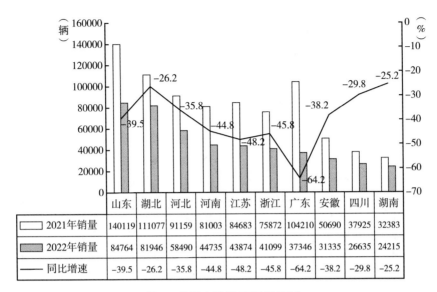

图 4　纯轻卡销量 TOP10 区域

资料来源：根据企业数据整理。

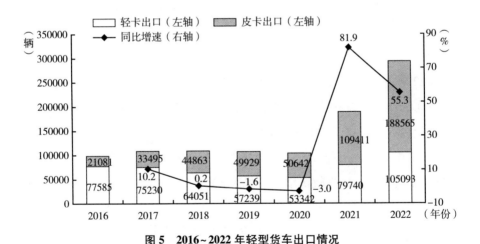

图 5　2016~2022 年轻型货车出口情况

资料来源：根据中国汽车工业协会数据整理。

轻卡出口规模遥遥领先；上汽大通和东风汽车的轻卡出口均实现超 50% 的增长；TOP10 轻卡企业出口量占轻卡出口总量的 94.6%，其中山西成功首次进入 TOP10（见表 2）。

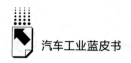

表2　2021~2022年轻卡企业出口量和份额变化

企业	出口量（辆）		同比增速（%）	份额（%）		同比增长（个百分点）
	2022年	2021年		2022年	2021年	
北汽福田	39564	30969	27.75	37.6	37.5	0.1
江淮汽车	15837	12722	24.49	15.1	15.4	-0.3
上汽大通	9090	5513	64.88	8.6	6.7	2.0
江铃汽车	8667	8526	1.65	8.2	10.3	-2.1
东风汽车	8087	5332	51.67	7.7	6.5	1.2
TOP5小计	81245	63062	28.83	77.2	76.4	0.9
华晨金杯	5825	2715	114.55	5.5	3.3	5.5
重庆长安	4622	4785	-3.41	4.4	5.8	4.4
江西昌河	3068	3528	-13.04	2.9	4.3	-1.4
唐骏骏欧	2614	2105	24.18	2.5	2.6	-0.1
山西成功	2057	—	—	2.0	—	2.0
TOP10小计	99431	76195	30.50	94.5	92.4	2.3
其 他	5662	6343	-10.74	5.4	7.7	-2.3
合 计	105093	82538	27.33	100.0	100.0	0.0

资料来源：根据中国汽车工业协会数据整理。

2022年皮卡出口快速增长，TOP10企业市场份额为100%。上汽大通、长城汽车、江淮汽车和重庆长安为中国皮卡出口的核心力量，这四家企业皮卡出口规模占中国皮卡出口总量的86.1%；其中上汽大通皮卡出口规模实现171.3%的增长，反超长城汽车，处于行业领先地位。江淮汽车、重庆长安2022年皮卡出口也有较快增长（见表3）。

表3　2021~2022年皮卡企业出口量和份额变化

企业	出口量（辆）		同比增速（%）	份额（%）		同比增长（个百分点）
	2022年	2021年		2022年	2021年	
上汽大通	55671	20521	171.3	29.5	18.8	10.8
长城汽车	51063	43599	17.1	27.1	39.8	-12.8
江淮汽车	29397	17213	70.8	15.6	15.7	-0.1

续表

企　业	出口量（辆）		同比增速（%）	份额（%）		同比增长（个百分点）
	2022 年	2021 年		2022 年	2021 年	
重庆长安	26274	12372	112.4	13.9	11.3	2.6
江铃汽车	9656	5515	75.1	5.1	5.0	0.1
TOP5 小计	172061	99220	73.4	91.2	90.6	0.6
河北中兴	8236	5882	40.0	4.4	5.4	−1.0
北汽福田	6162	2521	144.4	3.3	2.3	1.0
东风汽车	2064	1686	22.4	1.1	1.5	−0.4
北京汽车制造厂	41	88	−53.4	0.0	0.1	−0.1
庆铃汽车	1	6	−83.3	0.0	0.0	0.0
TOP10 小计	188565	109403	72.4	100.0	100.0	0.0
其　他	0	8	−100.0	0.0	0.0	0.0
合　计	188565	109411	72.3	100.0	100.0	0.0

资料来源：根据中国汽车工业协会数据整理。

3. 海外市场区域销量

分区域看，拉美和亚洲为主要出口区域，出口量占比超过 2/3。分国家来看，2022 年智利、墨西哥、澳大利亚、越南、厄瓜多尔等国家出口规模位居 TOP5，其中墨西哥出口量/出口额增速都超过 300%；智利和澳大利亚的出口额占比较大（见表 4）。

表 4　2021~2022 年轻型货车主要出口国家

排　名	国　家	出口量（辆）		同比增速（%）	出口额（万美元）		同比增长（个百分点）
		2022 年	2021 年		2022 年	2021 年	
1	智　利	64492	57708	11.8	71946	58093	23.8
2	墨西哥	37385	8924	318.9	36182	8687	316.5
3	澳大利亚	28041	19464	44.1	48068	29683	61.9
4	越　南	27119	21435	26.5	21083	15205	38.7
5	厄瓜多尔	17063	12368	38.0	19449	13045	49.1
6	哥伦比亚	16903	11500	47.0	18446	12072	52.8

续表

排　名	国　家	出口量(辆)		同比增速 （%）	出口额(万美元)		同比增长 （个百分点）
		2022 年	2021 年		2022 年	2021 年	
7	沙特阿拉伯	14374	11098	29.5	18859	13547	39.2
8	秘　鲁	13033	13827	-5.7	14817	14621	1.3
9	南　非	12425	13363	-7.0	14131	13487	4.8
10	菲律宾	8396	9688	-13.3	9286	10932	-15.1
	其　他	110901	101794	8.9	116097	98240	18.2
	合　计	350132	281169	24.5	388364	287612	35.0

注：选取商品名称 14 吨以下的柴油/汽油货车。

资料来源：根据海关出口数据整理。

二　轻型载货车发展趋势

（一）技术趋势

1.轻量化

近年来，国家对于"大吨小标"车辆的治理呈加严态势，从当初的治理现象升级为修订产品标准，国家力求从产品源头有效解决轻型货车"大吨小标"问题。按照最新蓝牌法规，市场上存在大量的轻型货车自重超标现象，车辆轻量化是符合法规标准的重要手段，同时可以提高车辆的安全性。此外，车辆轻量化还有利于提高效率、节能降耗。基于这些因素，轻型载货车的轻量化是势在必行的，主要从以下途径实现：结构设计优化、应用新材料和先进工艺、模块化集成。

目前结构轻量化是最容易实施的，也是成本最低的。针对车身、底盘动力等零部件都可以大量采用结构轻量化设计，如模块化集成设计、结构拓扑优化等。轻量化材料应用方面，铝合金、复合材料已被大量应用，铝合金油箱、铝合金储气筒、铝合金车轮、铝合金防护等成为蓝牌轻卡的标配；未来，围绕新材料的应用，可能的一种发展路径是低成本的轻质材料或超高强度钢材应用，如塑料、热成型高强度钢，积极探索以铝代钢、以塑代钢、铝镁合金、工程塑料、碳纤维增强复合材料。同时考虑大量采用液压成形、辊压成形、铸造成形、锻造成形、模压成形、注射成形等制造技术，以达到降低整车重量的目的。

2. 节能化

我国轻型商用车市场的单车燃料消耗量较大、年均行驶里程较长、使用范围较广，因此轻型商用车的节能管理至关重要。仅燃料消耗量指标而言，2021年轻型商用车的平均燃料消耗量为7.59L/100km，较2020年出现提升现象。在"双碳"目标下，未来商用车产品将向绿色低碳、节能高效的方向发展，用更少的车辆、更高的效率来满足更大的物流和客流需求，减少排放和污染。目前，商用车燃料结构年度变化不明显，柴油燃料占比65%，仍然居主导地位，新能源汽车占比提升至4%，未来商用车"零碳"排放动力驱动技术主要包含氢燃料内燃机、燃料电池、纯电动。工信部发布的《重型商用车辆燃料消耗量限值》（征求意见稿）中对货车、半挂牵引车、自卸车的最高燃料消耗限值做出了新的规定。这项重磅强制性国家标准适用范围包含最大设计总质量大于3.5吨的商用车辆，包括货车、半挂牵引车、客车、自卸汽车和城市客车，并明确提出，第四阶段重型商用车燃油限值要较第三阶段加严12%~16%。将对标欧美2025年先进水平，基于国情采用中国工况测试，为兼顾车辆碳排放标准，增加了与限值对应的CO_2排放量参考值的计算方法，在此背景下，商用车领域应以动力总成升级优化、混合动力、智能网联技术为重点，大幅提升整车效率；以优化空气动力学性能、轻量化、代替燃料为支撑，在减少车辆运行能耗损失的同时，实现车用能源低碳化、多元化发展。

3. 电动化

轻型载货车电动化发展方向主要体现在重构专属的整车平台及电控平

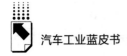

台、重塑电池布置和集成驱动系统等，系统集成化发展趋势明显，包括控制系统、驱动系统的集成化。在纯电动货车发展之初，纯电动货车采用"油改电"模式，电驱动总成系统与传统燃油货车的驱动总成系统型式基本一样，由驱动电机、减速器、传动轴和驱动桥组成，不仅成本高而且传动效率低、重量大。而随着行业内对纯电动货车的认知越来越深入，以及在降成本、降能耗和降重等的多重因素驱动下，电驱动总成系统逐步发展出同轴桥、集成桥等多样的驱动总成系统型式。在电控系统上，仍未脱离乘用车电控平台，在控制上很难完美符合轻型商用车市场发展要求；与轻型货车的专业化发展趋势不符。未来 3 年建立高电压 800V 平台是满足快速充电、长续航里程的必由之路，相应的，对三电系统及充电基础设备都提出了新的要求。

4. 智能网联化

国家陆续出台智能网联汽车相关政策，将汽车智能化、网联化纳入顶层规划，加速打造智慧高速与智慧交通。商用车的电动化、网联化与智能化转型成为国家战略层面的关注重点，市场接受度逐步提升，智能汽车将与智慧物流相融合。在此背景下，网联化与智能化正成为市场中的新增量，政策端的支持与技术侧的成熟，将助力商用车发展形成新格局。智能驾驶分为L0~L5，目前尚处于 L3 初步导入阶段，未来智能网联化将通过无线通信技术对商用车运行和使用提供服务，实现与其他车辆、云平台、路面基础设施之间的相互"沟通"，从而提升车辆整体运行效率，降低管理成本。商用车车联网技术可分为环境感知、数据处理、网络通信、地图导航、人机交互、终端设备等，智能化发展对核心算法、芯片、操作系统、云平台、通信板块等提出更高的要求。安全法规升级促使轻卡智能化。随着安全法规的逐步完善，轻卡司机对安全、舒适驾驶等方面的要求不断提高，轻卡智能化成为必然趋势，推动轻卡技术升级。在主动安全方面，智能网联技术得到广泛运用，自动紧急制动系统（AEBS）、车身电子稳定控制（ESC）、车道偏离预警系统（LDWS）以及胎压监测系统（TPMS）等电子辅助装置有望成为轻卡的基本配置。

在不远的未来，传统车企将切入 NOA 赛道。智能驾驶系统已经由此前的独立硬件驱动独立功能升级为整车零部件全面协同感知决策，支持领航自动驾驶（NOA）、主动安全和无人驾驶自动泊车等多项功能。在 NOA 功能开启后，车辆可在高速、城市快速路内自动上下匝道，全程跟随导航路线自动行驶，根据道路限速、路形等对车速和前车距离进行智能控制。同时，在遇到前车加速、路口转向、道路合流、修路围挡等情况时，车辆也能够进行自主变道。在行驶状态时，车辆同样会根据路况变化进行安全避让、变道超车。在主动安全方面，由安全系统在后台实时监控道路、天气条件、驾驶员状态及系统软硬件安全运行情况，全方位实现对车辆周边及内部环境的监测。

（二）产品趋势

1. 合规化

2022 年 1 月，《工业和信息化部 公安部关于进一步加强轻型货车、小微型载客汽车生产和登记管理工作的通知》（以下简称《通知》）的主要内容是：①《道路机动车辆生产企业及产品公告》申报要求调整：规范轻型货车产品参数填报，增加轻型货车申报技术参数，如增加填报货厢设计简图、悬架/车桥设计简图，总质量超过 3500kg 的仓栅式轻型货车后部载货车厢采用多层仓栅结构的，应提供后部货厢内部照片等。②《道路机动车辆生产企业及产品公告》车辆检验检测要求：检验检测机构应严格对车辆整备质量进行检测，规范车辆满载项目检测，加强样车专项核查，开展以上内容检测时，检验检测机构需拍摄检验过程视频及照片。

对轻型货车技术做出明确要求，主要有：①轮胎负荷≤总质量×1.4，轮胎断面宽度≤7.00in（英制）。②发动机（柴油）排量：≤2.5L（冷藏车≤3.0L）。③货箱内部宽度：≤2100mm（自卸车≤1800mm）。④轻型货车（不含新能源汽车）载质量利用系数应满足的要求如表 5 所示。

表5　轻型货车技术要求

总质量 M （kg）		M≤3500	3500<M<4500
整备质量 m(kg)		m>1100	
载质量利用系数	栏板车	≥0.65	≥0.75
	自卸车	≥0.55	≥0.65
	仓栅车	≥0.55	≥0.65
	厢式车	≥0.50	≥0.60
	冷藏车	≥0.30	≥0.40
	越野栏板式/仓栅式货车	—	≥0.40
	越野厢式货车	—	≥0.30

2. 高端化

《"十四五"现代物流发展规划》（以下简称《规划》）是我国物流领域的第一个五年规划，标志着我国物流业经过多年积累，在发展基础不断夯实、发展作用更加强大、发展成效持续显现的既有基础上，迈入系统整合、转型发展、功能提升的新阶段。当前，我国物流业发展在需求和供给两端都面临着重大转型和创新发展的阶段性要求，如高速公路的快速布局，物联网技术的普及，电商快递、电子商品、冷链、健康医疗等高附加值产业的物流需求的快速增长，建立现代物流服务体系，提升物流业标准化、信息化、智能化、集约化水平，提高经济整体运行效率和效益，都需要高效率、高质量、高可靠性的载货汽车，尤其是社会需求适用性更广泛、更普遍的轻型卡车。

现阶段国产中高端轻卡与进口高端轻卡之间的差距逐渐缩小，表现在前者在经济、节能、环保、可靠性、舒适性、操控性等方面的性能越来越好。国内用户的需求升级是驱动轻卡产品持续升级的核心因素。轻卡用户群体日趋年轻化，其对轻卡产品驾驶室内外观、座椅舒适性、多媒体等功能配置、后排空间的卧铺休息、座椅放平、大储物空间等的要求越来越高。客户对卡车的使用率越来越高，使用时间甚至超过其居家时间，那么基于客户对轻卡产品的需求，物流轻卡高端化也是大势所趋。

3. 电动化

2023 年 2 月，工业和信息化部等八部门印发《关于组织开展公共领域车辆全面电动化先行区试点工作的通知》，提出在全国范围内启动公务用车、城市公交、出租（包括巡游出租和网络预约出租汽车）、环卫、邮政快递、城市物流配送、机场等领域用车全面电动化先行区试点工作。目前，轻卡将全面开启在新能源领域的投放工作，通过试点，车辆电动化水平大幅提高，城市公交、出租、环卫、邮政快递、城市物流配送等领域新增及更新车辆中新能源汽车占比力争达到 80%。在国家一系列利好政策的推动下，大力发展清洁能源产品——新能源车型毫无疑问是必然趋势，从而促进车企产品向新能源汽车转型，带动电动化发展。商用车积分政策的落地也将"迫使"车企将更多的精力投在新能源轻卡的研发和推广上。

（三）市场趋势

1. 物流恢复增长

"十四五"时期，我国经济进入高质量发展阶段，国内消费和产业结构进一步转型升级，迈向消费驱动时代。扩大内需仍是国家下一阶段的工作重点。2022 年，受多重因素影响，我国消费低迷，在政策支持下，轻卡物流市场回暖，持续推动城市物流车的需求增加。消费结构上，多领域涌现新需求、新趋势，对货运市场提出了更加细分、专业化的运输能力要求。

2022 年，我国城镇化水平稳步提升，常住人口城镇化率达到65.22%，经济发展水平日益提升。同时，城市发展带动乡村发展的能力进一步增强，为推动乡村振兴提供了强力支撑。随着乡村振兴相关政策的不断落实，构建清洁低碳、多能融合的现代农村能源体系，加强农村基础设施建设，促进农村经济发展成为重要的立足点。乡村振兴战略有利于持续性带动消费增长，充分挖掘农村地区的发展潜力，如中国邮政搭建线上

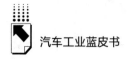

线下相融合的农村电商平台,打造覆盖城乡的寄递物流网络,助力农村物流运输业高质量发展。"三农"工作是乡村振兴的总抓手,农业持续健康发展。农产品运输成为乡村货运的重要增长点。相关基础设施建设加快,使物流运输结构发生新的变化,县域、乡村等对轻型载货车的需求持续增加。

2. 政策实施力度加大

2022 年 1 月,《工业和信息化部 公安部关于进一步加强轻型货车、小微型载客汽车生产和登记管理工作的通知》中对轻型货车相关技术要求进行界定,明确了轻型货车产品的货厢、发动机排量、轮胎等参数。

政策上牌方面,落实生产企业产品安全质量、生产一致性主体责任,加强车辆产品出厂前安全质量检验,对采用委改方式生产的货车整车生产企业承担委改产品安全质量、生产一致性完全责任,加强对机动车整车出厂合格证管理,同时检验机构将严把车辆产品检测关,检验机构要严格货车产品空载检测,重点检测货车产品整备质量,保证在车辆随车工具、备胎、水箱、油箱按规定配备和加注的条件下进行测量,严格核验车辆发动机、轮胎、车桥、钢板弹簧等配置与申报车型总质量是否匹配,严格轻型货车、小微型载客汽车登记管理。以上政策措施在短期内对保有量较大的轻型车市场运能损失的影响较为有限,对销量的拉动将是一个较为缓慢的过程。新政执行初期,各区域一致性和严谨性存在差异,政策的效力长期来看将会持续,市场正在朝着合规蓝牌化前行。

3. 新能源需求大幅增长

2022 年 1～10 月,城市物流轻卡市场销售 37.9 万辆,同比下滑 41%;其中新能源轻卡销售 20781 辆,同比增长 16%,新能源轻卡渗透率达到 5.3%,主要贡献来自城市快递配送和冷链运输。城市物流车未来市场容量在 45 万辆左右,新能源产品渗透率 25%。2023 年新能源补贴政策将退出,使得 2022 年底前迎来一波销量高峰,透支 2023 年部分销量。快递配送市场呈现恢复性增长,预计市场容量 24 万辆(回到 2021 年水平),新能源产品渗透率较高,为 34%。冷藏市场将实现增长。未来其转化水平视现行车查超力度和新法规执行力度而定。根据"大吨小标"治理程度来看，完全实现蓝牌超标车黄牌化还需要较长一段时间，超标车按 20%~30%转向黄牌，6m 黄牌车市场未来容量 3.7 万辆，新能源产品渗透率 17%。

补贴退坡后，新能源载货车市场逐步由政策驱动转向市场驱动。新能源轻型载货车应用场景以城配运输为主，由城市路权政策推动，在购置成本上升的前提下，技术升级、风险可控和商业模式创新等将驱动下一阶段新能源轻卡市场的发展。

4. 城市道路通行限制放宽

2022 年 11 月，公安部交管局对技术规范进行了优化调整，并发布第二版征求意见稿，增加 8t（黄牌）城市物流厢车合规进城、进一步放宽城市道路货车通行限制等内容。目前安徽、山东、深圳、湖北武汉等部分区域发布开放 8t 黄牌 6m 厢式车进城通告（见表 6）。

未来新规中或将放宽城市物流进城限制，有效促进物流运输市场回暖。

表 6　新技术规范

序号	类别	新技术规范要求
1	技术参数	主要技术参数：整车长度≤6000mm；比功率≥15；发动机排量≤3L；货箱内宽≤2300mm；轮胎：英制 7.50in／公制 235mma 以下
2	性能要求	统一标识：在货厢两侧醒目区域对称喷涂或粘贴"城市物流"字样
3		加速行驶时车外噪声应不大于 80dB
4		满载状态时抗侧翻稳定性，车辆质心向心加速度达 0.4g
5		车厢强度及防雨密封性能要求
6		车厢后门对开，有车门锁紧装置
7		①新能源城市物流厢式货车最小离地间隙应不小于 200mm，车辆爬坡度不小于 20% ②纯电动货车续驶里程不低于 80 公里，单位载质量能量消耗量（Ekg）不高于 0.49Wh／(km·kg)

续表

序号	类别	新技术规范要求
8	配置要求	应配备倒车雷达或倒车影像
9		车辆应装备符合要求的"行驶记录仪"
10		增加的所有转向车轮应安装盘式制动器
11		仅允许使用子午线轮胎
12		应配备至少一个 1kg 以上的手提式灭火器
13		装备车辆右转弯音响提示装置

三 轻型载货车发展存在的问题及建议

（一）存在的问题

1. 标准执行地域不统一

2022 年《工业和信息化部 公安部关于进一步加强轻型货车、小微型载客汽车生产和登记管理工作的通知》，要求各地公安交通管理部门严格登记查验轻型货车、小微型载客汽车等，严格按照相关规定和标准查验车辆，对主要特征和技术参数不符合国家标准或与《道路机动车辆生产企业及产品公告》、合格证不一致的，不予办理注册登记。要严格轻型货车登记查验，重点核对轻型货车检验合格报告记载的整备质量与《道路机动车辆生产企业及产品公告》和合格证记载的整备质量是否一致，严禁为"大吨小标"车辆办理登记。但因国家层面和地方层面在管理职权与范围存在交叉重叠，在部分地方相关主管部门和执法人员的执法标准、执法力度不统一，导致超载乱象呈现区域性差异。部分地方道路管理部门对超载运输处罚不规范。各区域结合自身发展情况制定区域性标准，如车辆进城标准，国家以蓝、黄牌车辆进行区隔，但部分地级市区域以载质量设定限制，且存在多种吨位标准。在这种情况下，生产企业为能够实现覆盖各区域销售市场，需申报多种公告，造成研发和实验验证成本增加。

2.行业门槛低，企业利润差

由于轻型载货车的市场准入门槛较低，行业企业数量呈现上升态势，不断有新的企业和资本进入。乘用车市场竞争早已进入红海阶段，部分头部企业整合资源、携乘用车电动化和智能化技术入局商用车市场；同时，客车市场销量自2016年达到顶峰后逐年下滑，头部客车企业开始寻求转型。为此，吉利、长城、比亚迪、宇通客车等企业纷纷布局新能源商用车市场，作为新入局者与传统商用车企业在新赛道展开竞争，致力于对部分细分场景实现突破。传统商用车企业在新能源这一新赛道面临更大的挑战，行业竞争加剧，产业集中度不断提高，部分末端企业受限于规模和技术而被淘汰。

与欧、美、日等先进国家或地区相比，我国轻型载货车行业的企业数量远远超出前者，并且仍在继续增长，从2016年的29家增加到2020年的34家。其中部分车企年销量持续低于千辆，即使2020年轻型商用车市场销量达到历史高峰时，仍有9家企业的销量低于千辆。

行业企业众多，产品同质化严重，导致企业只能打"价格战"；特别是伴随着平台企业的进入，产品价格进一步下探，导致虽然轻型载货车市场销量增加，但行业大多数企业仍处于盈亏平衡点上下，主营业务运营效率与盈利能力堪忧，因此，现阶段我国轻型载货车行业存在的问题是行业企业众多但运营效率不高、盈利性偏弱。

3.合规轻卡运力不满足

2022年，出台的蓝牌新规对轻卡市场造成的负面影响是显而易见的，加上后续可能出台的8吨新规，虽然是行业良性循环发展必须经历的阵痛，但也不得不警醒，频繁出台新规将导致企业反复投入、用户无所适从和望而却步的情形，甚至影响市场信心，这也将导致市场的恢复期变得更长。

2022年，我国城镇化率达到65%，初步核算国内生产总值1210207亿元，按不变价格计算，比上年增长3%，人均GDP达到85698元，比上年实际增长3%，按年平均汇率折算，达到12741美元，连续两年保持在1.2万美元以上；全国居民人均可支配收入实际增长2.9%，与经济增长基本同步，与此相比，轻型货车的载货量一直维持在2吨左右，无法满足日益增长

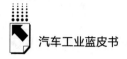

的城市物流配送量和运输效率要求。蓝牌新政实施后，查超的力度加大，轻卡用户面临着运货量控制严格、单边运力大幅下滑的情况，使物流企业的运输效率以及运输成本面临更大的挑战。

（二）轻型载货车发展思路

"十四五"时期，是我国轻型载货车高质量发展阶段，是增量向存量转变的阶段。产品向合规绿色发展，新能源、轻量化、智能化、网联化是发展趋势。企业竞争进入白热化阶段，整体行业竞争力增强。而对国际市场广阔的发展空间，中国企业将深度参与国际竞争，为此，未来还需在以下几个方面予以强化。

1. 优化城市配送货车通行管理

制定科学合理的城市物流配送车辆通行政策，逐步放宽限行吨位，取消简单按照车辆号牌类型划分通行权的政策，合理释放城市物流配送需求。制定《城市物流配送汽车选型技术要求》，试点推出城市配送货车标准化车型，鼓励有条件的城市对标准化车型配送货车给予通行便利。

利用"汽车电子标识"在车辆生产企业、车辆登记上牌、车辆"大吨小标"更正、车辆改拼装企业、货物装载源头、鲜活农产品装运源头以及货运驾驶员等各个环节建立电子识别的长效监管机制。例如，对进城车辆整车装载并合法运输鲜活农产品的，享受绿色通道优惠政策，进行特殊处理。对交通管理者来说，借助电子标识可以确认车辆的基本信息，并以此来判定是否予以通行。

2. 加快建设安全可控的供应链体系

在汽车轻量化、电动化、智能化、网联化、共享化的大趋势下，汽车的内涵和外延不断丰富，供应链也随之延长，汽车产业亟须突破创新边界。新冠疫情全球大流行，使过去几十年在全球化背景下形成的序列生产、分工协作供应链暴露出脆弱的一面。

面对未来更为复杂的发展环境，构建更加安全、可控的供应链体系是当务之急，相关参与方需进一步推动产业向深度融合方向发展，共同提升自主创新能力，携手推进补链、固链和强链。

2020 年以来汽车行业的芯片供应危机就充分说明汽车产业供应链还存在"卡脖子"技术难题，需要坚持创新发展、加强深度融合。据 AutoForecast Solutions 公布的数据，2021 年全球因缺芯导致的汽车减产量达 1027.2 万辆，其中中国汽车市场 2021 年减产 198.2 万辆，占全球的 19.3%。

行业企业应持续强化汽车供应链、产业链的协调稳定，同时完善体系布局，通过积极参与全球化竞争，构建全球化经营机制，促进竞争力提升。随着全球产业结构的变化，对供应链渠道要求应更加扁平化和多元化。在"新四化"的技术驱动下，供应链体系迎来巨大变革，行业车企应加强供应链体系上下游的数据贯通、资源共享和业务协同，提升资源优化配置和动态协调水平。与此同时，在电动化、智能化、网联化的快速发展下，汽车供应链也迎来了创新发展的战略机遇。汽车行业正逐步转向"硬件+软件+服务"的发展模式，软件和服务逐步成为汽车行业的新盈利点。

3. 构建用户生态圈

互联网时代，消费端已经发生了巨大的改变，企业转型为"用户型企业"的趋势已经到来。车企在为用户提供产品和服务时，应结合自身情况，从用户用车的全生命流程（全生命周期）角度出发，深入践行"用户思维"。轻型商用车市场迎来细分化发展趋势，应基于对车辆有不同功能要求的用户，以产品、金融、服务、后市场等为载体，创建新架构，为用户提供新体验、为用户构建新的生态圈。

4. 加强新能源技术开发

新能源汽车技术是适应历史潮流的技术走向，具有很大的推广价值。其市场的爆发会引发新一轮汽车技术创新浪潮。过去，困扰新能源汽车市场化的主要问题是成本。补贴退坡后，技术将成为影响新能源汽车和燃油车之间竞争的核心要素。如今，技术的进步使新能源汽车基本具备与同级燃油车竞争的优势，真正迎来行业期待的拐点。

企业应响应国家政策号召和顺应行业发展趋势，在"双碳"目标、路权通行等政策驱动下，加速推进绿色能源的研发和应用，致力于解决商

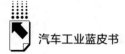

用车续航、充电焦虑等问题。通过供应链体系重构、数字化转型等降低用户购车成本，加快完成对传统燃油车的替代。积极探索轻型载货车领域的绿色能源化和智能化，加大研发力度，深耕自动驾驶、三电系统、混动、轻量化等技术，争取领先优势，打造世界范围内用户认可的新能源商用车品牌。

B.4
客车发展报告

摘　要： 本报告介绍了中国客车行业发展情况，阐述了2022年客车市场发展形势和相关政策，研判了行业的技术、市场和产品发展趋势，剖析了行业发展中存在的问题和面临的挑战，提出了客车行业的中长期发展目标，并在政策完善、行业协同和企业发展等方面提出建议。客车市场已处于筑底期，随着全球经济的逐步复苏，公共出行需求将快速释放，预判客车行业需求将稳步回暖。中国客车企业应聚焦自主科技创新，提升供应链保障能力，加强全球布局，构筑竞争优势，进一步夯实客车行业高质量发展的基础。

关键词： 客车　公路客车　城市公交车

一　客车发展现状

（一）国内市场情况

2018年开始，受需求透支、"补贴"退坡、经济增长放缓、高铁地铁快速发展等因素的影响，客车行业总体销量进一步下滑，市场步入调整期。2020年新冠疫情使公众出行受到严重抑制，客车行业总体销量快速下滑。2022年，除"三期叠加"即经济增长速度换档期、结构调整阵痛期、前期刺激政策消化期等因素持续影响外，国内局部地区疫情反复，公共出行雪上加霜，我国客车总体销量出现大幅下滑。2022年，根据我国客车行业上险数据库统计，行业销量 10.1 万辆（不含轻型客车），同比下滑 25.8%（见图 1）；根据中汽协会数据，轻型客车（含非完整车辆）销量 31.96 万辆，同比下降 22.26%。

随着经济复苏、公共出行需求快速释放，客车行业稳步回暖。从交通运输部统计数据来看，2023 年春节全社会人员流动量约 47.33 亿人次，其中公路发送旅客 11.69 亿人次，同比增长 55.8%，恢复到 2019 年同期的 47.5%。预计 2023 年国内客车销量将触底反弹。

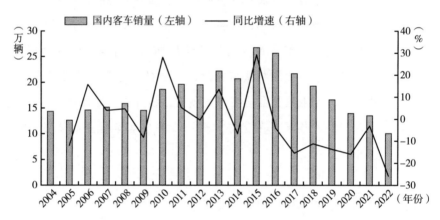

图 1　2004~2022 年国内客车市场销售情况（不含轻型客车）

资料来源：根据上险数据整理。

（二）各类产品市场概况

1. 国内公路客车

2011 年，受民航、高铁、私家车和网约车等替代出行快速发展影响，公路客运市场在见顶后快速下滑。2015~2017 年，受国家新能源补贴政策刺激，以团体通勤、中短途客运为主的新能源客运车辆销量于 2016 年达到高点，带动了整体行业销量。随着新能源补贴政策的退坡，公路客运市场销量呈现下降趋势。2020 年，受新冠疫情影响，公众出行需求受到极大抑制，行业销量快速见底。截至 2022 年，公路客运市场销量同比下降 45%。

表1 2012~2022年7m以上大中型公路客运车辆销量

单位：辆

细分类型	2012年	2013年	2014年	2015年	2016年	2017年	2018年	2019年	2020年	2021年	2022年
新能源	196	164	2891	14471	20916	16204	6065	3845	2137	4125	4991
传统车	73051	69783	56187	52587	49829	40371	32704	33462	20392	24923	10977
总计	73247	69947	59078	67058	70745	56575	38769	37307	22529	29048	15968

资料来源：根据上险数据整理。

从客车品牌看，受法规趋严叠加疫情影响，三、四线客车品牌加速退出，2022年行业实现销量的品牌有36个，较2016年减少50个。公路客运车辆市场集中度逐年提升，2022年销量前10位企业市场占有率达到94.7%，相较2016年提升16.8个百分点（见表2）。

表2 2016年和2022年7m以上大中型公路客运车辆销量前十企业

单位：辆，%

名次	2016年			2022年		
	制造企业	销量	市场占有率	制造企业	销量	市场占有率
1	宇通	24710	34.9	宇通	7463	46.7
2	苏州金龙	5261	7.4	苏州金龙	1766	11.1
3	金龙	5090	7.2	柯斯达	1569	9.8
4	金旅	4719	6.7	金龙	1253	7.8
5	福田	3815	5.4	金旅	1207	7.6
6	安凯	3059	4.3	中通	520	3.3
7	柯斯达	2858	4.0	福田	498	3.1
8	中通	2094	3.0	晶马	312	2.0
9	东宇	1924	2.7	安凯	298	1.9
10	广通	1627	2.3	超越	226	1.4

资料来源：根据上险数据整理。

按营运和非营运划分，营运客车包括客运和旅游客车，非营运客车为团体客车。2018~2019年，受旅游市场需求增长影响，营运客车占比提升。2020年，受新冠疫情影响相对较小的团体客车占比大幅提升。2021年，疫

115

情防控形势向好，旅游市场快速恢复，营运客车占比提升。2022年，受疫情、成本等因素影响，营运客车占比出现历史低点（见表3）。

表3　2018～2022年7m以上营运客车与非营运客车销量

单位：辆，%

细分市场销量	2018年		2019年		2020年		2021年		2022年	
	销量	占比	销量	占比	销量	占比	销量	占比	销量	占比
营运	23896	61.6	25594	68.6	13320	59.1	18869	65.0	8619	54.0
非营运	14873	38.4	11713	31.4	9209	40.9	10179	35.0	7349	46.0

资料来源：根据上险数据整理。

按车辆长度划分，公路车额定载客要求10～56人（包括驾驶员在内），客运车按车长分为特大型（12m<L≤13.7m，三轴客车）、大型（9m<L≤12m）、中型（6m<L≤9m）和轻型（L≤6m）。其中，中型客车市场份额最大，大型客车市场份额呈现提升态势，特大型客车市场份额依然处于低位（见表4）。

表4　2018～2022年7m以上分类型公路车销量

单位：辆，%

按结构分类	2018年		2019年		2020年		2021年		2022年	
	销量	占比	销量	占比	销量	占比	销量	占比	销量	占比
特大型	36	0.1	654	1.8	529	2.3	1305	4.5	322	2.0
大　型	15796	40.7	15722	42.1	9482	42.1	13662	47.0	7781	48.7
中　型	22937	59.2	20931	56.1	12518	55.6	14081	48.5	7865	49.3
总　计	38769	—	37307	—	22529	—	29048	—	15968	—

资料来源：根据上险数据整理。

2.国内城市公交车

自新能源补贴政策出台以来，纯电动公交车占比大幅提升，由2015年的44.8%提升到2022年的93.7%。随着纯电动技术的持续发展和市场接受

度的不断提高，8年LCC（全生命周期成本）较混合动力车和传统车均具有
优势，预计纯电动公交车占比将进一步提升，仅部分充电设施不全或燃料自
足的地区仍以插电式和传统车为主。随着示范城市名单的正式发布，燃料电
池车的推广量将逐渐增长，但受产业基础和政策支持力度，以及氢源、加氢
站基础设施等影响，燃料电池客车推广区域主要集中为京津冀、上海、广
东、河南、河北5个燃料电池汽车试点示范区域，以及山东、湖北、川渝等
氢能产业较好的产业集聚区（见表5）。

2022年，在纯电动公交车市场，受到国家新能源购置补贴全面退坡影
响，部分市场采购需求提前释放，行业销量出现小幅提升，行业前十名厂家
的集中度达到68.5%，同比下降9.9%。混合动力公交车销量小幅增长，行
业前八名的市场份额已达100%。燃料电池公交车销量不足千辆，同比小幅
提升，行业前十名厂家的集中度达到88.3%（见表6）。

表5　2012~2022年国内公交车销量

单位：辆

分类	2012年	2013年	2014年	2015年	2016年	2017年	2018年	2019年	2020年	2021年	2022年
纯电动	1129	2007	4293	49594	75417	69955	82190	66559	52285	40927	44419
混合动力	5354	10474	13367	24604	17642	15129	5912	4303	4997	1226	1633
燃料电池	0	0	0	0	0	0	0	737	1341	771	809
传统车	53395	67105	61656	36459	13966	13462	6307	2948	1484	657	567
总计	59878	79586	79316	110657	107025	98546	94409	74547	60107	43581	47428

资料来源：根据上险数据整理。

表6　2022年新能源市场份额情况

单位：辆，%

排名	品牌	纯电动销量	份额	品牌	混合动力销量	份额	品牌	燃料电池销量	份额
1	宇通	8058	18.1	宇通	793	48.6	象牌	102	12.61
2	中车时代	3494	7.9	中车时代	314	19.2	金旅	100	12.36
3	苏州金龙	3179	7.2	苏州金龙	163	10.0	宇通	100	12.36

续表

排名	品牌	纯电动销量	份额	品牌	混合动力销量	份额	品牌	燃料电池销量	份额
4	东宇	2923	6.6	东宇	117	7.2	中通	90	11.12
5	中通	2883	6.5	中通	109	6.7	苏州金龙	85	10.51
6	比亚迪	2461	5.5	比亚迪	96	5.9	蜀都	55	6.80
7	金龙	2243	5.0	金龙	21	1.3	万达	54	6.67
8	金旅	1815	4.1	金旅	20	1.2	金龙	47	5.81
9	申沃	1784	4.0	—	—	—	美锦飞驰	41	5.07
10	福田	1609	3.6	—	—	—	中车时代	40	4.94
—	总计	30449	68.5	总计	1633	100.0	总计	714	88.25

资料来源：根据上险数据整理。

考虑到新能源汽车更新周期陆续到来、"双碳"目标、城镇化进程进一步加快、城际客运和城乡客运公交化改造等综合因素，预测2023年公交车市场将逐步回暖，2024~2025年进入平稳上升期。

3. 国内轻型客车

轻客车型类别细分为日系轻客、欧系轻客和轻型BUS车型。日系轻客和欧系轻客主要应用场景为城市物流配送、客货两用、专用改装、通勤等，轻型BUS车型的主要应用场景为通勤、微公交、城乡客运等。2022年，我国轻型客车（含非完整车辆）全年销量31.96万辆，较2021年的41.1万辆，同比下降22.24%（见表7）。

2012~2021年，我国轻客行业销量从28万辆增加到41万辆。轻客行业的成长既有市场环境驱动，也有政策端的发力。在这期间，我国城市群处于快速发展阶段，生活、生产和城市建设的建材等物资需求增加，带动了短途物流、快递行业以及短途客运行业的高速增长。政策环境发生了重大变化，《关于加强小微型面包车、摩托车生产和登记管理工作的通知》加大对超载轻客的治理力度，日系轻客市场销量迅速下滑，促进了欧系等合规轻客的发展。

表7 2012～2022年轻客（含非完整车辆）销量

单位：万辆

项目	2012年	2013年	2014年	2015年	2016年	2017年	2018年	2019年	2020年	2021年	2022年
销量	28.0	32.9	38.5	43.2	35.4	34.9	34.0	33.3	34.4	41.1	31.96

资料来源：根据中国汽车工业协会产销数据整理。

2022年，《工业和信息化部 公安部关于进一步加强轻型货车、小微型载客汽车生产和登记管理工作的通知》提出，加强"大吨小标"和违规超载车型的准入事前事后管理，对轻客行业市场造成一定影响，叠加供应链中断、原材料上涨、芯片供应紧张、油价高企等因素，2022年轻客市场销量跌到历史低位，同比下降22%。在治理超载车辆等政策和客户消费观念不断变化等因素影响下，轻客市场竞争非常激烈，2022年行业前十名企业的集中度为96.12%（见表8）。

表8 2015年和2022年轻客销量前十企业

单位：万辆，%

排名	2015年			2022年		
	企业	销量	份额	企业	销量	份额
1	金杯汽车	95988	22.1	江铃汽车	76190	23.84
2	江铃汽车	63141	14.5	上汽大通	60872	19.05
3	南京依维柯	40720	9.4	长安汽车	53445	16.72
4	东风汽车	39466	9.1	福田汽车	37400	11.70
5	福田汽车	29606	6.1	南京依维柯	27123	8.49
6	长安汽车	23453	5.4	厦门金龙	14416	4.51
7	厦门金龙	22586	5.2	江淮汽车	11534	3.61
8	江淮汽车	21280	4.9	厦门金旅	10626	3.32
9	厦门金旅	20263	4.7	东风汽车	9143	2.86
10	上汽大通	18740	4.3	宇通客车	6465	2.02

资料来源：根据上险数据整理。

4.国内校车

近年来，校车行业相关政策无调整，市场销量呈明显下降趋势。2022

年，受疫情影响，多数地区的线下教育长期处于停滞状态，校车的使用需求明显下降。同时，"民转公"政策落地促使校车需求结构发生变化，轻型校车需求整合并转向大中型校车，导致校车市场销量大幅降低（见表9）。随着疫情防控进入新阶段，前期被抑制的需求得以释放，叠加早期国三/非新标准校车的更新需求，预测未来几年校车市场销量有望小幅增长。

表9　2012~2022年5m以上校车销量

单位：辆

项目	2012年	2013年	2014年	2015年	2016年	2017年	2018年	2019年	2020年	2021年	2022年
销量	24209	29420	25208	24806	24285	19533	15341	12005	7997	9145	4916

资料来源：根据上险数据整理。

随着校车市场的优胜劣汰，品牌集中度不断提升，校车（5m以上）销量前5名企业的集中度达到90.3%（见表10）。

表10　2016年和2022年5m以上校车销量前十企业

单位：辆，%

名次	2016年			2022年		
	制造企业	销量	占有率	制造企业	销量	占有率
1	宇通	9190	37.8	宇通	2999	61.0
2	桂林(五菱牌)	3704	15.3	福田	527	10.7
3	东风	2998	12.3	中通	448	9.1
4	长安	1146	4.7	桂林(五菱牌)	256	5.2
5	少林	1120	4.6	安凯	211	4.3
6	中通	973	4.0	东风	140	2.8
7	解放	803	3.3	金旅	111	2.3
8	苏金	724	3.0	长安	63	1.3
9	安凯	570	2.3	华策(华新牌)	60	1.2
10	上饶	513	2.1	苏金	29	0.6

资料来源：根据上险数据整理。

（三）海外市场概况

1. 市场总体情况

2014年，我国客车出口量达到历史顶峰，为9.42万辆。2015~2018年，出口量缓慢下降，2019年有所回升。2020年，受海外疫情、单边主义等因素影响，我国客车出口量大幅下滑。2022年，我国客车出口5.25万辆，同比增长22.6%（见图2）。随着疫情防控进入新阶段，客车行业出口量将迅速回升。

图2　2013~2022年海外客车行业整体出口走势

资料来源：根据海关数据库数据整理。

（1）车辆类型

2022年，从座位数维度来看，海外大、中、轻型车出口量均呈现上升趋势。其中，大型客车出口量同比增长19.2%，中型客车出口量同比增长115.5%，轻型客车出口量同比增长14.1%（见图3）。

（2）出口区域

2022年，从出口区域看，欧洲、美洲、亚洲及大洋洲等因疫情影响逐步减小，公共出行逐步恢复，我国客车出口量大幅上升，但非洲各国受疫情

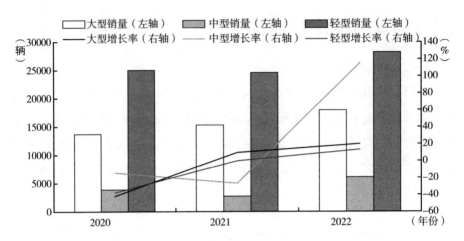

图 3　2020~2022 年大、中、轻型客车出口走势

资料来源：根据海关数据库数据整理。

影响经济恢复较慢，且政府资金比较短缺，我国客车对非洲出口量出现较大幅度下滑（见图 4）。

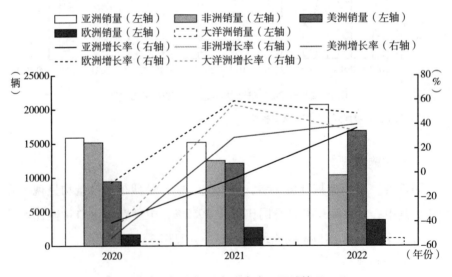

图 4　2020~2022 年客车出口区域情况

资料来源：根据海关数据库数据整理。

2. 大型客车

2022年，我国大型客车出口量1.81万辆，同比增长19.2%。从出口区域看，美洲区域出口量出现下滑，其他区域出口量均增长。其中，亚洲出口量保持首位，同比增长20.4%，主要是对俄罗斯、印度、泰国、哈萨克斯坦、阿联酋、伊朗、菲律宾、蒙古等市场的出口量回升，而对卡塔尔、沙特、中国香港、吉尔吉斯斯坦等市场的出口量下滑；非洲出口量同比增长12.8%，主要是对刚果（金）、埃及、安哥拉、苏丹、坦桑尼亚等市场的出口量回升；美洲出口量同比下滑21.0%，主要是对哥伦比亚、委内瑞拉、多米尼加、玻利维亚、古巴等的市场出口量下滑，而对墨西哥市场的出口量持续增长；欧洲出口量同比增长50.6%，主要是对以色列、英国、土耳其、荷兰等市场的出口量持续增长；大洋洲出口量同比增长36.1%，主要是对澳大利亚市场的出口量持续增长（见图5）。

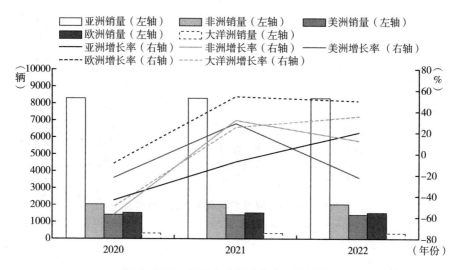

图5 2020~2022年大型客车出口区域情况

资料来源：根据海关数据库数据整理。

3. 中型客车

2022年，我国中型客车出口量0.61万辆，同比增长115.5%。从出口区域看，欧洲区域出口量下滑，其他区域出口量均回升。其中，欧洲出口量同比下滑 44.3%，主要是对荷兰、葡萄牙、保加利亚、塞尔维亚等市场的出口量下滑；亚洲出口量同比增长 105.9%，主要是对菲律宾、韩国、哈萨克斯坦、澳门、俄罗斯、科威特、卡塔尔、越南、巴基斯坦等市场的出口量回升；非洲出口量同比增长 74.1%，主要是对利比亚、摩洛哥、尼日利亚、安哥拉等市场的出口量回升；美洲出口量同比增长 193.5%，主要是对智利、墨西哥、秘鲁等市场的出口量增长迅速；大洋洲出口量同比增长 100.0%，整体出口量小，主要是对澳大利亚市场的出口量增长（见图 6）。

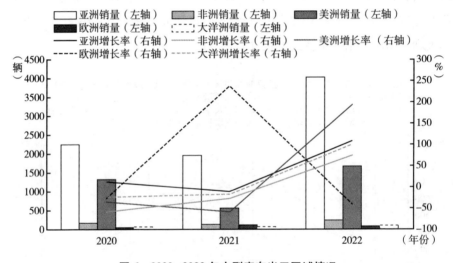

图 6　2020~2022 年中型客车出口区域情况

资料来源：根据海关数据库数据整理。

4. 轻型客车

2022 年，我国轻型客车出口量 2.84 万辆，同比增长 14.1%。从出口区域看，非洲区域出口量持续下滑，其他区域出口量均回升。其中，亚洲出口量同比增长 34.9%，主要是对越南、马来西亚、菲律宾、卡塔尔、哈萨克斯坦、乌兹别克斯坦、俄罗斯等市场的出口量增长，而对阿联酋、巴基斯坦等市场的出口量下滑幅度较大；非洲出口量同比下滑 26.5%，主要是对埃及、尼日利亚、苏丹等市场的出口量大幅下滑；美洲出口量同比增长 42.0%，主要是对秘鲁、厄瓜多尔、智利、墨西哥、美国、危地马拉等市场的出口量大幅回升；欧洲出口量同比上升 317.4%，但体量小，仅 96 辆；大洋洲出口量同比增长 22.5%，主要是对新西兰市场的出口量大幅增长（见图 7）。

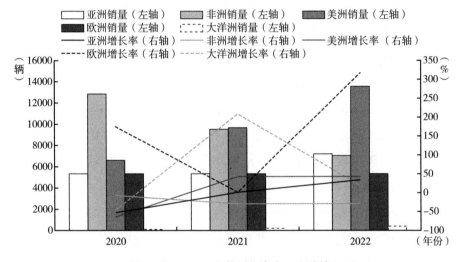

图 7 　 2020～2022 年轻型客车出口区域情况

资料来源：根据海关数据库数据整理。

（四）行业政策概览

1. 政策发展

2022 年 5 月 6 日，交通运输部提出《"四好农村路"全国示范县创建管理办法（征求意见稿）》，强调推动"四好农村路"高质量发展。"四好农村路"示范县的客运发展方向在于：①通过城乡客运公交化改造覆盖更多的建制村；②通过客货邮跨业融合减轻购买服务和运营补贴压力，保障农村客运可持续发展。非示范县要面临农村客运持续保通的较大压力,探索农村客运跨业融合运营模式具有积极意义。客货邮融合不是现有客车增加快递带货功能的简单替代,其需求根源在于农村客运仅依靠票价收入难以盈利,保通困难;同时"快递进村"末端物流成本过高,物流企业亏损且难以维持,从而产生"村村通客车"与"快递进村"两项民生工程的跨业融合需求。客货邮融合的本质是农村客运/物流运营模式、盈利模式的变革。

2022年10月25日,交通运输部办公厅、财政部办公厅印发《"十四五"时期农村客运、城市交通发展工作绩效考核办法》,落实国家关于调整农村客运和出租车油价补贴政策有关要求,发挥农村客运补贴资金(含农村道路客运部分、岛际和农村水路客运部分)和城市交通发展奖励资金的引导作用,主要考核运营效率、通达程度、服务质量、安全运营及主体责任落实情况。该考核办法的导向是通过考核和补贴的手段保障农村客运开得通、留得住,保障农村客运服务供应保持稳定。

2022年10月,汽车行业生产者责任延伸制度开启试点。生产者责任延伸制度是指将生产者对其产品承担的资源环境责任从生产环节延伸到产品设计、流通消费、回收利用、废物处置等全生命周期的制度。国家综合考虑产品市场规模、环境危害和资源化价值等因素,率先确定对电器电子、汽车、铅酸蓄电池和包装物等4类产品实施生产者责任延伸制度。为贯彻落实《国务院办公厅关于印发生产者责任延伸制度推行方案的通知》,引导汽车生产企业履行生产者责任,经地方推荐、专家评审和网上公示,工业和信息化部、科技部、财政部、商务部于2022年10月确定了11家汽车产品生产者责任延伸试点企业名单,其中商用车6家。商用车生产企业通常通过自主布局、联合布局或委托专业回收企业合作等模式,开展报废产品回收及核心零部件再制造业务,构建产业生态闭环。

客车行业的发展受政策影响较大,2008~2022年主要的新能源政策发布情况如表11所示。

表 11　新能源政策发布情况（含燃料电池政策）

时间	发展规划	技术与能源限制	基础设施配套	补贴
2008 年	—	—	—	《关于开展节能与新能源汽车示范推广试点工作的通知》
2012 年	《节能与新能源汽车产业发展规划2012—2020 年)》	—	—	—
2013 年	—	—	—	《关于继续开展新能源汽车推广应用工作的通知》
2014 年	— —	《2014—2015 年节能减排科技专项行动方案》 《国家发展改革委关于电动汽车用电价格政策有关问题的通知》	《关于新能源汽车充电设施建设奖励的通知》	《关于进一步做好新能源汽车推广应用工作的通知》 《国务院办公厅关于加快新能源汽车推广应用的指导意见》
2015 年	— — —	— — —	《关于加强城市停车设施建设的指导意见》 《国务院办公厅关于加快电动汽车充电基础设施建设的指导意见》 《电动汽车充电基础设施发展指南（2015—2020 年)》	《关于 2016—2020 年新能源汽车推广应用财政支持政策的通知》
2016 年	《"十三五"国家战略性新兴产业发展规划》 《能源发展"十三五"规划》	《汽车动力电池行业规范条件（2017年)》	《关于"十三五"新能源汽车充电基础设施奖励政策及加强新能源汽车推广应用的通知》	《调整完善补贴政策促进新能源汽车产业健康发展》 《关于新能源汽车推广应用审批责任有关事项的通知》

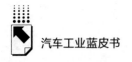

续表

时间	发展规划	技术与能源限制	基础设施配套	补贴
2017 年	《战略性新兴产业重点产品和服务指导目录(2016 版)》	《"十三五"节能减排综合工作方案》	《加快单位内部电动汽车充电基础设施建设》	《汽车贷款管理办法》
	《汽车产业中长期发展规划》	《乘用车企业平均燃料消耗量与新能源汽车积分并行管理办法》		
		《关于促进储能技术与产业发展的指导意见》		
2018 年	《打赢蓝天保卫战三年行动计划》	《新能源汽车动力蓄电池回收利用管理暂行办法》	《提升新能源汽车充电保障能力行动计划》	《关于调整完善新能源汽车推广应用财政补贴政策的通知》
	《推进运输结构调整三年行动计划(2018—2020 年)》	《汽车动力蓄电池和氢燃料电池行业白名单暂行管理办法》		《关于创新和完善促进绿色发展价格机制的意见》
		《提升新能源汽车充电保障能力行动计划》	—	
2019 年	《绿色出行行动计划(2019—2022 年)》	—	—	《关于进一步完善新能源汽车推广应用财政补贴政策的通知》
		—	—	《关于继续执行的车辆购置税优惠政策的公告》
2020 年	《新能源汽车产业发展规划(2021—2035 年)》	《重型柴油车污染物排放限值及测量方法(中国第六阶段)》	《关于开展燃料电池汽车示范应用的通知》	《关于进一步完善新能源汽车推广应用财政补贴政策的通知》
2021 年	《国家综合立体交通网规划纲要》	《关于实施重型柴油车国六排放标准有关事宜的公告》	《关于进一步提升电动汽车充电基础设施服务保障能力的实施意见》	《关于调整农村客运、出租车油价补贴政策的通知》

续表

时间	发展规划	技术与能源限制	基础设施配套	补贴
2021年	《农村公路中长期发展纲要》	《绿色出行创建行动考核评价标准》	《关于进一步提升充换电基础设施服务保障能力的实施意见》	《关于2022年新能源汽车推广应用财政补贴政策的通知》
	《数字交通"十四五"发展规划》	《2030年前碳达峰行动方案》	—	—
2022年	《绿色交通"十四五"发展规划》	《建立健全碳达峰碳中和标准计量体系实施方案》	《加快推进公路沿线充电基础设施建设行动方案》	《关于完善新能源汽车推广应用财政补贴政策的通知》
	《氢能产业发展中长期规划（2021—2035年)》	《财政支持做好碳达峰碳中和工作的意见》	—	—
	《"十四五"交通领域科技创新规划》	《"十四五"新型储能发展实施方案》	《国家公交都市建设示范工程管理办法》	—

资料来源：根据网络资料整理。

2. 标准法规

客车标准体系架构包括基础标准、产品标准、技术标准、服务标准以及其他相关标准，涉及2022年发布及制修订中的主要强制性标准如下。

2022年1月13日，交通运输部批准发布交通行业标准 JT/T 1095—2022《营运客车内饰材料阻燃特性》，2022年4月13日起实施。本标准对客车内饰材料按功能和使用部位进行了细分，分别规定了阻燃特性指标，并对部分内饰材料的阻燃特性指标进行了补充和完善，大大提升了营运客车的材料安全性。

2022年2月，国家标准 GB 13057《客车座椅及其车辆固定件的强度》进入报批程序，预计2023年发布，2024年起开始实施。本标准对标欧盟、美国、澳大利亚的客车座椅标准，以及车辆正面碰撞的试验方法和试验条件

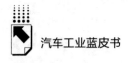

进行了补充完善，使座椅强度得到大幅提升、乘员的安全保护作用得到进一步加强。

2022 年 6 月 17 日，国家标准 GB 30510《重型商用车辆燃料消耗量限值》公开征求意见，第四阶段油耗标准目标在第三阶段基础上平均加严15%，可实现 2025 年我国商用车节能达到国际领先水平；本标准同时结合行业实际，分别明确了汽油车辆和专用校车的油耗限值标准，内容更加科学合理，可有效发挥标准的牵引性，提升标准的适应性和可执行性。

2022 年 8 月 31 日，国家标准委批准发布强制性国家标准 GB 16897-2022《制动软管的结构、性能要求及试验方法》，2023 年 1 月 1 日起实施。本标准对不同类型的制动软管的性能分别进行了提升，对保证车辆制动安全具有重要意义。

2022 年 8 月 31 日，国家标准委发布国家标准 GB 19239-2022《燃气汽车燃气系统安装规范》，2023 年 1 月 1 日起实施。本标准统一了 LNG、LPG、CNG 汽车燃料系统结构和安装方式，增加了导静电拖地橡胶带和燃气泄漏报警器相关规定，提升了气瓶安装、预警等安全指标，更加适应部分运输市场对燃气车辆的安全性需求，对推动技术发展具有积极意义。

2022 年 9 月 13 日，交通运输部批准发布 JT/T 963-2022《青藏高原营运客车技术要求》，2022 年 12 月 13 日起实施。本标准全面优化了高原新型客车配置，解决了实际运行中暴露出的行李箱过小、轮胎过窄、供氧系统供氧效果不好以及动力不足等突出问题，能有效满足新的国家标准和节能环保要求，进一步增强了高原新型客车的安全性、经济性和舒适性。

2022 年 10 月 12 日，国家标准委发布国家标准 GB 14023-2022《车辆、船和内燃机 无线电骚扰特性用于保护车外接收机的限值和测量方法》，2023 年 11 月 1 日起实施。本标准主要增加了车载有意发射设备在电磁兼容测试中的豁免条件，本标准适用于可能对无线电接收造成干扰的电磁发射源，对进一步提升客车产品的电磁兼容性将发挥重要作用。

2022 年 11 月 10 日，欧盟委员会公布了"欧洲第七阶段排放标准"的提案，新标准不仅考虑了车辆本身的排放，还考虑了车辆运行带来的附加排放和污染，对车辆的可靠性也提出更高的要求，具体要求体现在以下五个方面：①提案采用燃料和技术中立原则，将所有机动车的排放要求合并到统一规则之下，无论是汽油、柴油、电动传动系统还是替代燃料的车辆，都在同一套法案下执行。柴油发动机的氮氧化物等排放与汽油发动机的水平对齐，引入甲醛等其他污染物排放的限制。②减少轮胎、制动系统的磨损，进而降低车辆行驶时所带来的有害粉尘飘散。③在车辆的动力系统中引入电子系统，持续监测后处理系统的工作情况，确保车辆行驶过程中始终符合标准。④拓展车辆基准测试时的情形，将不同工况下的排放情况纳入综合考量。⑤延长车辆可靠性要求适用期限，要求车辆在 20 万公里/10 年车龄之内的排放水平不得低于标准。

二　客车发展趋势

（一）技术趋势

1. 传统车技术

结合新技术发展趋势和国内外竞品技术应用现状，对比分析客车行业"安全、舒适"技术现状。

（1）安全性技术

近年来，随着汽车安全性技术的发展和国家法规的推动，底盘 ABS 防抱死系统、ESC 稳定控制系统等基本普及，越来越多的新技术也被应用到客车上，主要分为两类：一类是发生事故时最大程度减轻乘员所受伤害的被动安全技术；另一类是预防事故发生或降低碰撞强度的主动安全技术。以驾驶辅助技术为代表的主动安全技术在车辆安全性方面的作用越来越大。安全技术的发展方向是主被动安全技术逐渐融合以增强主动安全、降低运营成本、优化驾乘体验。在客车领域，国外标杆车企奔驰、沃尔沃等研了正面碰撞防护结构、车内紧急逃生系统、AEBS、车道保持辅助等先进主被动安全技术，覆盖事故的"前、中、后"各个阶段，形成一体化的安全体系。国内

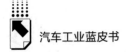

客车也开发应用了碰撞防护、驾驶辅助等主被动安全技术，逐渐实现主被动融合以提升综合性能。未来基于智能网联技术的发展应用，通过结合主被动安全技术、V2X 技术、智能交通等，构建具有技术实用性、复杂场景精准性和云端管理便捷性的"人、车、路"一体化安全系统解决方案，进一步增强客车行驶安全性。

（2）舒适性技术

舒适性技术主要是围绕客车行驶平顺、操稳和振动噪声方面为驾乘人员提供全方位、舒适性驾乘感受。

在行驶平顺性方面，先进电控行驶技术是发展方向，实现隔离不平路面的振动冲击和控制车身姿态。奔驰等高端车型已经采用了电控悬架高度和阻尼控制系统，大幅提升了乘坐便利性和隔振率。国内客车逐渐应用了被动变阻尼 FSD、减振器 PCV 舒适性阀系和电控空气悬架 ECAS 等，未来将进一步开发应用主动悬架技术以控制气囊刚度和高度、减振器阻尼及稳定杆的侧倾刚度，力争达到"魔毯"控制效果。智能轮胎是轮胎新技术的发展方向，其通过内嵌传感器，监测轮胎受力情况和路面情况，改进车辆动力学控制系统并提高轮胎的安全系数。

在操纵稳定性方面，大吨位电控转向将是未来的发展趋势。目前，前桥载荷 3T 以下的轻型车已具备电动助力转向（EPS）系统应用条件，而中、重型车主要通过电控液压助力转向系统（EHPS）实现电动化。随着技术的不断进步，EHPS 也将逐步被 EPS 取代。此外，线控转向（SBW）、后轮转向等转向新技术可进一步提升车辆转向系统性能，并成为未来中远期的发展趋势。同时，转向管柱、转向器等零部件的轻量化设计也是近期的重点发展方向。

在振动噪声方面，主动减振降噪控制已经成为前沿研究方向。传统车辆在动力系统、悬架系统及进排气系统等方面已应用了主动降噪系统，新能源车辆动力系统主动发声模拟技术和电驱谐波注入主动控制技术正成为提升产品性能的重要方法。

2. 节能与新能源技术

（1）纯电动技术

商用车纯电动系统分为集中式和分布式两类。集中式系统包含电机直驱、电机+AMT 和中央电驱桥三类，分布式驱动包含轮边驱动和轮毂驱动两类。

电机直驱系统结构简单，开发难度小，成熟度高，但系统尺寸大、重量大，在客车、轻卡、环卫、专用车领域均有应用。电机+AMT 系统爬坡能力强、工况适应性好，但存在换挡动力中断，平顺性不好，在重卡、环卫、专用车领域有所应用，而在客车领域应用较少。中央电驱桥系统采用电机+驱动桥集成化设计，系统尺寸小、重量小、传动效率高，但系统复杂、技术成熟度低，在客车、卡车、环卫、专用车等领域有所应用，是未来商用车纯电动系统主要发展方向。

轮边驱动系统将动力系统深度集成于轮边，相对于电机直驱系统，在重量、能耗、可靠性方面具备优势，但存在成熟度、成本方面的劣势，主要应用于低地板客车。轮毂驱动系统将动力装置、传动装置和制动装置整合到轮毂里，相比轮边驱动系统，进一步简化车辆的机械传动部件，系统集成度更高，属于预研类技术，在成本、可靠性等方面仍需要持续攻关。

（2）混合动力技术

商用车混合动力系统分为串联、并联和混联三类，目前商用车混动系统主要应用于客车领域。串联构型结构简单、开发难度小，但节油效果差。并联以 P2 构型为主，成本低，节油率相比混联低，受限于节油率和舒适性，商用车仅有少量应用。混联构型同时具备串联和并联构型的全部功能，节油率高，工况适应性强，主要分为双电机直驱混联和行星混联两类。双电机直驱混联构型相对行星混联构型结构简单、控制难度小，但系统节油率方面略低于行星混联；行星混联系统结构复杂，但具有节油率高优势。混联系统是未来商用车混合动力系统的主流发展趋势。

（3）燃料电池动力系统技术

根据市场应用场景需求，结合我国《节能与新能源汽车技术路线图

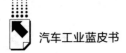
2.0》和"关于开展燃料电池汽车示范应用的通知"等文件，国家重点推动燃料电池汽车在中远途、中重型商用车领域的产业化应用。燃料电池动力系统技术主要发展趋势由"大功率燃料电池+中小容量功率型动力电池"转向"大功率燃料电池+大功率型动力电池"，以满足中重型商用车的高动力性需求。目前，燃料电池系统朝着大功率、国产化的方向发展。在输出功率方面，目前商用车的燃料电池系统额定功率已达到 120kW；在关键零部件国产化方面，电堆、膜电极、石墨双极板、氢气循环泵、空压机等关键零部件均已实现自主批量生产，金属双极板、催化剂已实现小批量应用，碳纸和质子交换膜等关键材料仍主要依赖进口。在车载氢系统方面，国内已实现 35MPa 车载氢系统的产业化，部分地区实现 70MPa 车载氢系统的小规模装车应用。

（4）电控技术

未来电控技术朝着高度集成化、平台标准化、软件定义的方向发展，以支撑与信息化和网联化深度融合、整车域控制及软件功能快速迭代，助推整车驾乘舒适性、经济性和安全性显著提高。

重点研究内容包括：开发平台化电控产品（如域控制器、AUTOSAR 软件架构）、构建先进的新能源汽车电子电气架构（如集中式架构），通过与智能网联技术深度融合开发面向工况大数据的能量管理策略和系列化高阶主被动安全防护技术，提升计算集中和软件平台标准化程度、智能节能及安全控制水平，并结合 OTA 技术赋能，支撑软件定义汽车的实现。

当前我国客车企业在电控技术硬件平台化、软件功能开发和应用方面处于先进水平，但在软件平台及工具链自主化、主控芯片的国产化程度上存在较大提升空间，需在相关领域积极开展技术攻关。

（5）动力电池技术

根据《节能与新能源汽车技术路线图 2.0》《"十四五"国家重点研发计划"新能源汽车"重点专项申报指南》以及动力电池行业发展趋势分析，未来动力电池将持续围绕高性能、低成本和智能化开展技术研发，重点提高电池系统的安全性能、集成效率和智能化管理水平。

在电芯体系方面，客车短期内将仍然依托高安全、长寿命的磷酸铁锂电池体系开展应用，并持续提升电池低温性能、快补性能，解决行业痛点。未来会重点开发磷酸锰铁锂电池、钠离子电池和固态电池。磷酸锰铁锂电池较磷酸铁锂电池能量密度理论可提升约10%，但寿命较短，会率先在专用车、备用电源等低端领域应用，预计2024年实现寿命突破后会开始在客车上逐步应用；钠离子电池因钠元素地壳丰度是锂的400倍以上，可大幅降低电池成本，当前体积密度及寿命距离商用车应用存在差距，预计2023年会在部分A0/A00级乘用车上率先试用，待2024~2025年体积密度进一步提升后会逐步在商用上车匹配验证；固态电池可以解决动力电池的本征安全，预计2025年前后会有半固态电池试点应用、全固态电池装车验证。

在PACK设计方面，基于CTC（Cell to Chassis，电芯至底盘）、MTV（Module to Vehicle，模组到整车）、CTB（Cell to Boby，电芯至车身）等高集成设计理念，将电池包结构件与整车集成共用，简化生产工艺，降低物料成本，大幅提升电池体积密度，实现整车配电量的增加。2023年，客车会逐步推出电池—整车集成技术，进行批量试点应用。此外，为提升电池安全性和环境适应性，PACK设计上持续开展防水防尘能力提升和"机械—电气—热安全"全方位安全防护能力提升，开展保温设计及一体化热管理设计等。

在智能化管理方面，围绕电池数字状态管理、电池安全状态管理、电池智能维护管理等方面开展研发攻关。在电池数字状态管理方面，预计2023年围绕电池系统安全增加CO、烟雾、湿度、气压等信号材料，并开发无线通信等新型技术；在电池安全状态管理方面，结合电池大数据，开发出趋势预测、火情探测、火灾报警与灭火、云端电池安全分级预警等技术；在电池智能维护管理方面，由人工定期维护发展至云端24小时远程监控、远程预约加热、定期远程维护，预计2024年将实现人机远程交互维护，2025~2027年将向车云深度集成一体化自主管理的方向发展。

在高压电气方面，主要围绕大功率电池快充技术、高低压域集成技术开

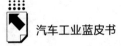

展。基于电池系统大功率充电技术的发展趋势，开展电压和电流的双重提升，实现系统 1000V、1000A 电气能力，达到兆瓦级充电。高低压域集成方面，实现高低压均从分布式架构逐步向域集成融合，通过零部件的分时复用降低整车成本。

（6）驱动电机技术

大转矩直驱电机和高速电机是新能源客车驱动电机的两个技术发展路线，驱动电机围绕"高效率、高密度、高可靠性、低振动噪声、低成本"进行开发，持续在新技术、新材料、新工艺、新构型方面对电机性能进行提升与突破。

在电机新技术方面，加强电机共性关键技术攻关与产业化应用，建立高效区占比、特定工况下效率、带载 NVH 和轴电压等电机关键技术指标与标准评价体系。加快定子扁线绕组、内部喷油冷却等行业先进技术的推广应用，进一步提升电机效率、密度和温升表现。

在电机新材料和新工艺方面，加强高性价比高可靠永磁材料、高导磁低损耗硅钢材料、高电导率超级铜线、高强度高热导耐电晕耐油耐高温绝缘材料等新材料的研究与应用，研究不同铁芯冲片叠装、扁线绕组成型、磁钢分段等工艺对损耗的影响，确定最优的电机材料与工艺组合，降低电机原材料成本，提升电机产品批量的一致性。

在电机新拓扑结构开发方面，持续提高动力系统集成度，通过共用壳体、转轴、轴承和热管理系统，降低系统重量，简化线束连接，提高电磁屏蔽效果。面向中央驱动构型，开发应用集成式刚性电驱桥，将电机、减速器等直接集成在桥壳上，提高传动效率、改善系统 NVH；面向分布式驱动构型，开发应用轮边电机总成，研究轮毂电动车轮总成，进一步简化汽车结构，提升传动效率。

在电机控制器方面，重点提升控制器的集成度及安全性，通过应用新型宽禁带半导体功率器件提升控制器效率及功率密度。

在控制器集成度方面，乘用车领域已陆续推出七合一（华为）、超集电驱（长安）、八合一（比亚迪）等多合一高集成电驱动系统，客车领域五合

一、六合一等集成控制器产品应用增多，产品已实现驱动电机控制器、DC/DC、转向控制器、空压机控制器、电附件配电等功能集成。后续将进一步向高低压深度融合与集成方向发展。

在控制器安全性方面，通过提高硬件冗余与软件容错能力，提升电机系统控制安全性；通过开发电机旋变初始位置在线自学习技术、转矩估算与功率校验等技术，可及时诊断发现驱动电机故障或电机系统输出异常并实现预警保护，确保车辆运行安全。

在控制器新型功率半导体器件应用方面，以 SiC（碳化硅）为代表的宽禁带功率半导体器件在乘用车领域应用逐渐增多，客车领域整体处于技术研究阶段。随着 SiC 产业化进程发展，将逐步完成 SiC 控制器的开发与推广应用，进一步提升控制器效率、功率密度，降低整车电耗，延长车辆续驶里程。

（7）充电技术

高电压、大电流、高效率、智能化及与电能互动是充电技术的发展趋势。通用性强、低成本的插枪式充电模式仍是未来主流的充电方式，基于传统插枪充电接口升级而来的液冷超充系统由于其兼容商用车和乘用车，能实现通用化，是未来大功率充电的主要发展方向之一。

在插枪充电方面，国内外均在修订充电系列标准以促进大功率充电技术的规模化推广，国内正在起草和修订的两种大功率充电标准均有液冷充电连接器配置，在修订后的标准框架内，可实现 600kW 大功率充电，并预留 1000A 充电电流的优选值，用于实现 1000kW 充电，客车可满足 1h 内充满。欧标及日标等其他标准技术路线与国标一致，但进度滞后于国标。

在自动充电方面，当前已部分发布适用于客车的顶部接触式自动充电标准，该方式未来将成为客车实现自动充电的主要方式，在起草的标准框架内可实现 1200kW 的大功率充电。顶部接触式充电系统具有大功率、自动化等特点，可实现驾驶位一键操作充电，且由于充电操作人员不需操作高压带电部件，具备高安全性的特点。未来自动充电与自动驾驶技术相结合，可实现无人值守充电。

在无线充电方面，乘用车、商用车领域均发布了部分无线充电标准，其余大量相关标准已进入审查阶段。无线充电是微循环客车实现自动充电的方式之一，且高度适配自动驾驶技术。随着装车成本的降低和自动驾驶技术的推广，无线充电将迎来发展。

（8）热管理技术

新能源客车热管理的核心目的是在保证车内人员舒适和车辆发热部件可靠运行的前提下，尽量降低整车热系统能耗。集成化和节能是新能源客车热管理技术的主要发展趋势。

在集成化方面，各个热管理子系统的集成协同设计是主要发展方向。一方面，能够充分利用整车冷热资源，通过取消共用零部件实现热系统重量、体积、成本的降低，另一方面，能够通过整车能源的梯次利用和余热回收实现整车经济性的显著提升。目前，空调和电池热管理一体化集成设计的热管理系统已逐步普及，后续和电驱动等热管理子系统进一步深度集成协同设计，结合液流循环流向及流量调节、制冷剂定量分配等技术，实现多系统的有效耦合是需要突破的关键问题。

在节能方面，基于环保制冷剂的低温热泵是主要发展方向。热泵空调已经全面普及，基本能够实现采暖制冷一体化。近年来，国内外多个车用空调企业已研发出使用 R744（CO_2）环保工质的热泵空调。后续应以环保制冷剂低温热泵空调为核心，加大对准二级或多级压缩技术、微通道换热等技术的研发力度，结合温度、工况开展热管理系统匹配策略优化，保证系统工作效率最优；研究直冷直热等技术，降低二次换热损失；开发高效轻量化保温技术，降低车身、电池等关键部件的冷热负荷。

3. 智能网联技术

（1）自动驾驶技术

我国智能网联汽车顶层规划及产业政策日趋完善，一系列措施正加强智能网联汽车安全管理、技术研发、示范应用，推动智能网联汽车与新能源、智能交通、智慧城市等融合发展。2018 年，工业和信息化部、公安部、交通运输部联合出台《智能网联汽车道路测试管理规范（试行）》。2021 年 3

月30日，公安部发布了《道路交通安全法（修订建议稿）》，4月7日，工业和信息化部发布了《智能网联汽车生产企业及产品准入管理指南（试行）（征求意见稿）》，分别对自动驾驶上路条件、交通违法事故责任划分和准入认证管理的要求做了初步规定，为智能网联汽车的商业化、市场化应用打下了基础。2022年11月2日，工业和信息化部、公安部发布《关于开展智能网联汽车准入和上路通行试点工作的通知（征求意见稿）》，面向将来量产的智能网联产品通过试点积累相关的管理经验，遴选智能网联汽车优势企业在优秀示范城市开展准入和上路通行工作，标志着智能网联发展进入从研发到量产的重要转折阶段。

随着汽车产业不断转型升级，商用车智能化进程加速明显。从国外来看，日本、美国、韩国等已出台鼓励性政策，允许无人接驳等自动驾驶车辆进行商业化运营。从国内来看，北京、深圳等城市从产品标准、管理制度等方面对无人接驳车进行规范，对行业发展形成示范作用。目前，北京、雄安新区、广州、鄂州、淄博、长沙、无锡、郑州、重庆、海南等城市已率先引入无人接驳车。与Robotaxi采用的L4技术一样，无人接驳车也包括不同数量的激光雷达、毫米波及摄像头等传感器，将云端软件和硬件传感器相结合，实现车辆定位、环境感知、路径规划决策、车辆控制执行四大核心技术。

（2）车联网技术

车联网是支撑汽车智能化发展的重要基础，长期以来获得了从国家顶层设计到全国多个地方政策的支持，产业政策加速落地。各部门先后发布了系列标准，促进产业加速发展。工信部就《国家车联网产业标准体系建设指南（智能网联汽车）（2022年版）》（征求意见稿）提出，到2022年底，初步构建标准体系，制修订智能交通基础设施、交通信息辅助等领域智能交通急需标准20项以上，计划到2025年形成系统标准体系，制修订智能管理和服务、车路协同等智能交通关键标准20项以上；到2030年，全面形成能够支撑实现单车智能和网联赋能协同发展的智能网联汽车标准体系。受益于"十四五"规划的顶层设计及各省具体建设目标的提出，车联网行业有望进

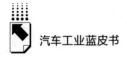

入规模化部署及落地的新阶段。依托完备的汽车产业链及丰富的信息通信产业生态，我国智能网联汽车的智能化与网联化水平近年来大幅提升，在智能座舱、自动驾驶等关键技术领域不断实现创新突破。车联网作为智能交通领域的重要组成部分，在2022年保持了快速发展。

（二）市场趋势

目前，客车行业总体销量大幅下滑，市场进入筑底期。随着宏观经济逐步复苏，公共出行需求快速释放，客车市场将逐步回暖。

1. 旅游客车市场逐步回升

根据文旅部公布的2023年春节假期文旅市场情况，国内旅游出游3.1亿人次（同比增长23.1%），国内旅游收入3758.4亿元（同比增长30%），旅游恢复势头强劲。相关数据显示，春节假期，游客平均出游距离206.9公里（同比增长57.0%），目的地平均游憩半径11.2公里（同比增长34.4%）；各地省外游客占比29.3%，外市游客占比36.9%。据新华社报道，春节期间，全国73.5%的A级旅游景区开放，21.2%的旅游企业接待能力有缺口。预判国内旅游市场逐步复苏，并带动客车市场复苏。

2. 客车网约化推动客运市场回暖

随着运输模式的变化，客车网约化将推动客运成本大幅下降。依托丰富的数据量和售票系统的信息化，网约车平台的经营模式远优于传统的客运站、调度大楼等"重资产"经营模式，将助推新的消费需求增加，并拉动更多的用车需求。同时，通过发挥"门到门"、高铁航空接驳、服务"最后一公里"等优势，定制客运、接驳客运、社区巴士等需求将被激发。

3. 海外市场进一步持续扩大

2022年，欧洲、美洲、大洋洲、亚洲等地区疫情形势趋缓，需求量回升较快，但非洲地区经济复苏较慢，需求量下滑。随着共建"一带一路"的持续深入，越来越多的国内客车制造企业将参与助力"一带一路"沿线国家的交通体系升级，出口潜力将进一步释放。同时，伴随着各国经济加速回暖，预测客车需求量将逐步回升。

4. 长途客运、自动驾驶、氢燃料电池客车实现新发展

从交通运输部统计数据来看，2023 年春节全社会人员流动量约 47.33 亿人次，其中公路发送旅客 11.69 亿人次，同比增长 55.8%，恢复到 2019 年同期的 47.5%，公路客运量增长率明显高于铁路、航空、水运，复苏势头明显。同时，随着国家政策、法规的完善和企业技术的精进，自动驾驶和燃料电池客车将迎来新的发展，有望快速推广并形成一定规模。

5. 农村客车需求将不断提升

随着国家乡村振兴政策的落地，特别是"关于调整农村客运油价补贴政策"等持续发力和运营补贴的落实，农村客运需求有望迎来增长。2022 年，交通运输行业标准"乡村公路营运客车结构和性能通用要求"将对乡村客车的技术条件标准做出修订和明确，目前，已得到立项批复，拟于 2023 年完成，这将助推农村客车的更新换代。

（三）产品趋势

2012~2022 年，客车市场的产品结构历经了重大改变，主要有以下几方面。

1. 燃料结构——纯电动成为主流车型

客车新能源化走在汽车行业最前端，纯电动汽车率先商业运营的是客车，其销量占行业绝对主体地位；混合动力车型率先商业运营的也是客车，但受政策引导，其发展逐渐边缘化。受工信部等 8 部门发布的《关于组织开展公共领域车辆全面电动化先行区试点工作的通知》的影响，纯电动产品占比将进一步增加。

2. 主力场景——公交替代客运占据主导地位

6 米以上客车的市场主力位置，从座位客车变成公交车。受高铁大规模投入运营、私家车增多以及国家对中长途公路客运监管力度加大、短途客运线路公交化改造等影响，座位客车的需求持续下滑。受益于公交优先政策，从一线城市开始的公交新能源化已逐步下沉到中小城市，叠加新型城镇化建设，城市公交成为大中型客车的主要应用场景。此外，我国的校车保有量低

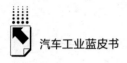

于发达国家，今后若得到政策支持，仍有较大的增长潜力。

3.车型车长——适应新的消费需求

在"存量竞争"背景下，面对法规趋严和客户需求升级，客车产品加快向更安全、更环保、更舒适、更智能的方向发展，并出现定制化融合产品。例如，为满足定制公交、定制旅游、高铁接驳、出行"最后一公里"等需求，催生了多款富有特色的中小型客车，产品呈现"大改小"趋势。旅游、租赁和团体通勤用车逐步向"大容量、高性价比"和"定制客运、旅游包车9座高端化"两极发展等。

三　客车发展面临的主要问题

2022年，我国经济发展正面临需求收缩、供给冲击、预期转弱三重压力，外需增长不确定性增加，经济恢复的基础尚不牢固。2023年，在公共交通出行领域，大众出行已逐步恢复至疫情前水平，客车市场有望复苏。在当前的形势和挑战下，客车行业正在加快升级和转型步伐，培育核心竞争力，构筑国际竞争优势。从行业高质量发展来看，面临的主要问题仍有以下几方面。

（一）市场处于调整窗口期，行业机遇与挑战并存

近几年，受民航、高铁和私家车等高速发展的影响，人们的出行方式发生了巨大变化，以大中型客车为主的公共出行市场受到了极大冲击。2022年，客车市场全年处于调整震荡状态，国内市场待恢复，海外市场复苏势头强劲，行业发展的机遇与挑战并存。

从国内市场看，各车型市场均呈现下行态势，细分市场表现不一。在公交车市场方面，市场需求以纯电动为主，受2022年是新能源汽车补贴政策最后一年的影响，销量同比增长，但相比2019年仍大幅下滑。当前，国内重点区域的直辖市、省会城市、计划单列市的公交车型均已更换为新能源汽

车，其他新能源公交市场需求也已部分释放，外加新冠疫情导致的经济下行等，公交车市场的增量置换驱动力有所不足，有待经济进一步复苏。在公路客车市场方面，2022年新冠疫情多点散发持续冲击公路客运市场，叠加重型车国六标准实施的影响，市场需求提前集中释放，公路客车销量同比下滑明显。随着公众出行和旅游市场有所恢复，旅游客运市场有望逐步复苏。在校车市场方面，有政策支持的区域市场需求趋于饱和，无政策支持的区域市场需求增长乏力，近几年呈现下滑态势，2021年的更新需求为校车市场注入了活力，但是2022年的校车市场销量重回下滑轨道。在轻型客车市场方面，销量同比下滑较快，欧系轻客市占率进一步提升。同时，疫情期间，消费者更加依赖线上消费，城市物流需求迅速增长，叠加路权的开放，纯电动物流车销量迅猛增长。

从海外市场看，整体呈现快速发展态势，国际化发展加快。随着全球电动车市场的快速发展，2022年，我国电动汽车出口额同比增长132%，锂电池出口额同比增长87%，为我国新能源客车出口提供了巨大的发展机遇。随着RCEP政策落地和部分劳动密集型行业转移，我国与东南亚等区域性供应链服务的价值凸显。2023年2月，欧洲议会通过了2035年欧洲新售燃油轿车和小货车零排放协议。按照该协议，到2030年，所有新上市的乘用车和轻型商用车碳排放水平须比2021年分别减少55%和50%，到2035年均减至0。这意味着由汽油、柴油等化石燃料驱动的车型从2035年起将无法在欧盟上市。我国客车作为全球新能源化最早的行业，经过多年沉淀的研发探索、使用验证和经验累积，与国际主流品牌相比，在电机、电池、智能网联、整车集成等方面具备了较强的竞争优势。随着欧洲多国政府加大对新能源汽车的补贴力度，我国新能源客车产品正逐步得到欧洲消费者的认可，出口市场同比较快增长，量额齐增。同时，受国际局势错综复杂等不确定因素影响，海外业务的金融风险和交付风险仍然较高。

面向2023年，大宗商品价格有望逐步回落、供应链问题趋缓，居民公共交通出行的意愿逐步恢复，客车市场增长压力依旧但曙光已现。

（二）核心竞争力有待提升，产品差异化发展明显不足

客车行业已处于成熟期，行业头部企业的市场集中度较高，但大部分客车生产企业差异化竞争能力较弱，导致产品同质化严重。从产业链角度看，客车上游产业覆盖面广，市场规模较大。整车企业可选择的零部件和原材料供应商的范围较广，非核心零部件供应商的多元化水平较高，高端核心零部件供应商的多元化水平有待提升。

在上游产业链方面，客车整车企业的定制化产品较多，发动机、动力电池、自动变速箱、进口关键零部件等上游核心零部件供应商的议价能力较强，上游原材料的上涨将快速传导至客车企业的采购成本。虽然我国客车行业与国际先进水平相比差距不断缩小，但是大部分整车企业仍以集成制造为主，上游核心零部件的产业布局不足，部分核心技术的解决方案依赖于供应商，部分高端的核心部件依赖于进口。在汽车行业智能化、电动化和网联化的发展趋势下，客车行业已处于从传统能源向新能源快速转换的新阶段，各企业正不断加大研发设计、智能制造等方面的投入，以维持竞争优势，但其核心竞争力仍需进一步提升。在下游产业链方面，以客运公司、旅游公司、公交公司为主的客户的专业性较强，客车产品的转换成本较低，下游关键客户的议价能力也较强。行业头部企业加大市场拓展力度，追求规模经济以摊薄固定成本，加快提高后市场服务水平，市场"内卷"严重。

（三）盈利能力有所回升，企业转型升级压力仍然较大

新冠疫情期间，受多方不利因素影响，客车企业的市场压力巨大，叠加汽车"新四化"所需的各项投入和人工成本逐年上涨，客车行业的可持续发展动能不足，市场红利迅速递减，存量竞争愈发白热化。2022年，客车企业纷纷加大产品结构调整力度，开拓海外市场，进一步降低运营成本。虽然部分企业仍处于亏损状态，但可以看到行业的整体盈利水平在逐

步上升。

受整车利润不高的影响,供应商发展也呈现出不确定性,行业核心价值加快向上下游转移,整车企业转型升级势在必行。一方面,整车企业通过战略投资、兼并重组等方式,加快布局上游核心零部件领域;另一方面,整车企业将利润点从前端的整车销售环节逐步向汽车后市场转移,在汽车金融服务、汽车租赁、移动出行、移动商城、二手车、维修保养和车队管理等领域创造新的价值,以满足新的市场消费。客车企业要实现从"制造型"向"制造服务型"转型,仍有待进一步的资源投入、跨领域合作和体系改革,客车行业的整体转型升级仍面临较大的压力。

(四)市场环境亟待改善,自动驾驶商业运营还需探索

自 2015 年起,新能源公交车市场渗透率快速攀升,公共交通领域的新能源化已经得到市场共识。工业和信息化部等 8 部门发布的《关于组织开展公共领域车辆全面电动化先行区试点工作的通知》中明确要求,试点领域新增及更新车辆中新能源汽车比例显著提高,其中城市公交、出租、环卫、邮政快递、城市物流配送领域力争达到 80%。毫无疑问,这将有利于加快绿色低碳交通运输体系建设,助推我国"碳达峰、碳中和"战略部署。结合行业发展现状,当前新能源客车市场的地方保护壁垒仍存在,这将阻碍新能源客车行业高质量发展。部分地方可能会因税收、产值、就业等因素,通过一些限制性条件或非成文规定,筛选出本地企业为区域合格参与者,进而形成"定制化"市场,导致原本处于竞争劣势的企业仍活跃于市场,不利于行业的优胜劣汰。在行业转型升级的大背景下,客车企业更需要在全国市场匹配资源,进而做大规模,提升经济效益。若市场呈分割或封闭状态,自由市场竞争将失去周期,客车产品创新将缺乏驱动力,行业高质量发展也将难以为继。

随着汽车电动化、智能化和网联化的发展,L2 及以下级别的高级辅助驾驶系统市场渗透率大幅上升,L3 及以上级别的自动驾驶系统已进入量产阶段。目前,无人驾驶车辆已快速渗透至港口、矿区、园区、社区等场

景，客车行业企业均在加紧布局整车产品，推出了阿波龙、小宇等领先的无人驾驶产品，取得了亮眼的成绩，并逐步加大对上游智能网联核心技术的投资。从实际运营来看，产业化路径仍面临难题。一是现行法律法规尚不支持"无人驾驶车辆"量产上路。即使是自动驾驶测试车辆，规范要求需有安全员，在自动驾驶系统失效时，需人工介入动态驾驶。二是市场需求不迫切，难以形成商业模式。目前的市场推广场景包括园区配送、港口、矿区等，以政府示范性运营为主，需配套建设基础设施，整体成本较高。虽然自动驾驶带来了便捷性，但是其为场景运营创造的可持续盈利能力较弱，需要有可复制的商业模式来加以推广应用，进而通过规模化来降低产品的研发和制造成本。假设有上百辆的规模化自动驾驶车队，其自动调度系统的复杂程度将远高于现有的示范运营状态，这是新的挑战，也是验证自动驾驶商业价值的关键。三是特定场景下极端工况的可靠性再验证。自动驾驶技术的迭代主要依赖于持续的数据采集，对极端环境的考量可能不足，如盐雾天气、扬尘较大、信号干扰等因素，对自动驾驶技术的挑战亦较大。因此，在园区配送、港口、矿产等场景的商业化应用上，仍需更进一步的探索。

四　客车行业发展建议

2022 年，客车行业面对重重困难，我国客车企业精益运营，加快开拓海外市场，积极推动新业务发展，努力消除外部环境带来的不利影响，取得了难得的成绩，使产品、服务等的竞争力进一步提升。展望 2023 年，可谓机遇与挑战交织、动力与压力并存，各企业正"摩拳擦掌，跃跃欲试"，客车行业的"再出发"将成为发展的"主旋律"，行业发展的新格局有望呈现，行业的升级与转型仍大有可为。

（一）发展目标

在新的发展形势下，我国客车行业的发展目标为：探索高质量发展，实现传统能源客车的品质跃升，打造具有较强国际竞争力的新能源客车，加快提升新能源客车的核心集成技术和关键部件的制造能力，引领全球新能源客车的创新和应用，成为国际一流的客车企业，构建集研发创新、制造高效和服务迅捷于一体的客车行业高质量发展体系，具体表现在以下几方面。

1. 行业竞争力显著提升

行业创新能力显著提高，产业链具备核心技术和关键零部件自供能力。客车平台柔性化技术、NVH、安全与轻量化技术等关键整车集成共性技术具备国际竞争力，动力电池管理技术、驱动电机与电力电子技术、智能网联与自动驾驶技术、燃料电池技术等关键零部件技术具备国际领先水平。到2025年，核心零部件国产化，新能源整车集成技术的先进性和可靠性国际领先，在部分关键技术领域具备较强的国际竞争优势，在新能源客车领域形成全球创新引领能力和应用能力。

2. 行业升级路径更加明晰

全面打通整车企业端到端的数字化环节，行业呈现融通发展新格局。通过数字化赋能产业链优化，加快体系化、智能化、全局化的数字化体系部署，高效管理用户定制化车型需求，构建主动分析和优化调整供应链的能力，建设智造工厂。整车企业加快推动产品向平台化和模块化方向发展，深化与零部件供应商的研发合作和利益共享，加强智能部件与数据服务合作，健全新能源汽车产品全生命周期质量控制和追溯机制，加强跨领域融合，积极寻求合作转型或扩大业务范畴，挖掘新能源客车电动部件与智能部件的后市场业务价值，培育"新能源客车+"新业态，打造生态主导型企业。到2025年，行业部分领域实现数字化升级，新能源领域形成行业融通发展新格局，后市场领域的价值占比显著增加，打造1~2家生态主导型企业，创造新的公共出行价值。

3. 品牌价值位居世界前列

通过全球化品牌塑造、新能源和智能化引领、生态化布局和丰富的产品组合，积极推动品牌向上，打造具备较强国际竞争力和影响力的新能源客车

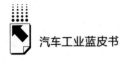

品牌,引领全球新能源客车市场发展,大幅提高在全球新能源客车市场的份额及其在行业分工中的地位,形成与国际一流客车企业相媲美的品牌美誉度。到 2025 年,打造 1~2 家世界知名客车品牌。

(二)保举措和发展路径

1.政策方面

(1)加大支持新能源汽车出口力度

随着新冠疫情防控进入新阶段,客车出口将迅速增长,特别是纯电动客车出口已迎来巨大商机,要把握关键窗口期。建议围绕共建"一带一路",出台相关支持政策,引导汽车行业的国际合作,推进客车行业的国际产能合作。调整汽车产品和零部件的相关税率,大力吸引全球要素资源,特别是在智能制造、智能网联、纯电动、氢燃料、轻量化、安全化等领域,推动行业企业引进先进技术和采用国外先进装备,降低企业进出口成本,提高产品质量,做优"引进来";鼓励客车行业重点企业积极参与国际竞争,增强新能源客车企业在海外市场的竞争优势,支持整车企业与核心零部件供应商如动力电池企业等共建海外售后服务体系,做强"走进去"。

(2)拉动国内公共领域的新能源化需求

客车行业产能过剩问题日益凸显,根据 2021 年度上市客车企业产能利用率的相关数据,宇通客车的产能利用率 68%,金龙汽车的产能利用率 65%,安凯客车的产能利用率 38%,亚星客车的产能利用率 16%,各企业的产能利用率明显不足。建议出台相关财税政策提振市场、扩大内需,显著提高在城市公交、出租、环卫、邮政快递、城市物流配送等领域的新增及更新车辆中新能源汽车比例,进一步完善充换电基础设施体系,尽快形成一批典型的综合能源服务示范站。

(3)营造规范的客车市场环境

杜绝在公共出行领域出现地方利益博弈现象。建议政府部门加强事中事后监管,在上牌环节、生产环节重点严查产品配置、与车辆环保和安全相关的生产一致性,区分企业行为、代理商行为和用户行为,加大违法违规的处罚力度，加强客车运行监测和服务体系、组织体系保障等。2022 年，发布的《中共中央 国务院关于加快建设全国统一大市场的意见》（以下简称《意见》）明确提出，加快建立全国统一的市场制度，打破地方保护和市场分割，加快建设高效规范、公平竞争、充分开放的全国统一大市场。根据《意见》要求，应充分发挥产业技术优势，在地方招标采购中对先进的企业和产品一视同仁，减少不必要的干预，消除市场分割。同时也要求客车生产企业持续修炼内功，加强自主研发和科技创新，结合地方市场需求，提升产品差异化竞争力，适应不同市场需求，积极参与国内外市场竞争。

（4）推动智能网联汽车的升级发展

支持产业上下游企业跨领域联合开展车用操作系统、车规级芯片、智能计算平台等技术攻关，加速视觉识别系统、线控底盘系统、传感器、云控平台、高精度地图、专用测试设备、路侧智能感知系统等核心技术的产业化应用，加大推进智能网联汽车示范运营力度，支持开展相关领域的测试技术方法研究和标准体系建设。探索开展更多的公共道路用于测试，特别是高速公路和城市快速公路场景，实行异地测试互认。

（5）着力推进行业整合发展

伴随着客车行业的发展，不仅需要通过市场竞争加快出清劣势企业，还要严控新建产能项目，汽车产能利用率低的地区应加大兼并重组力度。建议加大力度支持组建具有国际竞争优势的客车集团，探索第二增长曲线，通过重组和整合释放更大的价值和潜力，提高行业竞争力。同时，建议提高客底、货底等改装车企业的技术门槛，建立客车委托生产管理制度，鼓励试点汽车代工模式，更合理的分配产业链资源，明确代工产品的质量责任和生产一致性责任，淘汰落后产能，不断提高行业的产能利用水平，探索新的利润增长点。

2. 行业方面

（1）加快客车行业的生态融合

以 5G、人工智能、工业互联网、物联网为代表的信息数字化新型基础设施建设将成为客车制造业转型升级的重要机遇。客车产业生态正由制造、销售、服务之间的串联关系逐步演变成汽车、信息通信、能源、交通等多领域多主体参与的混联生态，未来将实现深度跨界融合。加强新能源客车与信息通信、能源、交通、智慧城市等场景的融合，加速客车由传统出行工具向智能移动空间或智能旅居空间升级，协同车辆运行、基础设施和城市管理等应用场景，赋能智慧城市，助力城市交通优化和精细化治理。同时，通过优化整车企业与电池、智能网联供应商等之间的合作模式，充分挖掘电池资产管理、电池检测维修、电池回收再生、数据咨询服务等新的业务模式。针对产业链短板，引导重点企业发挥创新主体作用，推进产业链的融合发展，创新合作模式，推动形成产业链集成创新联盟，搭建"产学研用"技术创新平台，形成利益共享机制。

（2）加快燃料电池客车的推广应用

加快推进电堆、氢气循环系统、空压机、膜电极、双极板、催化剂、碳纸和交换膜等重点技术的突破，培育自主可控的产业链，推动氢燃料基础设施建设和下游的示范应用，因地制宜地发展氢燃料电池行业。推动加氢基础设施建设，完善加氢站建设运营管理制度体系，简化加氢站审批、建设和运营管理流程，有效推动加氢基础设施建设，助推氢能与燃料电池汽车产业化。推进更大范围的整车企业与核心零部件企业参与城市群的氢燃料行业建设，减少不合理的地方准入制度或备案制度，通过与各专业优势企业的共同推进，加速打造氢燃料城市群的行业优势。

3. 企业方面

（1）聚焦科技赋能，打造核心能力

把握住全球新能源化的需求结构转变，整车企业要加快升级新能源产品。一是加大研发投入，打造新能源汽车实验室，全面提高研究、测试和检验能力，积累智能网联技术应用经验，打通多场景应用数据，加快推进新能源汽车产品的升级换代。二是加强核心关键技术的突破，积极寻求核心零部件供应商的并购重组，构建核心技术能力。三是加快数字化能力建设，构建数字化运营模式和云平台，优化提升运营效能，进一步挖掘数字化技术对客户体验和企业经营的贡献。四是强化行业合作，与零部件供应商、跨领域企业、高校等单位开展战略合作，实现高效创新。

（2）提高品牌价值，打造国际优势

新能源等行业的蓬勃发展，对于企业的影响不仅体现为客户的延展变迁，更是全球客户采购行为和需求的升级，这带来了重新定位新能源汽车品牌的机遇。整车企业要紧抓新能源市场导向变革带来的机遇，通过提升新能源产品品质和售后服务能力，改善企业品牌形象，提升新能源客车领域用户的品牌忠诚度，加快提升新能源客车品牌价值。一方面，企业要通过分析当地的市场情况和客户使用需求，制定中长期发展规划，联合上游供应商，提供覆盖智能网联、基础设施建设、人员培训等的整体解决方案，争取提升自身在新能源客车市场的海外议价权。另一方面，企业要基于新能源研发、制造与服务等方面的内功积累，通过海外原材料布局、配套下游跟随建厂等方式谋求新的发展，探索新的海外增长曲线，通过品牌授权和技术输出的创新业务模式，推动我国客车走向世界。

（3）优化价值链体系，打造差异化发展

随着终端消费需求和全球供应链格局的变化，企业的主动变革和精益运营将在很大程度上决定其可持续发展能力。一是企业要顺应区域局势优化产能布局，重构供应链体系，聚焦多元化和安全性。行业领先企业可加快布局全产业链，通过核心零部件业务的布局加速产品技术迭代升级，以期厚积薄发，制胜新能源新时代。二是企业要尽快升级研发体系和运作模式，提升创新资源配置与转化效率。三是企业要加快调整产品结构，寻求战略突破转型的关键路径。应专注于优势产品的发展，整合内部产品系列，确保正向现金流。行业领先企业可通过数字化转型来推进质量管理的标准化、数据化和制度化，行业中小型企业要避免盲目追求全产品线，可考虑将优势产品模块化、规模化和精细化，以构筑差异化竞争优势。四是企业要深入开展品质工程，推行新能源客车产品的全生命周期管理，把提高产品质量作为企业发展的关键任务。五是企业要升级制造服务，在拓展零配件销售、维修、保养和金融服务等后市场业务的基础上，通过自建、投资、合作等方式，从围绕新能源商用车后市场的服务创新提升到围绕

"能源生态和碳资产管理"的模式创新，逐步构建新的"护城河"。六是企业要加大吸引高级与复合技能人才的力度，储备一支高效、敏捷、具备数字化技能的人才团队。总体而言，通过新机制、新产品和新模式，决胜新能源赛道。

B.5
皮卡车发展报告

摘　要：本报告对 2022 年皮卡车行业发展现状、发展趋势、问题挑战等进行了全面分析。2022 年受疫情影响，国内外皮卡车市场表现不一，国内市场有所下滑，而海外市场则高速增长。国内皮卡车市场有着巨大的潜力，随着皮卡车解禁等政策的出台，皮卡车乘用化需求增加，主流车企也纷纷发力提升产品力。国内皮卡车企加快布局乘用休闲市场，通过品类创新生产全球化产品，推动市场扩容。

关键词：皮卡车　市场发展　产品转型

一　皮卡车的发展现状

（一）海外市场的情况

2022 年全球皮卡车销量为 580 万辆，占整体汽车市场销量的 7.3%。皮卡车是国内小众、海外大众的车型，中国皮卡车的渗透率仅为 1.9%，远低于全球 7.3% 的平均水平。随着中国汽车社会不断发展，消费者对皮卡车的认知度不断提高，中国皮卡车市场还有很大的拓展空间。

2022 年全球中型/紧凑型皮卡车销量为 296 万辆，占比 51%，在全球各区域市场分布均衡；全尺寸皮卡车销量为 258 万辆，占比 45%，主要集中在北美市场；小型皮卡车销量为 26 万辆，主要集中在南美市场。商用/家商兼用仍为主力基盘，以日系为主，美系集中在偏家用市场。整体基盘可观，海

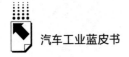
外市场丰田、福特全价格带布局，全球化程度高、品牌高占位、销量规模大。国内皮卡品牌车企出口潜力巨大，在海外皮卡车市场占 7% 左右的份额，2022 年我国皮卡车全年出口量 20 万辆，同比增长 78.7%。越来越多的国内皮卡车企开始拓展海外市场，实现皮卡车型产品突围，国产皮卡将在海外市场销量持续走强，未来两年出口增长势头依旧强劲。

在全球碳中和背景下，全球车企均在推动电动化，传统皮卡车企及新势力纷纷加速新能源布局，加快全球市场品类创新速度，拓展车型生态矩阵。美系进入量产上市阶段，已接受预定；我国和日系基本处于预研阶段，预计于 2023 年集中推出，将带动皮卡车市场进一步扩容。

（二）国内市场的情况

1. 国内销量发展分析

2022 年受疫情反复、美联储加息、地缘政策等影响，经济下行压力加大，虽解禁趋势向好（截至 2022 年底解禁城市覆盖率约为 88%），但中小企业持续承压，消费端疲软，2022 年底消费信心指数降至 87，为近 15 年最低点，对全国汽车市场造成不小的影响，皮卡车销量受经济影响较大。2022年，中国皮卡车销量为 32.7 万辆，同比下降 20%（见图 1）。

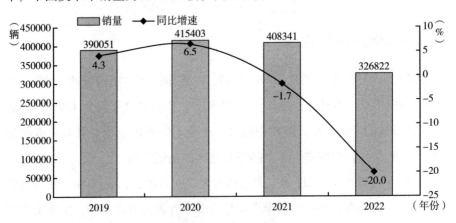

图 1　2019~2022 年皮卡车销量情况

资料来源：终端销售数据（以《多用途货车通用技术条件》为标准）。

2022 年国家层面首次提出放宽皮卡车进城限制，全国多地陆续响应，皮卡车解禁迎来强有力的政策支持，助力皮卡车销量提升。同时随着全国多地加大促消费力度，实施发放汽车消费券等利好政策，引领汽车市场向好发展。但受经济复苏缓慢制约，外加消费信心恢复是一个长期过程，预计2023 年皮卡车市场销量呈现前低后高的微增长态势。

2. 国内皮卡车细分市场

根据终端销售数据，2022 年皮卡车市场中柴油动力、手动挡、四驱车型为终端市场最受欢迎的车型。2022 年皮卡车市场以柴油动力为主，占比为 77.3%，同比增长了 4.1 个百分点；纯电动皮卡车占比接近 1%；四驱皮卡车市场份额为 57.4%；自动挡皮卡车市场份额提升，但市场仍以手动皮卡车为主，占比 70.7%。

2019~2022 年，柴油占比逐渐上升至 77.3%，汽油占比持续下降至21.9%；新能源占比上升至 0.9%，较 2020 年上升了 0.7 个百分点，但相较于新能源乘用车市场渗透率，新能源皮卡车市场渗透率仍旧处于较低的水平（见图 2）。

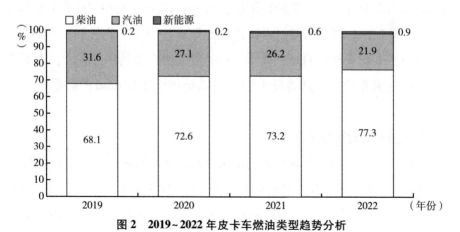

图 2　2019~2022 年皮卡车燃油类型趋势分析

资料来源：终端销售数据。

随着皮卡车用户消费升级、玩乐需求增加，四驱皮卡车市场份额逐年上升，2022 年占比为 57.4%，较 2021 年增长 7.9 个百分点（见图 3）。随

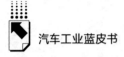

着皮卡车行业乘用化、高端化，外加全新车型推出等，四驱皮卡车占比有望持续提升。

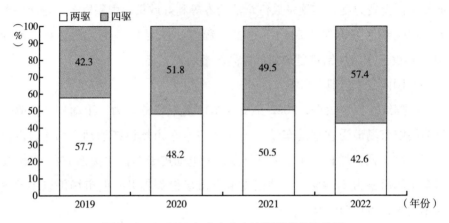

图3　2019~2022年皮卡车变速器形式趋势分析

资料来源：终端销售数据。

为满足消费者日益增加的个性化、多元化需求，2022年国内多家企业推出自动挡皮卡新车型，皮卡车乘用化进程不断提速，自动挡皮卡车市场占有率持续攀升，2022年自动挡占比持续上升至29.3%（见图4）；2023年，随着国内皮卡车企业对自动挡皮卡车的持续发力，市场中还将会出现更多的自动挡皮卡车产品，这将助力国内自动挡皮卡车的市场占有率进一步提升。

3. 国内市场政策与环境

2022年以来，皮卡车利好政策不断推出，使得国内皮卡车市场环境不断改善。4月1日，新版《机动车驾驶证申领和使用规定》正式实施，持C驾照的驾驶员驾驶轻型拖挂车辆需要持有C6驾照。4月25日，《国务院办公厅关于进一步释放消费潜力　促进消费持续恢复的意见》明确提出要对皮卡车进城实施精细化管理，研究进一步放宽皮卡车进城限制。5月1日，《多用途货车通用技术条件》正式实施，是我国首个皮卡车行业规范化标准文件，通过宏观政策对皮卡车型的各项参数作出了规定，整体标准已完全参

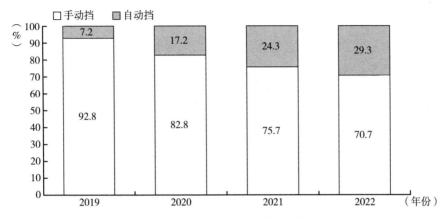

图 4　2019~2022 年皮卡车驱动形式趋势分析

资料来源：终端销售数据。

照 M1 类车型标准，在标准和法规方面有 39 项和 M1 类完全相同，仅在排放污染物、噪声、油耗等方面有所调整，以符合皮卡车的货运属性。5 月 31 日，《国务院关于印发扎实稳住经济的一揽子政策措施的通知》在稳定增加汽车、家电等大宗消费方面明确提及，对皮卡车进城实施精细化管理，研究进一步放宽皮卡车进城限制。7 月 19 日，中国消费品质量安全促进会发布《汽车改装团体标准体系建设指南》，成为推动"改装车合法化"的重要一步。8 月 17 日，公安部制定出台了多项重点措施，明确指出提升货车通行效率，推动放宽城市道路货车通行限制在执行层面落实，进而利好皮卡车市场。10 月 26 日，国务院办公厅印发《第十次全国深化"放管服"改革电视电话会议重点任务分工方案》，提出共三方面 21 项具体举措，其中第 14 条明确指出，延长允许货车在城市道路上通行的时间，放宽通行吨位限制，推动取消皮卡车进城限制。2022 年全国多座城市快速响应，明确发文解禁或放宽皮卡车进城限制，其中江苏、浙江、安徽、山西等省份成为解禁主力。

一系列利好政策的叠加使皮卡市场环境大幅改善，大大激发了客户的购车热情。随着我国政策限制的进一步放开，2023 年皮卡车市场或将迎来更好的发展机遇。

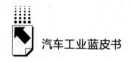

随着皮卡车用户认知的逐渐转变，休闲旅游、户外露营、轻度越野等享受型消费将快速增加，主流企业推出的山海炮、锐骐7等乘用休闲产品的市场表现好，客户认可度高；比亚迪等新能源皮卡车的客户认可度高，改变了客户对新能源皮卡车的认知，推动我国新能源皮卡车市场快速发展；进口/合资品牌如Ranger、L200将相继进入国内市场，有助于丰富国内乘用休闲市场产品。基于以上有利环境，皮卡车文化将加快发展，国内皮卡车市场容量将快速提升。

（三）国内皮卡品牌分布

1.国内市场占有率

2022年，国内皮卡车市场因受外部环境的冲击而表现不佳，销售旺季因疫情原因表现不及同期，导致主流皮卡车企销量呈下滑态势。

2022年，长城皮卡车销售15.1万辆，同比下降18.8%，降幅为近年来最大；全年长城皮卡车市场份额为46.2%，同比增长0.7个百分点；主要品牌产品大多实现销量增长。江铃和大通市场份额较为稳定，日产和江西五十铃市场份额排名不相上下（见表1）。

表1　2022年皮卡车品牌表现

单位：辆，%

排名	品牌	2022年	2021年	同比增长
1	长城	151046	186069	−18.8
2	江铃	51558	62378	−17.3
3	日产	35649	44595	−20.1
4	江西五十铃	33390	41787	−20.1
5	大通	12188	14525	−16.1
6	福田	11894	16817	−29.3
7	江淮	10914	13447	−18.8
8	庆铃五十铃	6109	7360	−17.0
9	长安	5761	7992	−27.9
10	中兴	4623	7155	−35.4

资料来源：终端销售数据。

2022 年，主销皮卡车中，商用炮和风骏 5 仍以绝对优势领先于其他车型，商用炮份额增长了 0.7 个百分点，风骏 5 份额下滑了 1.9 个百分点；域虎 7 市占率为 8.5%，同比增长 1.7 个百分点，为市占率增长幅度最大的车型（见图 5）。

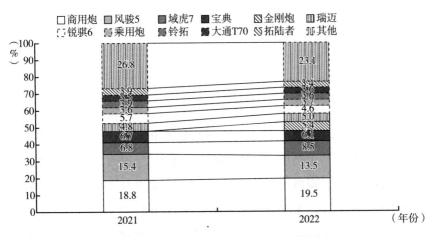

图 5　2021~2022 年皮卡车品牌市场占有率分布

资料来源：终端销售数据。

2. 重点皮卡车企业市场概况

2022 年，长城皮卡车以 15 万辆的终端销量斩获全年销量冠军，连续 25 年保持销量第一。长城炮品牌持续热销，金刚炮为商用皮卡车市场带来革新，而年末重磅推出的高性能豪华皮卡车山海炮，是中国高端皮卡车的开山之作，覆盖了轿车、SUV、旅行车、轻型商用车等用车全场景，真正做到"一车全能"。

江铃皮卡车以 5 万辆的销量位列第二，占比达 15.5%。经典车型宝典皮卡车在市场仍有较大的影响力，该车型将于 2023 年进一步升级，以巩固其市场地位。2022 款江铃域虎 7 整车有着不小的变化，整体在向乘用车靠拢，以弱化工具车属性。域虎 7 以更高的性价比吸引了大量消费者，保持着较高的市场地位。

合资品牌郑州日产、江西五十铃在 2022 年销量不相上下，全年累计销

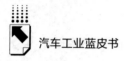

量分别为3.6万辆、3.3万辆。新品郑州日产锐骐7、江西五十铃铃拓汽油版的推出，既拓展了产品阵容，也有利于产业的高端化、乘用化和国际化发展。2023年多款车型将改款，以持续提升市场竞争力。

2022年，福田皮卡车在市场上站稳了脚跟，其征服者系列和大将军系列相继成为国内市场畅销产品。同时，基于福田皮卡车新一代全尺寸平台打造的新一代全尺寸皮卡车首次亮相，2023年福田皮卡车将在高端市场持续发力。

（四）国内皮卡车的地域分布

2022年，在皮卡车解禁、汽车消费补贴等政策的带动下，消费潜力得以释放，区域市场发生了明显变化。除了西南地区这一传统的皮卡车热销区域外，以山东、浙江、福建、江西为代表的华东地区和内蒙古、河北、山西为代表的华北地区成为皮卡车的重要消费区域，同时，东北地区自2022年以来增势明显，皮卡车市场从以前的单腿走路变成多区域共同发展。其中华北地区销量为73824辆，占比22.1%；西南地区销量为62706辆，占比18.7%。

2022年，31个省份皮卡车销量均呈负增长趋势。累计销量超过2万辆的省份有4个，其中内蒙古以2.2万辆的销量斩获榜首，四川、云南分别位居第二、第三。此外，河北、山东、新疆、广东、四川、云南等皮卡车销售同比下滑明显（见表2）。

表2　2022年国内皮卡车销量TOP10省份

单位：辆，%

省份	2022年	2021年	同比增速	占比
内蒙古	21909	24700	-11.3	6.5
四川	21300	26524	-19.7	6.4
云南	20757	26127	-20.6	6.2
山东	20665	27919	-26.0	6.2

省份	2022 年	2021 年	同比增速	占比
新疆	19027	24968	-23.8	5.7
河北	18190	27210	-33.1	5.4
广东	16578	22680	-26.9	5.0
湖北	14363	18186	-21.0	4.3
黑龙江	13075	14070	-7.1	3.9
浙江	12614	15800	-20.2	3.8

资料来源：终端销售数据。

受特殊的地理环境及具体用车场景的影响，东北、西南等地区对通过性强、动力性足的产品更青睐，因此动力更足、经济性较好的柴油车更受欢迎；广东、海南、广西和江苏等省份新能源皮卡车占比分别为6.9%、3.0%、2.8%和2.2%，高于新能源皮卡车整体渗透水平。

东北、西北和西南等区域四驱占比均高于市场平均水平，对四驱需求较大；华中、华东和华南等区域四驱占比均低于市场平均水平。

浙江、江苏、上海、广东、北京等经济发展水平较高的地区自动挡占比明显高于全国平均水平。

（五）中国皮卡车的出口情况

尽管2022年国内皮卡车市场销量在低位徘徊，但在海外市场表现亮眼。2022年，国产皮卡车累计出口19.8万辆，同比增长78.7%。其中，上汽大通、长城、江淮、长安等品牌的皮卡车均在海外市场取得明显突破（见表3）。海外经济逐步恢复、中国供应链比较完善且相较于日韩等市场优势明显等因素，促使我国皮卡车海外销量持续走强。中国皮卡车品牌也以千帆竞发之势纷纷出海，布局全球市场。

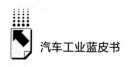

表3　2022年皮卡车出口销量

单位：辆，%

车企	排名	2022年	2021年	同比增速
上汽大通	1	55671	20521	171.3
长城	2	51063	43599	17.1
江淮	3	38994	19984	95.1
长安	4	26280	11260	133.4
江铃	5	9343	5054	84.9
中兴	6	8236	5882	40.0
福田	7	6162	2521	144.4
日产	8	1919	1822	5.3
合计	—	197668	110643	78.7

资料来源：根据中国汽车工业协会数据整理。

　　上汽大通皮卡车海外经营多年，2022年持续发力，出口量排名第一名，达到55617辆，同比增长171.3%，这份佳绩不仅来自产品硬实力，还与其C2B定制、用户直连的业务模式有着密不可分的关系。

　　上汽大通率先实行C2B用户共创定制模式，是推动世界皮卡车行业变革的先行者，更是工业4.0下全球汽车行业变革中的创新样本。上汽大通MAXUS是国内最先实现整车出口北美市场的品牌。中国皮卡整车登陆北美市场，对于皮卡车行业来说有着深远的意义。上汽大通MAXUS可根据单一地区的环境特征和消费偏好，迅速开发出与之匹配的个性化、差异化产品，满足当地排放、认证标准、法规、市场偏好、用户喜好等多重需求。在进入各国市场初期，上汽大通MAXUS还会寻找当地KOL，包括职业车手、越野车手等，了解他们的用车场景，满足各种苛刻的研发要求，集思广益发现问题，在上市之前将车辆调试到最优的状态，真正做到"一个国家一个车型"。基于此种模式，上汽大通MAXUS不仅在澳新、美洲、中东等多个全球皮卡车发达市场"插旗立标"，更在北美、智利、沙特等细分市场力压日系、欧美车系等产品，成为销量排第一的中国皮卡车品牌，实现了市场与口碑的"双突破"。

2022 年，长城皮卡车海外销售 51063 辆，同比增长 17.1%。长城皮卡车出口销量仅次于上汽大通。长城皮卡车国内用户群体庞大，产品口碑好。2022 年 5 月，长城炮迎来了第 30 万辆整车下线，创造了皮卡车品类销量的"神奇速度"。2022 年公布的"ONE GWM"全球品牌战略，将不断拓展长城汽车国际化格局，在生产、制造、销售等环节，坚持品牌本地化运营与用户建设，加快出海步伐。长城炮是以品类创新为皮卡车市场扩容提供原动力的产品，也是掀起中国皮卡车乘用化革命、全球化发展和体现皮卡车品类价值的重要依托。长城多款重磅新品蓄势待发，长城皮卡车未来发展可期。

二　皮卡车发展趋势

（一）用户需求潜力

1. 乘用化需求愈发强烈

随着经济发展水平的提升与消费者对汽车文化、精神生活的需求增加，用户对户外郊游、露营穿越、越野等场景的用车需求不断增加。2022 年皮卡车迎来一系列利好政策，有利于其逐步摆脱等同于货车的刻板印象，其多用途、多场景的优势将发挥得淋漓尽致。同时各车企也在积极推动皮卡车文化塑造，促使皮卡车使用场景多元化。

14 万元以上乘用休闲类皮卡车占比逐年提升、自动挡皮卡车市场占有率持续攀升、皮卡车进口量增加等现象均表明了皮卡车用户的乘用化需求不断增长，而乘用类皮卡车完美契合了当下用户"玩"的需求，助力消费者解锁极致生活体验。

2. 皮卡车个性化定制市场发展潜力大

消费者对汽车的个性化需求急剧增长，成为影响汽车市场发展的重要因素。更多的消费者希望汽车厂家提供私人定制服务，包括汽车外观、内饰、越野配置、颜色和其他个性化选装件等，这样就可以根据自己的喜好和需求

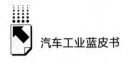

选择配置。

皮卡车型作为可玩性较高的多功能车型，其个性化定制、改装潜力深受消费者认可，长城炮黑弹、上汽牛·魔王等个性化改装皮卡车型在上市后都有不错的表现。这说明个性化和定制化正在成为皮卡车产品的新消费趋向。未来个性化定制的皮卡车产品必将成为年轻化汽车消费市场的主流。

3. 智能化、网联化需求日益提升

随着汽车产业与大数据、互联网、人工智能等的不断深入融合，汽车智能化飞速发展。与此同时，国内消费者对汽车智能功能的需求也逐步增加。智能化配置正逐渐成为消费者购车时的重要考量因素。皮卡车从纯粹工具车，到高端乘用化的定位转变，离不开长城、江铃、江西五十铃、上汽大通等企业推出高端化产品的支持。当前诸多车款都配备了智能化程度高的车机系统、提供了强大的主/被动安全功能等智能化配置，以满足消费者日益增长的智能化需求，为消费者提供出行的高价值体验。

（二）企业产品力供给

2022 年，主流皮卡车企纷纷发力，同时多家全新品牌先后入局，多款全新皮卡车型上市，涵盖工具型、商用型、中高端、共创车产品，上市新车达 29 款之多。其中经济型产品包括金刚炮、福田新征服者猛将柴油 8AT、长安凯程 F300、卡路里等，乘用化产品方面包括锐骐 7、长安览拓者、长城山海炮、雷达 RD6 等，Jeep 角斗士先行版、福特 F-150 猛禽、三菱 L200 三款产品也纷纷进入中国市场。

长城仍然是 2022 年单品牌拥有最多新车型的，共计 7 款新车型，长城金刚炮、乘用炮/商用炮拖挂版、2022 款黑弹、金刚炮药商版、金刚炮定制版、山海炮等车型陆续上市，品类齐全，覆盖商用、乘用、越野各类车型，满足用户的全场景用车需求。

长安发布的首款搭载蓝鲸动力的皮卡车长安览拓者，为长安旗下首款采用"V"标的皮卡车产品，主攻乘用化皮卡车市场，解锁皮卡车多元形态。

郑州日产推出的全新皮卡车产品锐骐7，基于纳瓦拉平台打造，为市场带来一款全新汽油动力，全系涵盖两驱/四驱、标轴/长轴以及配置不同的多款车型，让郑州日产的皮卡车谱系趋于完善。

吉利全新品牌雷达推出的首款出自纯电平台的消费级皮卡车雷达RD6，是国内首款基于纯电平台打造的皮卡车型，主要面向露营、自驾游等应用领域。

（三）产业发展趋势

1. 乘用化趋势进一步显现

2022年是中高端乘用车型爆发期，产品乘用化进程不断提速，市场推出的全新车型中有近2/3的车型可以归为乘用化产品。

皮卡车产品从设计的角度引入大量乘用化元素，在内外饰设计、安全配置、排放标准、油耗等方面向乘用车靠拢。五星安全、产品可靠等已成为乘用皮卡车的标配，皮卡车未来的核心产品乘用化趋势主要体现在内外饰、舒适性、动力系统、功能配置与越野改装能力方面。

2. 皮卡车新能源趋势

在全球汽车电气化趋势下，2022年国内外也掀起了新能源皮卡车浪潮。

以美国为首的皮卡车企业不断推出纯电动皮卡车，并在市场上取得了成功。Rivian R1T是第一款正式量产的全电动皮卡车，福特F-150 Lightning迄今为止的订单量突破20万辆。特斯拉旗下的纯电动皮卡车Cybertruck的车身庞大、造型科幻，颇受国内皮卡车迷关注。

国内皮卡车市场也开始加入电动皮卡车的行列。据不完全统计，目前市场上在售的电动皮卡车型已达十余款，包括电装炮、上汽大通T90EV版和福田大将军EV版皮卡车。雷达作为吉利旗下的纯电动皮卡车品牌，推出了中国首款纯电平台皮卡车雷达RD6。2022年下半年，比亚迪新能源皮卡车谍照正式曝光。传统皮卡车企及造车新势力都在布局和规划纯电皮卡车产品，新能源皮卡车正在快速发展。

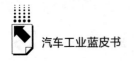

（四）行业竞争态势

近两年，诸多皮卡车利好政策大大改善了市场环境，同时用户生活方式呈现多元化，皮卡车市场的潜力越来越大，吸引了一大批优秀的企业入局，如长安、吉利、奇瑞等自主品牌车企等纷纷寻求新的增长点，行业竞争加剧。

外资/合资品牌方面，Jeep 角斗士、三菱 L200 正式进入中国市场，全新一代 F-150 猛禽在中国上市，福特 Ranger 即将国产化；自主品牌方面，中国重汽、雷达首款皮卡车已经上市。

2022 年，主流皮卡车企纷纷推出全新产品，多家全新品牌先后入局，未来皮卡车市场的竞争将更加激烈。

（五）皮卡车解禁效果评估

2022 年，国家对放开皮卡车进城的重视程度提升，皮卡车解禁迎来强有力的政策支持，皮卡车畅行范围不断扩大，截至 2022 年底，全国皮卡车解禁城市共有 295 个，城市数量占比 88%，解禁城市人口占比 84%，解禁城市经济总量占比 69%。

此次解禁有三个典型特点：①解禁更彻底，多数城市将皮卡车作为乘用车管理，其路权与乘用车同等；②解禁的区域由点状城市解禁发展为成片解禁，如此次安徽省在全省范围内解禁；③解禁的城市等级提高，此轮解禁城市中有深圳、南京、西安等中大型城市。

2022 年，虽然皮卡车解禁势头强劲，但受不可抗拒的外部客观环境等不利因素的影响，国内皮卡车市场销量下滑明显。但从中长期来看，皮卡车解禁给予了消费者充分的选择权，也逐渐改变了人们对皮卡车的固有印象，同时也会逐步推动相关管理部门针对皮卡车在城市路权、报废、年检及高速公路权益等多方面做出调整，意义重大。

三 皮卡车行业问题和建议

（一）存在的问题

1.国内消费者对皮卡车认知仍存在偏差

在国内市场，皮卡车经常被用来拉货，常常应用于三、四线城市的工地等各种劳动场景，久而久之就有人将皮卡车与"低端"二字联系起来，皮卡车的货车形象根深蒂固。在大多数国内消费者眼中，皮卡车只是一个载物拉货的工具，难于贴近日常出行需求。

国内皮卡车市场向乘用化大跨步式前进，消费者行为对乘用化产品的接受度越来越高，但大多数国内消费者对皮卡车的认识还持续停留在工具车或货车的层面，并不是家庭用车的首选。改变消费者对皮卡车的传统认知是一个长期的过程。

2.全球经济滞涨加剧，衰退风险加大

2022年，受疫情反复、美联储加息、地缘政策等影响，经济下行压力加大，虽皮卡车解禁趋势向好（解禁城市覆盖率为88%），但中小企业持续承压，消费端疲软，消费信心指数为近15年最低。

2022年，对于国产皮卡车来说是充满挑战的一年，也是产业巨变的一年。皮卡车受经济影响较大，2022年国内皮卡车销量32.6万辆，同比下降20.2%。这一年，包含皮卡车在内的汽车市场受到芯片短缺、原材料涨价和疫情反复等因素影响，在困境中艰难前行。

3.皮卡车产品电动化发展不足，售价较高、道阻且长

目前国内皮卡车电动化仍然处于油改电阶段，大部分皮卡车都是通过现有的燃油版本车型"魔改"方式来实现电动化，所以即便依靠皮卡车庞大的车身尺寸，也无法达到理想的电动性能。像目前已经上市的电动皮卡车有长城电装炮、长城风骏7EV、江铃域虎EV、上汽大通T70电动版、上汽大通T90电动版、郑州日产锐骐6EV、江西五十铃瑞迈电动版、福田大将军

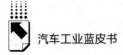

EV、江淮纯电皮卡 i3、雷达 RD6 等。除了雷达 RD6 以外，其余电动皮卡车无一例外都是在燃油版本车型的基础上进行的电动化升级，售价普遍在 30 万元左右，不算便宜，并且续航里程在 300～400 公里，采用单电机驱动方式，动力数据表现也较为一般，综合对比甚至不如 10 万～20 万元的乘用车电动车的参数表现。

现在电动皮卡车在公共领域已经有大量应用，而且电动皮卡车的主要市场也是对公销售，工作区域、路线确定，工作地充电方便，故续航里程并不是什么难题。可对于一些偏僻的地区来说，目前的电动皮卡车似乎就没办法满足了，需要更强的续航和更好的脱困能力。所以，国内电动皮卡车道阻且长。

4. 皮卡车限行政策影响消费，整体市场刺激力度不够

2022 年，虽然在限行政策上，皮卡车得到了大范围的放宽，但是对于整体市场而言刺激力度还不够，具有消费能力的区域，如北京、上海等地的限制政策并没有发生根本性变化。此外，在很多政策中统一将皮卡车与货车等同，使得皮卡车在消费使用端还面临多种限制，如报废年限、皮卡车年检、高速通行等。在皮卡车产品整体向乘用化转型的时候，这些政策已经不适用于当下的市场环境，甚至成为限制消费增长、国内皮卡车行业发展的阻碍。

从促消费的角度出发，皮卡车是一种多用途车型，尽管相关政策和市场都呈向好发展的趋势，但面对经济下行压力，在城市汽车经济发展受阻的时刻，如何让皮卡车下乡促农民创富是皮卡车企业需要考虑的。皮卡车企业应当推出更多针对农村的经济适用类皮卡车，并配套相应优惠政策，促进中低端消费市场扩容。

（二）发展建议

1. 政策与时俱进，促进皮卡车消费

近几年皮卡车的使用环境已经明显改善，但货车身份仍然让其无法享受乘用车待遇，在日常用车过程中，皮卡车车主还是受到多重政策制约。以

《多功能货车通用技术条件》为抓手，推进皮卡车身份转变，推动更大范围内的皮卡车解禁，逐步推动相关管理部门针对皮卡车在报废年限、年检及高速公路权益等多方面做出调整，使得皮卡车摆脱在消费使用端面临的多种限制。

2. 加快布局皮卡车乘用休闲市场，推进市场进一步扩容

在传统皮卡车市场竞争逐渐激烈的情况下，更多车企开始拓展新市场，将目光放到了 20 万~30 万元的空白区域，全新产品向更大、更豪华也更具玩乐属性的方向发展，并向新能源领域发力，这对推动皮卡车进一步向乘用化发展将起到积极作用。

同时，比亚迪等头部乘用车品牌的进驻等，在给国内皮卡车市场带来活力的同时，也给传统皮卡车企业带来了更大压力，国内皮卡车市场亟须找到新的增长点。

目前国内皮卡车市场中，10 万~20 万元的乘用级和商乘两用皮卡车基本上已经饱和，继续在这个价位区间发力的话，除非有特别亮眼的技术背景，否则很难改变市场格局。建议企业开拓更广泛的市场，20 万~30 万元就是下一个蓝海。从目前来看，已经有不少企业优先入局，初露锋芒。

3. 创新生产全球化产品，推动皮卡车国际市场发展

在推动皮卡车乘用化过程中，建议深挖用户的基本需求，坚持品类创新，针对不同用户群体，推出多样化产品。各车企应布局各个细分领域，全面完善产品谱系，为用户提供更多的选择。通过不同的功能定位，满足消费者更多元的需求，打造不同的定制版本，这些多功能、场景化的应用，将使皮卡车逐渐从工具属性向消费属性转变，助力中国皮卡车的多元化发展。

4. 顺势产品电动化，大力发展新能源皮卡车

国内外几乎所有的主流皮卡车生产企业都相继推出了新能源皮卡车，皮卡车电动化热度明显提升，已经成为行业共识。事实上，汽车行业电气化已经成为一种不可逆转的趋势。但车辆成本、续驶里程、动力性能是国内纯电

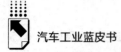

动皮卡车发展道路上的三大"绊脚石",电动皮卡车还有提升空间。目前在国内市场,电动皮卡车基本应用在工厂、机场、区域性工程抢修等场景,所以国内电动皮卡车其实是针对企业开发的车型。对于国内普通消费者而言,电动皮卡车应用还需要一定时间。如何提升电动皮卡车技术水平,推出符合普通消费者需求的电动皮卡车,是今后皮卡车企迫切需要解决的问题。

B.6
专用汽车发展报告

摘　要： 本报告全面介绍了2022年我国专用汽车行业整体运行情况及各细分市场情况，从产品发展、市场需求、生产和管理等多个维度剖析了专用汽车行业发展现状，并从管理、市场、技术多个方面研判了专用汽车行业发展趋势，深入剖析了专用汽车行业发展存在的问题，并对未来专用汽车行业发展提出了相关建议。

关键词： 专用汽车　市场情况　产品发展

一　专用汽车发展现状

（一）专用汽车行业发展概况

2022年，受基建投资增速放缓、全国疫情呈零星散发状态、前期环保和超载治理等政策透支市场需求等因素的影响，专用汽车市场呈下行趋势。2022年专用汽车产品累计销售97.9万辆，同比下滑34.2%，为近五年来降幅最大（见图1）。

截至2022年12月（《道路机动车辆生产企业及产品公告》366批次），全年新增道路机动车辆生产企业共计122家，新增企业数量同比下降15.97%。全年销售区域覆盖全国31个省区市，累计981家专用汽车生产企业实现销售。

从月度销量走势来看，2022年，受疫情反复影响，工程建设等投资增

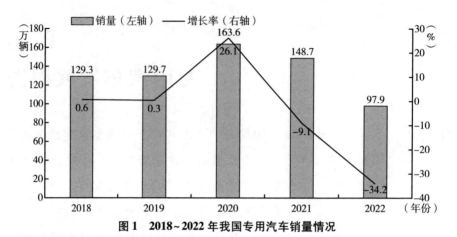

图1　2018~2022年我国专用汽车销量情况

资料来源：中国汽车工业协会专用车分会数据统计。

速放缓，市场预期转弱，专用汽车销量一直处于低迷状态，仅2月与8月同比上升，分别为19.4%、17.0%（见图2）。

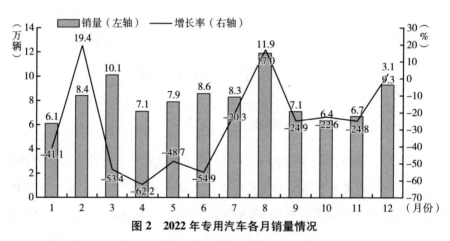

图2　2022年专用汽车各月销量情况

资料来源：中国汽车工业协会专用车分会数据统计。

（二）专用汽车行业细分市场情况

2022年，国内专用汽车按照结构型式分类，可分为厢式类、罐式类、专用自卸类、起重举升类、特种结构类、仓栅类等。

2022 年，在我国专用汽车产品构成中，厢式类专用汽车累计销售 58.5 万辆，同比下降 26.4%，占比 59.7%；仓栅类专用汽车受行业政策影响，跌幅较大，累计销售 19.3 万辆，同比下降 42.2%，占比 19.7%；罐式类专用汽车累计销售 6.7 万辆，同比下降 57.0%，占比 6.9%；特种结构类专用汽车累计销售 6.3 万辆，同比下降 27.0%，占比 6.4%；起重举升类专用汽车累计销售 4.1 万辆，同比下降 47.7%，占比 4.2%；专用自卸类专用汽车累计销售 3.0 万辆，同比下降 20.9%，占比 3.1%（见图 3、图 4）。

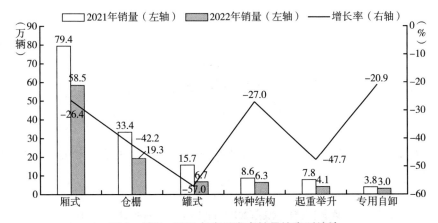

图 3　2021~2022 年专用汽车销量按类别统计

资料来源：中国汽车工业协会专用车分会数据统计。

1. 厢式类专用汽车

厢式类专用汽车细分产品中以物流运输类产品为主，其中厢式运输车作为主力车型，其需求一直保持高位，产品以轻型、微型为主，主要负责城市内物流配送。随着物流运输行业的快速发展，厢式汽车的安全、快捷、环保等性能，也使之成为公路运输的主要工具。

2022 年，厢式类专用汽车市场销量达 58.7 万辆，同比下降 26.4%。相比往年的而言，受到环境和市场的影响，销量下降。1~6 月厢式类专用汽车销量，除 2 月外，同比均呈现下降趋势，而 2 月涨幅为 24.5%；7~12 月

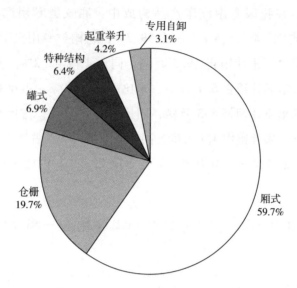

图4　2022年专用汽车销量按类别分布

资料来源：中国汽车工业协会专用车分会数据统计。

中，8月和12月呈上升趋势，涨幅均达到20%以上，其余月份均呈下降趋势（见图5）。

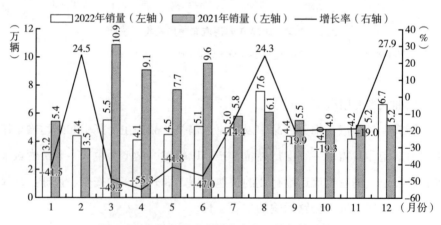

图5　2022年厢式类专用汽车各月销量情况统计

资料来源：中国汽车工业协会专用车分会数据统计。

2022 年，实现厢式类专用汽车销售的企业共 591 家。在厢式类专用汽车细分产品中，厢式运输车销量占据首位，达 44.4 万辆，占比约为 76%。受疫情影响，救护车销量 1.6 万辆，同比增长 13.5%。基于居民对鲜果、蔬菜、肉类与海鲜的品质要求提升，同时政府对食品、药品安全的监管力度也逐渐加大，冷藏车的销量达到 4.9 万辆，占比约为 8.4%。随着居民生活水平的提高，国内短途自驾需求逐步增加，旅居车市场逐步被打开，2022 年旅居车销量 1.1 万辆，占比约为 1.9%。

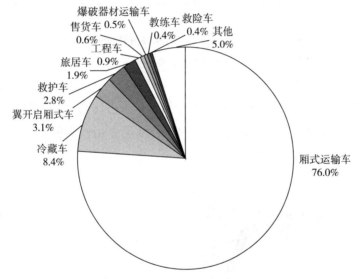

图 6　2022 年厢式类专用汽车车型销量分布

资料来源：中国汽车工业协会专用车分会数据统计。

2. 仓栅类专用汽车

仓栅类专用汽车主要产品包含仓栅式运输车、畜禽运输车、桶装垃圾运输车等。2022 年，实现仓栅类专用汽车销售的企业共 100 家，累计销售 19.3 万辆，同比下降 42.2%。由于 2021 年市场需求提前透支，2022 年整体销量下滑严重。从 1~6 月销量情况可以看出，多个月份市场降幅超过 50%；下半年较 2021 年同期整体呈现上升趋势，2021 年下半年降幅达 50% 以上（见图 7）。

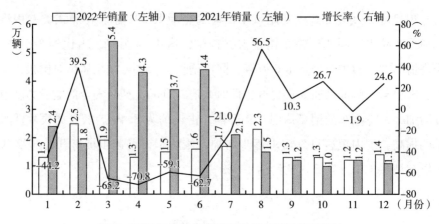

图 7　2022 年仓栅类专用汽车各月销量情况统计

资料来源：中国汽车工业协会专用车分会数据统计。

2022 年，仓栅式运输车在仓栅类专用汽车中占比高达 92.7%（见图 8），累计销量达 19.0 万辆。畜禽运输车作为仓栅类专用汽车的发展方向之一，2022 年累计销量达 0.3 万辆。

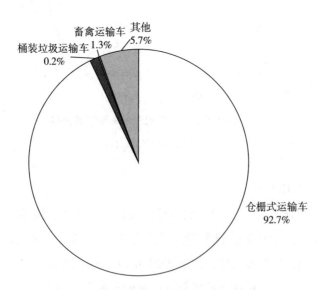

图 8　2022 年仓栅类专用汽车车型销量分布

资料来源：中国汽车工业协会专用车分会数据统计。

城市用专用汽车随着政策调整向新能源化方向转变，仓栅类专用汽车逐步呈新能源化趋势，在纯电动、插电混合动力等新能源产品市场销量累计达1万多辆。

3. 罐式类专用汽车

罐式类专用汽车主要用于基础建设和城市养护方面，其产销量与各地方政府基础设施建设投入及经济发展水平有关。2022年，罐式类专用汽车受到市场环境影响较为严重，实现销售的企业共349家，累计销量达6.7万辆，同比下降57.0%。从各月销量情况可以看出，各月罐式类专用汽车均呈下降趋势，甚至多个月份降幅超过50%（见图9）。

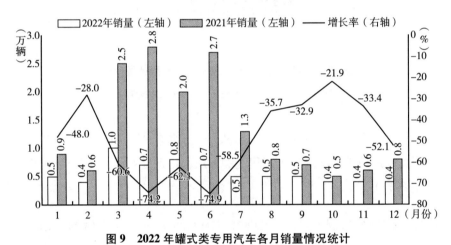

图9　2022年罐式类专用汽车各月销量情况统计

资料来源：中国汽车工业协会专用车分会数据统计。

在细分产品方面（见图10），罐式类专用汽车中大部分车型销量较上年均呈现下降趋势。其中，混凝土搅拌运输车销量下滑较为严重，同比下降80.2%，为1.9万辆，占比28.6%；绿化喷洒车销量1.2万辆，同比下降21.3%，占比19.0%；洒水车销量0.7万辆，同比下降21.0%，占比10.8%。

4. 特种结构类专用汽车

特种结构类专用汽车产品以清障车、洗扫车、多功能抑尘车、混凝土泵车等为主。2022年，实现特种结构类专用汽车销售的企业共513家，累计

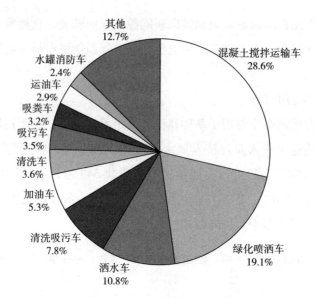

图10 2022年罐式类专用汽车主要车型销量分布

资料来源：中国汽车工业协会专用车分会数据统计。

销量达6.3万辆，同比下降27.0%。从各月销量情况可以看出，除2月、8月外，其他月份销量均出现不同程度的下跌，特别是4月，降幅接近60%左右（见图11）。

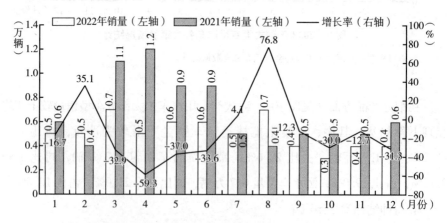

图11 2022年特种结构类专用汽车各月销量情况统计

资料来源：中国汽车工业协会专用车分会数据统计。

在细分产品上，2022 年特种结构类专用汽车中大部分车型销量较 2021 年出现下降，其中混凝土泵车销量 0.3 万辆，降幅达到 64.1%，主要是由于基建项目投资放缓，市场需求大幅下降，混凝土泵车需求受到较大影响；清障车销量 1.7 万辆，同比下降 26.6%，占比 27.6%；平板运输车销量 0.8 万辆，同比下降 41.0%，占比 13.3%（见图 12）。

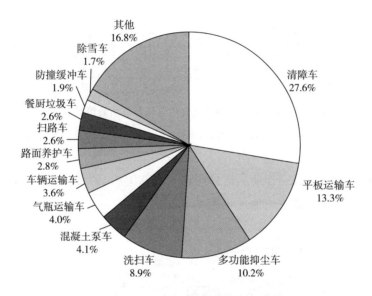

图 12　2022 年特种结构类专用汽车车型销量分布

资料来源：中国汽车工业协会专用车分会数据统计。

5. 起重举升类专用汽车

2022 年，实现起重举升类专用汽车销售的企业 180 家，累计销售 4.1 万辆，同比下降 47.7%。从各月销量情况可以看出，起重举升类专用汽车销量除 2 月外，上半年其他月份降幅均超过 50%；下半年除 8 月外，降幅为 9.8%~32.2%（见图 13）。

在细分车型方面，起重举升类专用汽车的市场集中度较高，汽车起重机车、随车起重运输车、高空作业车三类车型占比达 96.8%。汽车起重机销量 2.1 万辆，同比下降 56.6%，占比 51.1%，主要受到基建投资增速放缓的

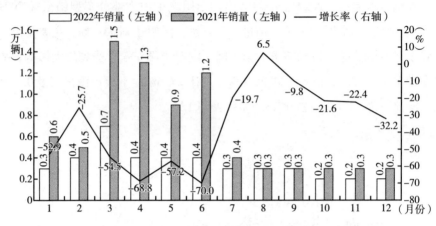

图13　2022年起重举升类专用汽车各月销量情况统计

资料来源：中国汽车工业协会专用车分会数据统计。

影响，降幅较大。高空作业车逆势同比上涨9.1%，销量0.7万辆，主要是由于城市高空作业需求增加（见图14）。

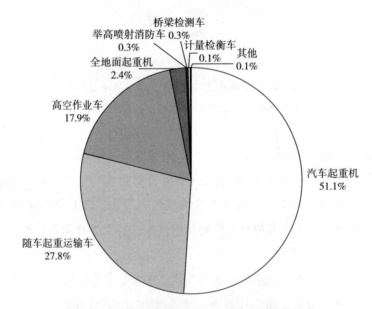

图14　2022年起重举升类专用汽车车型销量分布

资料来源：中国汽车工业协会专用车分会数据统计。

6. 专用自卸类专用汽车

2022 年，实现专用自卸类专用汽车销售的企业共 300 家，累计销量 3.0 万辆，同比下降 20.9%。从各月销量情况可以看出，除了 8 月外，其余月份同比呈现较大的降幅，10 月降幅达到 42.4%（见图 15）。

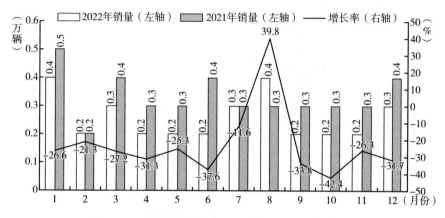

图 15　2022 年专用自卸类专用汽车各月销量情况统计

资料来源：中国汽车工业协会专用车分会数据统计。

在细分产品方面，2022 年压缩式对接垃圾车销量 1 万辆，同比下降 24.5%；自装卸式垃圾车销量 0.4 万辆，同比下降 15.5%；车厢可卸式垃圾车销量 0.8 万辆，同比下降 13.0%；自卸式垃圾车销量 0.3 万辆，同比下降 4.5%（见图 16）。

（三）专用汽车区域格局分布

2022 年，专用汽车产品在全国 31 个省份实现销售 97.9 万辆，同比下降 34.2%（见表 1）。

2022 年，全国销量排名前五位的省份分别是广东省、山东省、湖北省、江苏省、云南省，销量占比分别为 13.5%、7.0%、6.3%、6.2%、6.1%，前五位约占 39% 的市场份额，保持较为稳定的地位。2022 年全国 31 个省份的市场销量均呈负增长，仅上海市同比降幅小于 10%。

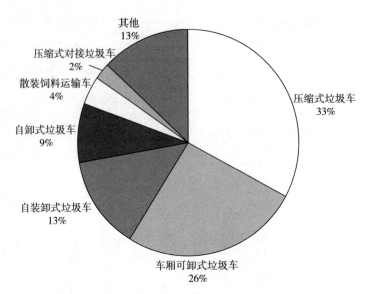

图16 2022年专用自卸类专用汽车车型销量分布

资料来源：中国汽车工业协会专用车分会数据统计。

表1 2021~2022年专用汽车（含普通自卸车）销量统计

单位：万辆，%

省份	2021年		2022年		增长率
	销量	占比	销量	占比	
广东	22.0	14.8	13.2	13.5	−40.1
山东	12.0	8.1	6.9	7.0	−42.5
湖北	7.2	4.8	6.2	6.3	−14.0
江苏	9.8	6.6	6.1	6.2	−37.5
云南	7.0	4.7	6.0	6.1	−15.0
河北	9.3	6.3	5.4	5.5	−42.2
浙江	7.8	5.2	5.2	5.3	−33.0
四川	6.4	4.3	5.1	5.2	−20.0
河南	7.9	5.3	4.6	4.7	−41.5
湖南	6.9	4.6	4.5	4.6	−35.0
安徽	5.4	3.6	3.3	3.4	−39.3
广西	4.3	2.9	2.6	2.7	−39.1
福建	4.1	2.8	2.6	2.7	−37.4

省份	2021 年		2022 年		增长率
	销量	占比	销量	占比	
北京	3.3	2.2	2.3	2.4	−28.4
陕西	3.5	2.4	2.3	2.4	−33.3
贵州	2.9	1.9	2.1	2.2	−26.1
重庆	2.9	2.0	2.1	2.1	−28.5
上海	2.2	1.5	2.1	2.1	−7.4
新疆	3.1	2.1	2.0	2.1	−33.1
辽宁	3.0	2.0	2.0	2.0	−34.2
江西	3.2	2.2	2.0	2.0	−38.2
山西	3.3	2.2	1.8	1.9	−43.2
内蒙古	1.4	1.0	1.2	1.2	−15.7
吉林	1.7	1.1	1.1	1.1	−36.2
甘肃	1.6	1.1	1.1	1.1	−33.1
黑龙江	1.5	1.0	1.0	1.1	−32.2
天津	2.2	1.5	1.0	1.1	−53.6
海南	1.1	0.8	1.0	1.0	−12.5
宁夏	0.9	0.6	0.5	0.5	−47.1
青海	0.5	0.3	0.4	0.4	−26.0
西藏	0.3	0.2	0.2	0.2	−30.7

资料来源：中国汽车工业协会专用车分会数据统计。

二　专用汽车产品和技术发展现状

（一）产品发展特征

近年来，国内专用汽车广泛应用于物流运输、工程建筑、市政环卫、农林生产、矿山装运、医疗救援、应急救援、战备处突等生产生活的各个领域。随着专用汽车产品应用和服务领域对工作高效性、操作简便性、运行经济性、作业安全性、运营智慧性等需求的不断升级，专用汽车企业为适应不

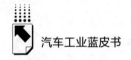

断变化的市场需求，在原有的种类和品系基础上推陈出新，产品逐步朝着新能源化、智能化、网联化的方向发展。

从产品应用领域来看，不同领域专用汽车与交通、信息、能源、网络、人工智能等的融合存在一定的差异，因而不同类型产品在新技术的发展和应用方面也呈现了不同的特征，但总体来说，专用汽车新技术和新产品仍将围绕专业化、特色化、智能化、网联化而不断迭代升级。

（二）市场需求趋势

专用汽车产品是一种广泛应用于生产生活各领域的生产资料，其新技术发展特征一方面受应用市场需求的影响，另一方面也受国家法规和标准要求的影响。从市场需求和监督管理两个维度出发，专用汽车企业始终围绕"高效、经济、安全、环保、智能"的理念升级技术和产品，因应用领域不同其发展受政策标准和市场需求的影响程度也有所差异。

1. 市政环卫领域智慧降本需求，促进智能化、网联化技术应用

驾驶员招聘困难、运营人力成本高、服务人员老龄化、作业安全问题频发等一直是困扰市政环卫的痛点，基于市政环卫车辆运行作业低速、行驶区域固定、作业区域场景稳定等特征，智能网联技术已被逐步应用在市政环卫车辆上。整车企业、科技公司、环卫车辆企业联合开发自动驾驶环卫车辆，并在各地示范运行区域投入应用，同时国家和地方政府纷纷出台政策支持自动驾驶市政环卫车辆应用，产品已经逐步从园区、辅道、人行道等小型自动驾驶车辆应用场景转向半开放园区和开放道路的大型自动驾驶车辆应用场景。

2. 物流运输领域高效便利需求，促进信息化、数字化技术应用

高效集约、联运增效、绿色低碳、智慧运营是实现物流系统整体智慧化的关键，自动驾驶技术在干线、支线、末端物流配送领域的应用将有利于降低由人为因素导致的事故和损失，减少人力运营成本和燃油消耗，减少低效运输导致的污染排放，并提升物流协同运输效率。科技公司、整车企业、物流平台等多方联合共同研发在物流领域的自动驾驶技术应用。同时针对货物追踪溯源、车辆联网联控、平台管控监管等智慧物流系统的要求不断提高助推物流车辆信息化和数字化水平提升。

3. **危货运输领域安全可靠需求，促进轻量化、网联化技术应用**

危险货物运输涉及化工、爆炸品、医疗等不同范畴，其运输性质特殊，一旦发生交通事故易导致重大安全事故，因此危货运输一直是政府监管的重点。《危险货物道路运输安全管理办法》《常压液体危险货物罐车治理工作方案》《危险货物道路运输营运车辆安全技术条件》等政策和标准都对危货运输车辆作出严格的要求，因此为符合法规安全要求的同时满足市场高效需求，铝合金、铝镁合金、复合材料等轻质材料以及无副梁承载式结构优化设计等轻量化技术被应用到危货运输车辆上，电子铅封、超声波液位仪、过热报警、视频监控等技术与网联技术不断融合。

4. **工程建设领域经济便捷需求，促进电动化、自动化技术应用**

工程建设领域自卸车、混凝土搅拌车、泵车等专用车型的节能环保和经济运行一直是市场的关注点，随着新能源汽车技术的不断成熟，纯电动化底盘已经逐步取代传统燃油车底盘，从而有效解决工程建设类专用车燃油消耗高、排放污染重、作业精度低等问题，同时底盘厂和上装企业也在不断优化上装自动化和上装底盘系统协同等技术，以促使工程建设类专用车作业精度更高、操作更便捷。

5. **应急救援领域智能可靠要求，促进信息化、自动化技术应用**

应急救援类专用车产品被广泛应用于防汛抗旱、道路救援、消防救援、抗震救灾、监测指挥、医疗保障等领域，各种救援场景下车辆类型复杂多样、品种繁多，场景适应性、定制化程度高。基于灾难现场救援及时性、驾驶适用性、功能可靠性和操控安全性要求，利用信息化和自动化技术开发和设计的遥控救援车载装备和自动检测诊断车载平台可用于灾难现场复杂环境下的救援，还能保证实时监控和记录救援全过程，提高抢险救援的成功率，避免因车辆故障或人为失误而造成救援现场的二次事故。

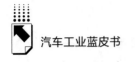

（三）新产品技术发展特征

1. 重型化与轻型化

为了提高专用汽车的转运能力和上装承载能力，专用汽车底盘越来越重型化，中重型专用汽车底盘配合大功率发动机，可满足专用汽车重载工况下的功率输出要求；同时为提高专用汽车在城市巷道、园区道路等狭窄路面的通行和作业便利性要求，专用汽车的体积逐步小型化、底盘越来越轻型化，以尽可能的扩展专用汽车的使用区域，提高车辆运营效率。

2. 专业化与精细化

随着专用汽车应用领域对车辆作业广度、效率、精度的要求越来越高，专用汽车的细分品类也越来越多，其上装系统也越来越专业化、精细化，如为疫情防控研发的核酸检测车、负压救护车，为裁剪树枝、清理落叶等研发的绿化养护车，为清洗护栏、安全柱、涵洞等研发的清洗车，为收集和摆放交通锥等研发的路锥自动收放车，上述专业化与精细化专用汽车即可满足应用领域专用分工作业的要求，也能提高作业的效率和精度。

3. 新能源化与电动化

随着汽车产业新能源化水平不断提升，专用汽车新能源底盘占比逐年提高，并在市政环卫、物流运输等领域得到了较大范围的应用。为更适宜和匹配专用汽车的新能源电动底盘，传统上装液压执行器件将逐步由电动执行部件替代，"电动底盘+电动上装"整体新能源化设计技术逐步成熟，且为达到底盘和上装协同控制效果，CAN 总线通信技术等集成化控制技术将逐步被应用于上装控制单元。

4. 材料和结构轻量化

专用汽车应用新材料、新结构、新工艺等轻量化技术可减轻整车和上装重量，可在降低运行能耗的同时保证运行效率和强度。在新材料方面，高强度钢、铝合金、碳纤维复合材料等已经在车厢、罐体、存储容器等方面得到有效应用；在新结构方面，车轴、轮毂、悬架、液压缸、阀块、风机、水泵等部件的轻量化结构设计更有利于新材料的应用，从而降低整车重量；在新工艺方面，专用汽车企业逐渐吸收汽车行业先进的轻量化制造和加工工艺，通过工艺升级进一步提升产品轻量化水平。

5. 整车智能化、网联化

随着汽车智能网联技术的发展，自动驾驶车辆的示范应用范围逐步扩大，环卫清洁、港口转运、矿山载运、配送运输等场景下专用车辆的自动驾驶技术不断成熟，相关车辆无人干预作业需求更加迫切，先进电子传感器、电子执行器、机电气液一体化控制系统、云平台控制系统、智能语音系统、智能识别系统、智能监控系统等智能化、网联化技术正不断被应用于专用车上装系统，以匹配和协调整车智能控制要求，从而实现专用车整车的自动驾驶和无人控制。

（四）生产和管理新技术发展特征

1. 制造产线自动化

为提高生产效率、提升产品质量，专用汽车行业龙头企业逐步探索规模化发展模式，以实现"智能制造"为产线升级目标，不断促进关键生产装备的升级换代，推动工业机器人、激光切割站、自动下料系统、模块化组装线、自动涂装设备等自动化生产技术和理念在产线的落地应用，实现车间生产自动化、产品组装模块化、工艺控制数字化、企业管理智能化，促进整体产线的提效升级，推动专用汽车行业产线不断升级。

2. 生产管理规范化

随着应用市场端对专用汽车产品质量和品质的要求不断提高，专用汽车行业龙头企业不断提升产线的自动化程度，同时不断加强对产线的管理。行业龙头企业逐步将 ERP、PLM、MES、WMS 等生产管理系统与自动化生产设备配套融合，实现从前期产品配置、产品设计、工艺设计到现场生产执行整个过程的信息化数字化管理，企业的管理水平不断提升。

3. 生产工艺标准化

随着专用汽车行业快速发展，受益于产线升级和生产规模化，专用汽车企业生产工艺逐步升级的同时也不断标准化，自卸车、罐式车、厢式车等产

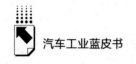

销量较大的车型的下料、成型、焊接、组装、涂装等生产工艺已经逐渐在行业内形成标准化模式，与此同时，受限于产品特征和产销规模，虽然起重举升类、特种结构类等定制化程度高的车型生产工艺难以完成标准化，但充分利用柔性生产线特点仍可实现部件和局部产线的工艺标准化。

三　专用汽车行业发展趋势及面临问题

2022年，受国内市场需求饱和以及经济活动低迷影响，专用汽车整体产销量进一步下滑，专用汽车市场从增量阶段进入存量阶段，其发展趋势也从扩大产业规模向高质量发展方向转变。与此同时，存量阶段专用汽车行业面临的散、乱、差问题仍然存在，有待进一步解决。

（一）专用汽车行业发展趋势

1.管理更加规范化

随着专用汽车应用领域的不断拓展，其细分产品种类也越来越多，为便于工信、交通、公安等部门的统一管理，专用汽车通用分类标准GB/T 17350-2009《专用汽车和专用挂车术语、代号和编制方法》的修订工作已启动，从修订的征求意见稿来看，大量细分车型名称将被合并，且分类和定义将从结构主导向功能主导转化，避免企业产品因技术迭代和结构变化而不断定义新名称，更有利于专用汽车行业规范化发展，与此同时，新制修订的国家标准《危险货物道路运输营运车辆安全技术条件》将整合危险货物运输车型的多个国家标准，统一危险货物运输车辆的管理要求，从而进一步规范管理危险货物车辆。

2.市场更加多样化

专用汽车作为汽车底盘+作业工具的融合产品，其可以被应用到国民经济生产生活的方方面面。随着生产作业水平和效益要求的提高，物流运输、工程建筑、市政环卫、农林生产、矿山装运、医疗救援、应急救援等应用领域对专用汽车作业细化程度的要求越来越高。物流运输领域不同货物类型和结构对车辆结构的要求越来越多元化,工程建设领域不同运送介质对装卸载方式的要求越来越多样化,市政环卫领域不同清扫疏通物体对养护方式的要求越来越多样化,农林生产领域不同农林树木对保养的要求越来越多样化,矿山装运领域不同开采方式对装载的要求越来越多样化,医疗救援领域不同疾病类型对车载救援设备的要求越来越多样化,应急救援领域不同灾害类型对事故处置的要求越来越多样化。

3.技术更加多元化

为满足市场需求的多样化,专用汽车上装系统技术更加多元化,其不再限于机电液气技术的应用,电子、信息、通信、网联、数据等新技术正不断地与上装系统融合,工况监控、视频监控、货品追溯、状态监控、预警警报等技术被应用于环卫车、油罐车、混凝土搅拌运输车、混凝土泵车。智能定位、信息传送、远程调试、路径规划等技术被应用于专用车辆和远程服务平台。CAN 总线通信、集成化控制、智能控制等技术被应用于高空作业车、油田车、电源车、混凝土泵车、混凝土搅拌车、洗扫车、自装卸式垃圾车等专用汽车。感知识别、融合算法、数据处理、物联网等技术被应用于智慧环卫、智慧物流、智慧港口等领域的车载应用端。

(二)专用汽车发展面临问题

存量市场阶段专用汽车行业竞争进一步加剧,虽然各细分领域产品的质量、品质已得到了较大幅度的提升,但在高端产品领域与国外同行相比仍存在差距,其发展也仍旧面临融合创新不足、质量品质不高、品牌价值不强、产能利用不高等问题。

1.融合创新有待加强

专用汽车行业技术不断进步,但行业整体的新产品研发能力仍不足,产品同质化、低质化,自主创新能力不足。专用汽车企业的技术创新以集成组装为主,缺少与底盘企业和零部件企业针对产品原理的协同联合创新,造成底盘、上装和部件的协同匹配性差,且产品技术积累不足,难以形成核心竞争力。

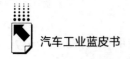

2. 质量品质尚需提升

产品市场的多样性需求导致难以形成规模效应，一定程度上致使企业无法关注单一车型的质量和品质要求。与此同时，激烈的市场竞争倒逼企业更加关注产品短期的价格定位，而忽略长期的质量和品质要求，且激烈的竞争迫使同行间更注重产品差异，难以达成高标准产品规范共识，更不利行业发展水平提升。

3. 品牌价值亟须强化

增量市场阶段专用汽车企业更加关注产品销量和市场占有率，为扩大规模，专用汽车企业基于行业定制化程度高的特点往往采用多线多品种生产方式，尽可能地生产和销售市场需求量大的车型，造成生产销售车型品种杂、门类多，难以在特定领域对产品品牌和价值进行维护，最终造成企业品牌价值不高。

4. 产能利用有待提高

据不完全统计，当前拥有专用汽车和挂车生产资质的企业超过 2000 家，实际上有产品销量的企业占比不足一半，前些年过高的投资热度和现阶段不断下滑的销量导致大部分企业处于停工停产状态，且产品的定制化需求和市场的激烈竞争状态也不利于产品生产规模化，在产企业的产能也难以得到较好利用。

四　专用汽车行业发展建议

我国专用汽车行业经过多年的发展，由粗放型发展模式向精细化发展模式转变，并正在朝着"轻量化、新能源化、智能化、网联化"的方向发展，与此同时，市场对专用汽车产品提出了越来越高的要求，专用汽车产业发展路线开始向做"精"、做"专"的高质量路线转换。

（一）协同行业上下游产业发展

专用汽车行业与上下游市场发展的关联性相对较强，汽车底盘技术及更新换代、钢材技术质量和供货资源、液压技术和机电系统等配件行业的技术水平、市场半径和供应成本等因素都会直接影响到专用汽车行业的技术研发、质量保证、生产规模与市场发展。因此建立健全专用汽车行业上下游运营体系，增强上下游企业之间的黏性，协同行业上下游的标准化发展，可有效促进专用汽车行业的整体质量水平提升。

（二）加快跨行业新技术融合

以市场为中心加快产品开发和技术创新步伐，不断优化设计，提升设计水平和创新能力。以跟随创新和集成创新为主，提高技术整合能力，丰富产品品种，提升产品质量，增强自主开发能力，增加产品的抗风险能力。借助互联网、智能网联技术，推进专用汽车技术融合。

多方面建立各相关行业之间的沟通渠道，促进行业新技术有效融合，积极投入研发力量进行相关资料的收集及分析，攻克行业技术难题，加快相关行业新技术应用及成果快速转化。

（三）加强标准法规一体化建设

在推进专用汽车行业标准法规一体化建设进程中，坚持互联网思维方式，建设行业大数据资源数据库，在企业准入与管理、产品准入与管理、产品一致性监督与管理、市场运营管理、产品标准化、相关政策法规等方面形成联动管理机制，简化管理流程，提高管理效率，加强监督，推动行业管理新思维的形成。

此外，行业标准法规一体化建设需要不断提升国家强制性标准与国际标准的接轨程度，方便国内专用汽车产品能够顺利进入国际市场。

（四）区域化产业集群发展

专用汽车区域化产业集中发展的优势越来越明显。我国现有的专用汽车产业区域性发展成因主要有：一是依托大型汽车整车制造商，为其提供相应配套的产业集群逐步发展壮大起来；二是自发组织生产和贸易而形成的区域

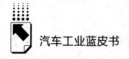

性产业聚集；三是在龙头企业发展的带动下，地方政府有意识地引导专用汽车企业聚集。专用汽车区域化产业集中发展，有利于利用行业集聚优势，发挥政府职能作用，加强区域内行业管理，提高区域内企业整体生产制造水平及产品附加值。针对可规模化生产的专用汽车产品，开展高技术、高效率的标准化生产，周边上下游产业协同发展，建立完善的零配件配套体系，进一步保证专用汽车产品质量的稳定性及可靠性。

（五）推动资本和技术融合

资本和技术是企业发展的两大关键因素，对于专用汽车企业来讲更是如此，技术先进性是企业能够得以长远发展的关键。现代社会技术更新速度不断加快，迫使专用汽车企业不断改进技术、研发新品，新品研发离不开大量资本投入，技术研发不可能在朝夕间就可以取得成果，需要企业保持持续的研发投入，平衡资本投入与技术研发之间的关系，推动技术进步。

专 题 篇
Special Topic

B.7
商用车低碳技术路径发展报告

摘　要： 本报告从能量传化、循环的角度出发，介绍了低碳技术的关键控制环节；针对商用汽车的动力链，阐述了高效发动机技术、替代燃料技术和汽车的其他节能环保技术；重点描述了车辆发动机效率提升、甲醇燃料、专用场景应用等技术现状，提出了商用汽车未来的节能技术发展策略；对插电混合动力、增程式动力、纯电动动力、燃料电池动力的发展趋势和技术实施路径进行了分析，以及介绍了充换电技术路线技术发展趋势，并提出了相关建议。

关键词： 商用车　替代燃料　发动机　新能源　低碳技术

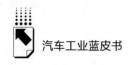

一 先进的发动机技术、替代燃料及各类节能环保技术

（一）政策法规驱动技术进步

1. 政策驱动力

（1）"双碳"战略的国家政策导向

我国从 2005 年起年度二氧化碳排放量超过美国成为全球第一，累计排放量居全球第二，2021 年碳排放总量达 103 亿吨，其中交通运输行业碳排放量约占全国总量的 10%，以汽车为主的道路运输行业碳排放量占比约为 7.5%。商用车由于负荷较大和使用频率较高，碳排放量占汽车碳排放总量的 50% 以上，是汽车产业绿色低碳发展的关键。

2021 年 10 月，《中共中央 国务院关于完整准确全面贯彻新发展理念做好碳达峰碳中和工作的意见》《国务院关于印发 2030 年前碳达峰行动方案的通知》，提出推广节能低碳型交通工具，提高燃油车能效标准，健全交通运输装备能效标识制度，加快淘汰高耗能高排放老旧车。

2022 年 1~8 月，工业和信息化部、生态环境部、交通运输部、科技部、财政部、国家能源局等部委分别围绕工业领域、交通领域、能源领域、科技领域、经济领域等制定各自的"双碳"实施方案和路线图，提出大力发展新能源和清洁能源车，推动交通运输领域应用新能源、清洁能源、可再生合成燃料等，开展低碳前沿技术攻关，提高燃油车能效标准，到 2030 年，当年新增新能源、清洁能源动力的交通工具比例达到 40% 左右，乘用车和商用车新车二氧化碳排放强度分别比 2020 年下降 25% 和 20% 以上。

（2）"大气污染防治"的政策导向

2021 年 11 月，《中共中央 国务院关于深入打好污染防治攻坚战的意见》要求有序推广清洁能源汽车。2021 年 12 月，《国务院关于印发"十四五"节能减排综合工作方案的通知》提出研究制定下一阶段轻型车、重型车排放标准和油品质量标准。2022 年 6 月，生态环境部等 7 部门联合发布

《减污降碳协同增效实施方案》。2022 年 11 月，生态环境部等 15 部门联合发布《深入打好重污染天气消除、臭氧污染防治和柴油货车污染治理攻坚战行动方案》，提出到 2025 年运输结构、车船结构清洁低碳程度明显提高，全国柴油货车排放检测合格率超过 90%，全国柴油货车氮氧化物排放量下降 12%，新能源和国六排放标准货车保有量占比力争超过 40%。

结合商用车使用场景复杂、价格竞争激烈的特点，在新能源汽车尚未取得绝对运营成本优势的情况下，在保障国家安全的刚性需求下，商用车仍将持续使用燃油动力产品，提高燃油能量转换效率、推广使用低碳燃油、减少高能耗运行场景等，是短时间内燃油商用车落实"双碳"战略、"大气污染防治"的切实可行的手段。

2. 技术标准驱动力

随着汽车国六排放标准的全面实施、商用车"第四阶段"油耗标准的预研和推出，技术标准的规范、导向作用凸显。

（1）国六排放标准

2023 年 7 月 1 日起，我国全面实施国六 b 阶段排放标准 GB 17691-2018《重型柴油车污染物排放限值及测量方法（中国第六阶段）》和 GB 18352.6-2016《轻型汽车污染物排放限值及测量方法》。为应对标准实施，各企业持续推进发动机先进减排技术应用，包括：为减少传热损失，优化电子水泵、电子节温器、低摩擦涂层、燃烧室喷涂、余热回收技术等；为降低摩擦功，优化活塞环、缸孔变形优化、变排量机油泵、使用低粘度机油等；为优化燃烧系统，改进压缩比、喷油器、滚流、挤流、缸径、行程等；为优化气体交换，优化米勒/阿特金森循环、EGR、气门夹角、喷水技术等。如长城汽车搭载的 4D24D 柴油发动机，应用了电控 VGT 可变截面涡轮、2000Bar 燃油喷射系统、可变排量机油泵以及高低压 EGR 等多项先进技术。同时，国六排放远程监控推动国家、地方、企业建立车辆大数据监控平台，实现互联互通。一方面，平台集成了互联网、云计算、卫星定位等技术的应用；另一方面，企业在使用平台监控车辆排放数据的同时，也可以获取车辆运行状态数据、市场运行数据等信息，促进产品技术升级、服务改善、质量

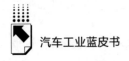

提升。根据 HJ 1239-2021《重型车排放远程监控技术规范》，2022 年 7 月 1 日后联网的车辆，需按照新标准要求接入国家平台。HJ1239 标准切换促进企业应用更先进的 4G 网络的 T-BOX 产品。

国六排放标准虽有利于大幅降低车辆尾气污染物排放，但在实施过程中还存在一些问题亟待改进。比如，国六轻型车 RDE 相关管理政策要求导致了车辆"混型"问题，极大地增加了企业认证成本和库存处理压力；后处理装置尿素结晶、再生频度难以控制等问题频发，影响了用户实际运营成本，用户利润状况进一步恶化，客户对国六产品的抱怨增多等。国家应尽快完善相关政策，督促行业加快技术攻关，解决用户痛点，并加大监管执法力度，打击"刷机"等屏蔽后处理的违法乱象，引导行业健康发展。

（2）轻型/重型商用车燃料消耗量限值标准

GB 20997《轻型商用车辆燃料消耗量限值》和 GB 30510《重型商用车辆燃料消耗量限值》两项强制性国家标准是商用车节能的纲领性标准，是衡量、引导商用车节能技术进步的标尺。目前距离三阶段标准全面实施已过去将近 5 年，四阶段油耗标准的推出迫在眉睫。商用车四阶段油耗限值的基本目标是到 2025 年降 15%，达到国际先进的能耗水平。

为应对标准实施，各企业分别采用高效增压器、高效轴系等技术。如全柴动力均采用了 DLC 涂层、优化高效增压器及排气歧管。DLC 涂层，可以减低摩擦系数 0.1，提高硬度 1800HY 以上，提高耐磨损性能，降低拉缸缺陷发生概率。云内动力采用了降摇臂比技术（2.1 降到 1.8），可以使曲轴组件摩擦功减低 5%，采用第 4 代增压器，增加导流片，调整压气机轮形，提高压气效率 3%、涡轮机效率 3%。发动机低速扭矩调高 15Nm，比油耗降低 1.8g/kwh，若保持发动机功率扭矩不变，比油耗可减低 4.3g/kwh。上汽开发的"上汽 π"柴油发动机，采用博世 2000bar 高压共轨系统、博世最新一代 MD1 ECU、霍尼韦尔 VGT+WGT 两级增压技术、智能单轴连续可变涡轮流控制阀、分离式冷却技术等，在提升动力性的同时，有效改善油耗性能。

（3）中国工况

为了进一步优化商用车油耗测试方法，贴近实际使用情况，工业和信息化部牵头制定并发布了 GB/T 38146《中国汽车行驶工况》（见图1），标准给出商用车 7 个分类测试标准工况。据了解，预计四阶段油耗标准将引入中国工况，各企业已按照标准工况来进行产品配置、开发和优化。

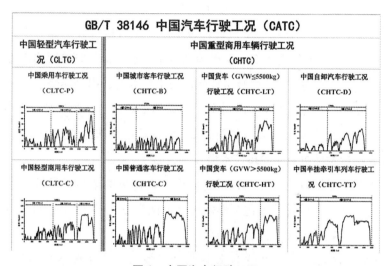

图1 中国汽车行驶工况

资料来源：依据 GB/T38146 标准摘录、整理。

（二）高效发动机

1. 发动机本体热效率提升

发动机本体热效率是指不依靠余热回收装置，将柴油燃烧的能量转化成发动机有效输出功的比例。本体热效率越高，发动机的经济性越好。主流柴油机在核心模块上为提升本体热效率，多采用双涡流分层燃烧并结合多孔喷油器、高效增压器（VGT、多级增压、电控机械增压等），以及燃油系统喷射压力提升技术（180-190bar）、低摩擦技术、热管理模块和智能部件等先进技术。其中发动机分层燃烧通过燃油分层喷射，使燃烧分浓度层次（燃烧区中心的燃料浓度较高，燃烧区外围则空气较多），有利于燃烧区的混合

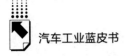

气迅速燃烧，并且带动较远处较稀混合气的燃烧，具有热效率高、节流损失少等特点。

2020年9月，潍柴动力发布全球首款本体热效率50.23%的柴油机，2022年1月，潍柴动力再次将柴油机本体热效率提升到51.09%，持续引领全球内燃机行业。潍柴动力的该款发动机在协同燃烧、协调设计、排气能量分配、分区润滑、智能控制等原有五大技术的基础上，运用全新的系统工程理念，开发了四大新技术：3D精准增压设计技术使增压器运行效率提升5%；空气隔热技术使缸内传热降低15%；高效流通技术使进、排气管路阻力有效降低，让发动机呼吸更顺畅；双主喷技术使燃油与空气混合，提升燃烧速度5%。潍柴动力通过一系列技术攻关，以每个0.01%的艰难推进，2023年1月又将柴油机本体热效率提升至52.28%的新高度，再次刷新全球纪录。

2. 大排量发动机节能减排技术提升

商用车的燃油发动机先进技术还体现在大排量的柴油机领域。近几年，柴油机的典型节能减排技术包括燃烧优化、低摩擦技术、余热回收、附件功优化、先进后处理方案、混合动力等。

分析柴油机节能技术的节能效果与开发投入（单机成本）可知，节能技术难以无限开发下去，柴油机本身的效率已接近天花板，不改变总体技术路线，更大的减碳需求将无法实现。

3. 小排量发动机节能减排技术提升

小排量发动机主要是指2.5L以下的汽油机，其节能减排技术主要集中在增程、混动等方面，特别是在轻型汽油车领域，混动将是应对轻型商用车四阶段油耗标准主要的技术方案。混动方案中，在提高发动机基本热效率的前提下，对电控、热管理、排放等进一步升级，配合新能源和智能化，更加精准地提升发动机的主动适应性。

（三）替代燃料

1. 天然气

在商用车领域，气体机几乎达到了与燃油机同等重要的地位。在天然气资源丰沛的地区，CNG 车辆带来的环保和经济效益明显。各大商用车企业大力推进全系列的气体机车辆的研发和产销。

天然气汽车相比燃油车更安全、更清洁。天然气的主要成分是烷烃，核心成分是甲烷。天然气燃点为 650℃，比汽柴油的燃点高，但是点火能也高于汽柴油，所以更难点燃；天然气的爆炸极限为 5%~15%，且密度低于空气，因而稍有泄漏便极易挥发扩散，而汽油燃点为 427℃，爆炸极限为 1.0%~7.6%，柴油燃点为 260℃，爆炸极限为 0.5%~4.1%；天然气辛烷值高达 130，具有汽柴油无法比拟的抗爆性能；天然气汽车与燃油汽车相比，尾气中碳排放量下降约 20%、CO 下降约 97%、HC（碳氢化合物）下降约 72%、NOx（氮氧化物）下降约 30%，基本不含铅、硫化物及苯类等有害物质。

在实施国五排放及以前阶段，天然气发动机采用的是稀薄燃烧路线，通过降低热效率来降低 NOx 排放量，氧化催化器在富氧状态下处理氧化 HC。国六排放标准的全面实施以及未来升级的要求，导致天然气发动机的技术路线也相应发生改变。一方面，潍柴动力和康明斯等公司均采用当量燃烧路线，通过带冷却器的 EGR 来降低 NOx 排放量，提高热效率以降低 HC 排放量，通过三元催化器处理残余的 NOx 和 HC、CO，选用单流道、耐高温材料（800℃以上）的排气系统。另一方面，潍柴研发团队于 2022 年首创了双燃料融合喷射多点稀薄燃烧技术，发明了以双台阶燃烧室系统为核心的双燃料融合喷射燃烧系统，成功将高效增压、低阻力、低摩擦等柴油机高热效率关键共性技术应用在天然气发动机上，实现燃料喷射的精准控制，燃烧速度提升 100%，天然气发动机本体热效率提升至 54.16%，远超国外企业 47.6% 的最高水平，提升发动机热效率的同时降低污染物排放，满足了国六排放标准。这一成果不仅是天然气发动机技术领域的历史性重大突破，更是对全球内燃机行业的一次革命性颠覆，天然气发动机热效率首次超越柴油机，成为热效率最高的热力机械。

2. 甲醇燃料

甲醇是全球公认的清洁可再生燃料能源。甲醇燃料是低碳、含氧燃料，具有排放清洁、燃烧高效、可再生等属性，且常温常压下为液态，使得其仓储、运输、使用及能量形式转换较其他清洁能源更安全、便捷。早在 2012 年我国就启动了甲醇汽车试点工作。目前我国甲醇汽车市场保有量近 3 万辆，总运行里程接近 100 亿公里。

甲醇制备本身就需要消耗二氧化碳，可以减少碳排放，实现碳循环，成为碳中和的重要环节。如吉利汽车于 2023 年 2 月在河南安阳正式投产了全球首个十万吨级绿色低碳甲醇工厂，配置中国首套、全球规模最大的二氧化碳加氢制甲醇工业化生产装置，利用焦炉气中的副产氢气与从工业尾气中捕集的二氧化碳合成绿色低碳甲醇。项目采用冰岛 CRI 公司二氧化碳加氢制甲醇（ETL）技术，该工艺不同于常见的以 CO 为碳源与 H_2 反应合成甲醇的传统工艺，而是以 CO_2 和 H_2 作为原料采用一步法合成甲醇。项目还采用了中国拥有完全自主知识产权的全球领先的 CO_2 捕集净化工艺，从工业尾气中回收 CO_2，创新性地实现甲醇联产 LNG，有效气体得到全部利用。项目达产后，每年可综合利用焦炉气 3.6 亿 Nm^3，生产甲醇 11 万吨和联产 LNG 7 万吨，实现销售收入 5.6 亿元。通过合成甲醇，该项目每年可直接减排二氧化碳 16 万吨。

甲醇汽车目前有三种成熟的技术路线。

第一，以吉利汽车为代表的汽油/甲醇（M100）燃烧技术。发动机使用汽油和甲醇燃料供应系统。使用汽油启动，以保证在常温低温环境下正常启动，稳定运行后，将自动切换到基于甲醇燃料的稳定运行状态。电控系统可以自动识别车辆的运行状态，并能在两种燃料间切换以使发动机平稳运行。该方法解决了甲醇汽车低温冷启动困难的问题。2022 年，吉利远程新能源商用车发布了全新甲醇重卡 G2M，搭载了新一代 13L 甲醇发动机，燃料成本相比柴油重卡可节省 18%~32%，相当于每公里最多可节省 1 元。

第二，以一汽为代表的甲醇（M85）燃烧技术。发动机使用单一的燃油供给系统，需要对发动机进行相应的自适应改变，使用适合甲醇燃烧的火花塞、无刷电机防醇泵、大流量防醇燃料喷嘴和甲醇发动机专用润滑剂。通过改进燃烧系统、燃油改装、进气加热、燃油加热和优化控制策略，解决冷启动问题，在发动机进气道增加加热装置，提高进气温度；具有加热功能的喷射器用于混合燃烧加热之前的燃料；安装进口换向阀，增加回流比，促进燃油与空气充分混合；提高发动机压缩比可以有效提高气缸温度，改善混合气的点火性能；优化控制策略，确定最佳喷油量和点火提前角；在甲醇中加入15%的汽油，并加入异戊烷、石油醚、C4~C8轻馏分烷烃等添加剂来提高燃料的低温挥发性，提高混合气的高甲醇浓度。

第三，天津大学柴油/甲醇（M100）组合燃烧技术。由于甲醇本身不容易被压缩，在柴油机上使用甲醇燃料时，需要和柴油同步启动。当发动机温度达到设计要求时，通过进气口喷入甲醇，由柴油点燃，在柴油机内开始将柴油/甲醇二元燃料混合燃烧。甲醇注入时间和甲醇量由电控系统自动控制，两个系统协同工作。柴油/甲醇双燃料联合燃烧技术的甲醇替代率为35%~45%，可大幅提高燃油经济性。发动机功率与原发动机相同，其加速性能甚至超过原发动机。甲醇混合燃烧后，排放水平提高，可实现低碳、清洁、无烟排放。

（四）其他节能环保技术

1. 降风阻和风洞技术的应用

随着商用车运行车速的提高，风阻已成为影响油耗的主要因素。各企业均投入资源研究汽车降风阻技术，并进行了比例模型的风洞试验。

（1）降风阻技术

重卡的造型优化技术：对重卡前脸进行 Morph 变形分析，结果表明，随着前凸程度的增大，风阻系数明显减小，当 Morph Factor 为 0.5 时，风阻降低近 8.3%（见图 2）。

重卡的局部空气动力学仿真优化技术：对 25 吨级牵引车前大灯、前保险杠、导流罩、气喇叭等进行局部空气动力学仿真优化分析，可实现整车风阻系数降低 13% 左右，主要技术有：前保险杠两侧倒圆角并对前照灯重新造型可降低风阻约 1.85%；前保险杠前端弧度增大可降低风阻约 2.74%；脚踏板增加盖板减少车门踏板涡流对风阻的影响，可降低风阻约 0.81%；导流罩优

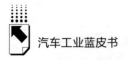

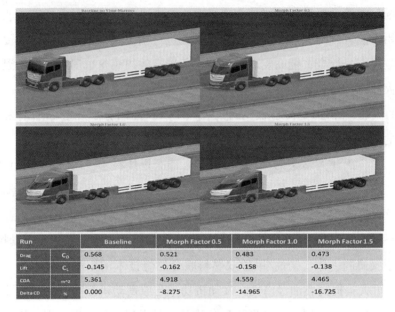

Run		Baseline	Morph Factor 0.5	Morph Factor 1.0	Morph Factor 1.5
Drag	C_D	0.568	0.521	0.483	0.473
Lift	C_L	-0.145	-0.162	-0.158	-0.138
CDA	m^2	5.361	4.918	4.559	4.465
Delta CD	%	0.000	-8.275	-14.965	-16.725

图 2 重卡平台造型优化细节

资料来源：根据企业内部牵引车降阻节能动力学分析报告整理。

化设计减小气流对货箱前端面的撞击，减小货箱前端面的压力，可降低风阻约 0.81%；顶置气喇叭改位置消除气流影响，可降低风阻约 0.64%；采用整体式侧裙板，减少气流通过车底部，可降低风阻约 1.29%（见图 3）。

5-气喇叭改位置   4-导流罩优化

3-脚踏板增加盖板

1-保险杆两侧倒圆角

2-保险杆前端增大弧度   6-加装整体式侧裙板

图 3 重卡平台驾驶室造型优化细节

资料来源：根据企业内部牵引车降阻节能动力学分析报告整理。

　　轻卡的降风阻技术：采用全覆盖式导流罩、添加侧导流板、优化进气格栅、增加前保下导流板、后视镜造型优化、封闭脚踏、前轮挡泥板宽度减小、匹配侧裙板、增加尾翼、增大货箱前端两侧圆角等多种降风阻措施，通过理论分析整体可实现降风阻约20%（见图4）。

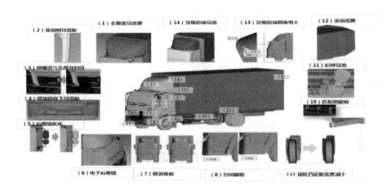

图4　轻卡平台造型优化细节

数据来源：根据企业内部轻卡降阻节能分析报告整理。

（2）风洞测试技术

　　将以上降风阻技术方案均通过55%缩比模型进行风洞试验，对流场仿真结果进行验证。为保证测试结果的准确可靠，原则上缩比模型按照缩比尺寸进行加工，体现所有外观特征；对于影响气动性能较大的外观部件（如车身、货箱外形，后视镜，导流罩、格栅、前保等部件）原则上不允许简化处理；冷却模块的芯体阻力特性与实际一致，外形及管路需体现；发动机及附件小于5mm的特征可适当简化处理，但风扇及风扇罩要按比例体现，风扇要求可设定转速实现旋转。

　　为达成试验目标，需策划20项风洞测试，68条风阻测试、2条烟流测试，试验总时间7小时，其中换件时间4小时，测试时间为3小时。

　　商用车通过降低Cd×A值，可直接体现工况测试节油效果（见图5）。

2. AMT变速器应用

　　随着我国乘用车自动变速器的日益普及，驾驶员的工作强度大幅降低，

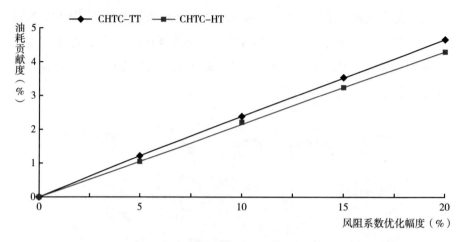

图5　油耗对空气阻力系数变化的敏感度

数据来源：根据企业内部轻卡降阻节能分析报告整理。

近几年商用车也逐步采用了经济实用的 AMT 变速器。商用车为改善 NVH 和降低油耗，普遍采用较低的工作转速范围的柴油机+多挡位变速器，增加了驾驶员换挡操作的频率和强度。AMT 变速器的应用，完美地解决了换挡强度问题，基本保障了发动机在高效工作区域内运行。

为解决换挡顿挫问题，AMT 变速器应用计算机（TCU）系统，提升换挡性能和品质。随着 TCU 存储、计算能力的大幅提升，目前 TCU 完全有能力来进行换挡修正优化。例如，基于离合器摩擦损耗、分离距离和位置偏移，TCU 可以进行自学习，自动调整离合器操作的目标参数；驾驶员选择经济模式、行驶车速（加速度）要求又不高时，TCU 可以根据记忆数据中相近工况（油门开度、行驶车速、发动机喷油量、稳态持续时间等）自动选择油耗最低的挡位进行运行，从而达到节油效果。据测试和统计，在大多数整车使用场景下，AMT 变速器车型比同配置的 MT 车型节油 1.5% 以上。

3. 场景大数据技术应用

现阶段，各整车企业基本实现了远程大数据监控平台建设和使用。平台可以对重点区域市场或典型的客户车辆的运行数据进行处理分析，得到路谱工况或场景特征数据。研发人员利用上述数据可以对发动机标定设置、动力系统配置及载荷、驾驶员操作习惯、油耗分配合理程度等多维度进行分析优化，优化完成后通过台架或实际道路进行摸底测试。使发动机和整车标定最符合客户驾驶习惯和真实应用场景，做到动力匹配最合适、用户车辆运营收益最大化（见图6）。

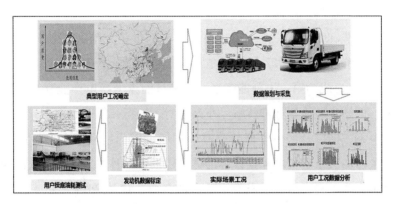

图6 运用大数据分析降低用户使用油耗项目流程

资料来源：根据企业内部大数据场景技术介绍材料整理。

4.网络运营平台应用

营运车辆通过企业产品宣传、平台招揽、咨询加盟等方式加入网络货运平台，由网络货运平台实现分散运输资源的精准配置、零散集约整合，解决了目前货运物流行业普遍存在的长时间等货、运力空驶等突出问题，减少交易链条、降低交易成本，促进物流运输降本增效。

二 电动化技术

（一）行业发展现状与趋势

1.发展现状

在国家"双碳"目标指引下，商用车作为汽车行业助力减碳任务的主战场，正迎来绿色变革的机遇期。2022年我国新能源商用车累计销量30.9

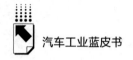

万辆，同比增长 81.7%，创历史新高。

从技术路线结构来看，纯电动商用车销量占比达 97.65%，具有绝对领先优势，插电式混动占比 1.16%，燃料电池占比 1.19%，增程式无量产产品。其中纯电动商用车中，因为具有补能时间短、初始购买成本低等优势，换电重卡受到市场的热捧，据电车资源统计，2022 年换电重卡共销售 12431 辆，同比大涨 285%，其中，12 月换电重卡销量呈井喷式增长，销售 3349 辆，同比暴涨 353%。2022 年，新能源重卡整体销量超 2.5 万辆，换电重卡占比 48.79%，成为第一大补能车型。但是目前重卡换电产业存在一个严重的问题，即缺乏互换性标准体系。车站一对一运行，不能互换，导致重复建设、换电不方便以及区域垄断价格高等问题，成为电动重卡发展的主要障碍。如果能加快重卡换电互换性标准体系建设，早日建成互联互通的换电网络，真正实现车身自由、换电自由、电池自由，预计 2024 年重卡换电产业将迎来爆发期，2025 年换电模式将占绝对的主导地位，可能至少占 70% 以上。

从动力电池技术来看，朝着高能量密度、新材料等方向发展。锂电池通过材料革新、结构优化等实现性能提升，能量密度从 300Wh/kg 提升到 400Wh/kg；三元 9 系高镍电池已在加快研发生产；半固态电池也即将开始装车测试；因具有成本低、耐低温、循环性能较好的优势，钠电池技术被重新重视，相关技术路线也已经基本确定。但在高端新能源材料方面，我国与国外先进水平相比仍存在较大差距。例如，高性能硅碳负极、高端隔膜材料与国际先进水平相比还有较大差距。

从电控技术来看，2022 年车用芯片仍属于"卡脖子"技术，且一直处于短缺状态，关键高端芯片水准不足。一辆新能源汽车需要芯片多达 2000 颗，对于不同的汽车芯片，国内自主率最高的不到 10%、最低的小于 1%。车规级 IGBT 是新能源汽车的核"芯"之一，90% 主要依赖进口，市场主要被英飞凌、三菱、富士电机、ABB 等国际厂商所垄断。

从基础设施技术来看，已经发布超充技术标准，可以做到 5 分钟补电 200 公里，同时已开始部署 350 千瓦的超级快充站，今后几年会加快落地；

慢充方面，有序充电和双向充电技术已研发到位，预计很快开始大规模示范应用。

从整车性能来看，中国新能源汽车冬季性能测试情况有所改善。

2.发展趋势

多种技术路线将长期并存。商用车的新能源化主要取决于应用场景。纯电商用车适用于市政专用车、城市渣土、短倒等短途场景，在城市配送和封闭园区更能发挥优势，且在换电模式支持下，将其应用场景进一步拓展。混动主要应用于高速长途营运，且后续为满足四阶段油耗限值要求，部分高油耗场景会逐步采用混动技术替代。

随着新能源专用平台的出现，整车的工作效率和使用性能进一步提升，与自动驾驶平台同步迭代。当前，由于规模效应不足，大部分新能源商用车都为油改电平台，造成原有柴油车底盘的布置方式限制了电池、电机、电控等新增部件的布局灵活性，底盘空间无法得到有效的应用。未来，基于正向开发的新能源商用车专用底盘将替代油改电平台成为主流。

充换电技术的多样化。未来将加快应用智能有序充电、大功率充电、自动充电、快速换电等新型充换电技术。换电模式有助于解决续航和补能效率等问题，同时叠加车电分离销售模式，可以提升纯电动重卡的吸引力。将加快试点"光储充放"一体化；新能源汽车参与电力现货市场交易、储放绿色电力交易机制将日趋完善。

（二）技术发展路径

1.纯电动

纯电动是新能源商用车的主要技术路线。电驱动能够满足各种功率扭矩需求，相对于传统动力系统，其超过90%的效率远超内燃机。目前除了危化运输和校车禁止使用新能源，续航和成本制约中长途运输应用，其他场景纯电动广泛适用。随着动力电池成本持续下降，能量密度持续提升，先进的动力和储能系统推动电动车在续航、成本、补能便利性、TCO等方面逐步形成优势。预计重型中途牵引和重型中途载货运输在2030年可满足500km

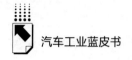

以上，重型长途牵引运输在 2040 年可满足>1000km。

持续提升动力电池、电驱动和电控的性能，实现长续航及快速补能。未来将在以下方面进行突破。

电池材料：三元动力电池将朝着无钴方向发展；高性价比体系将以磷酸铁锂材料为主；钠离子电池将成为低端车型的补充；将进一步研发应用硅碳复合负极材料。

电池能量密度：有望极大地提升固态电池和锂空气电池的能量密度，高镍加硅体系将达到 300~350Wh/kg，固态电池、锂金属电池、高电压阴极将达到 350~500Wh/kg，锂空气电池将达到 500~700Wh/kg。

电池热管理：目前主流的加热方式为热传导，为提高传导效率，高频脉冲加热技术或成为未来主流；目前主流冷却方式为液冷技术，随着长续航、大功率充放电需求增加，对换热效率和降温速率等提出了更高要求，因此高效快速的直冷方案成为研究热点。

电池管理系统：高精度算法是未来的发展方向，分布式和无线化 BMS 将是未来主流方向；从电路结构和成本考虑，被动均衡仍是未来主流；当前人工智能与大数据技术日益成熟，电池管理技术将融入大数据云平台，使得电池的安全性能更佳。

半固态电池：具有生产成本低、循环寿命长、低温性能好等特点，作为液态电池与固态电池的过渡产品，将有一定的应用空间。

电驱动系统：朝少挡化、集成化、高效率、低成本、轻量化的方向发展。其中，驱动电机向小型化、高转速、低成本方向发展；电机控制器向高功率密度、效率、安全性、可靠性方向发展。由于在性能和成本之间难以做到平衡，目前电机和电机控制器产品的技术和工艺水平良莠不齐。电机采用高性能磁钢、高效的油冷结构，提高电磁负荷、转速等，实现小型化、轻量化；采用电磁和稀土永磁优化设计，提高动力电机效率，可达到97%以上；采用低速大扭矩、高速恒功率、宽调速控制，可实现电机调速范围达到1:3到1:4。电机控制器采用高功率密度、深度集成化、控制自适应化及智能化等技术，与电机深度集成，形成搭载域控制器的电驱动总成。

2. 增程式

经济性对于商用车而言尤为重要，增程式可以有效降低动力电池带来的车重增加，具有降本节能的优势。同时，由于增程式电动车有两个电能来源，且增程器运行工况不受整车工况的约束，在整车运行中，电控系统可以根据驾驶员需求、整车各零部件状态和工况信息，进行合理的模式选择和能量分配，以达到节能减排的目的。

未来，增程式电控策略将在以下几个方面进行突破。

通过合理的动力系统参数匹配，使发动机、发电机、驱动电机、动力电池、变速箱等零部件可以运行在各自较经济的区域，同时降低二次转化带来的能耗损失。

通过合理的整车控制策略，如增程器启停、单一维度 SOC 单/多点控制、多维度多点/连续控制、功率跟随策略等，在保证驾驶员行驶需求的前提下提高整车经济性。

通过增程器发动机、发电机的适应性设计及增程器控制器策略的优化匹配开发，减少瞬态油耗。

3. 插电混合动力

插电式混合动力可适用的商用车场景更加广泛，技术路线架构也较多。目前全球商用车已经商业化的主流技术路线架构是 P2+AMT 方案，即在已有 AMT 变速箱基础上增加一个 P2 ISG 电机。该构架的优势是保留传统 AMT，发动机匹配多挡直驱时的效率高，缺点是挡位切换控制算法复杂、频繁切换难度大。此外，还有 P13 或者 P23 组成的串、并、混联方案，采用单模或多模的 ECVT 动力分流也是主要的解决方案。这两大类架构均可以实现节油、无动力中断自动换挡，且通过电机扭矩补偿，可满足整车轮边扭矩需求。

随着动力总成集成化程度和整车控制技术的自主化率越来越高，平台的通用性越来越好，产品迭代越来越快，未来会在以下几个方面进行突破。

进一步提升和扩大混合动力专用发动机的燃烧热效率和高效区范围，采用多种燃烧模式、减小机械摩擦、降低进排气损失等成为主流攻坚方向。

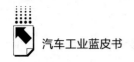

随着混合动力总成构型的研究深入，研发结构紧凑、传动效率更高的新型机电耦合系统，提升系统的效率和可靠性，降低机电耦合机构的成本是重要的研究方向。围绕混合动力总成的平台通用性、全工况适应性、节油效果等开展技术攻关。

基于驾驶员意图和实际道路工况的智能识别混动控制策略是重要的研发方向，力争能够根据外界识别信息输入，结合发动机转速转矩特性，协调分配电机转矩转速特性，实现整车驱动输出的强劲性和平顺性。

开展远程故障诊断和控制策略相结合的功能安全研发，进一步提升整车安全水平。

4. 充换电

电动汽车的补能方式仍是制约其快速发展的技术瓶颈之一，尤其在商用车领域，动力电池电量大，充电时间长，用户使用体验差。虽然通过建立能量回收系统、进行充电站的选址优化与合理布局、搭建更便捷高效的充电网络、充电站点与"互联网+"紧密结合等方法可适当提高使用体验，但从整车技术讲，快充技术与电池包能量密度提高、整体轻量化的紧密结合、协同发展、互为引导仍是重点发展方向。

（1）充电技术

为了满足商用车快速补能的需求，直流快充是商用车补充能量的重要方式之一，大功率的快充技术已经成为发展趋势之一。

国内商用车多采用磷酸铁锂电池，充电倍率低，在重卡车型上最大充电电流也就 600A。目前商用车大功率充电多数采用双枪充电，可达 400A，主流车企如福田、一汽、BYD、徐工、宇通等也在与充电桩企业联合研发大功率单枪充电技术。同步建设充电基础设施和充电网络、发展换电技术。

国外商用车多采用三元类动力电池，充电倍率高，尤其是欧美，一直主张大功率充电，建设大功率充网络，在换电技术方面研究较少。比如 CharIN 联盟推出重型车的兆瓦级直流充电系统（MCS），其设计最大电流为 3000A，最高电压可达 1250V，峰值功率可达 3750kW。MCS 充电模式在 Alpitronic 充电系统和 Scania 电动卡车上进行了演示，能够接收超过 1MW

的功率，在充电桩和电动汽车内部双向液冷的加持下，可以达到 3MW 以上。

高电压快充技术：技术难度不高，但是发热量较大，考验车辆动力电池的散热性能。经过多年发展，高压快充技术日益成熟，安全性也得到大幅提高。目前主流的充电桩电压是 400V 规格，而小鹏 G9 通过车端的 800V 高压 SIC 平台和 480 千瓦的大功率超充桩，可实现充电 5 分钟续航 200 多公里的能力。

大电流快充技术：大电流快充会导致电气系统发热剧烈，对散热要求很高。大功率液冷电缆、液冷插座和充电枪技术将会成为主要的解决方案。

比较上述两种快充技术，大电流充电模式只能在 20%~80%SOC 进行最大功率充电，覆盖范围窄，高压快充技术将成为电动汽车实现快速充电的主要选择。

（2）换电技术

换电模式具有能源补给时间短（与燃油车加油时间相当）、消费者购车成本低（电池成本占整车总成本的比重较大）、电池使用寿命长（换电站集中充电和维护保养）、换电站用地面积小、报废电池回收率高、缓解电网用电压力等优点，同时也面临换电站前期投入成本高、后期运营成本高、换电标准不统一等制约因素。

根据电池的位置不同，换电模式主要分为底部电池更换模式、侧向电池更换模式、端部电池更换模式（电池箱安装在车体前后舱）、顶部电池更换模式（电池箱安装在驾驶室后面）、中置电池更换模式（电池箱安装在车体中轴）。根据电池更换自动化程度不同，换电模式主要分为手动电池更换、半自动电池更换、全自动电池更换。表 1 为部分换电技术路线的对比。

换电模式在商用车领域应用前景广阔，未来换电技术的普及和应用主要路径如下：发展快换连接技术、底盘换电系统、快换电池箱、车辆与换电站的交互技术、电池全生命周期管理、换电站运营管理等多项关键技术；统一电气接口、通信协议的技术标准，实现各品牌互通互换。

表1　换电技术路线的对比

分类	整体单侧换电	顶吊换电	整体双侧换电
换电站站体高度	主体高度与车辆等高（<4.5米）	主体位于车辆上方（>6米）	主体高度与车辆等高
换电时间（分钟）	3~5	3~5	<5
占地面积（立方米）	200	200	>300
定位方式	激光雷达+视觉	减速带机械定位	—
车型适应性	自动校准	司机控制停车前后位置	—
成本	控制系统成本高	控制系统成本低	双机器人成本高
可扩展性	开放式机器人地轨，可接轨加长，增加电池仓，开放站房，不需整改	整体式天轨和站房，固定长度，不能扩展	开放式机器人地轨，可接轨加长，增加电池仓，整体站房需改造

资料来源：根据企业内部材料整理。

三　氢燃料电池

（一）行业发展现状与趋势

1.发展现状

（1）市场规模方面

据统计，2021年全球氢能源汽车销量达16313辆，同比增长68%，截至2021年全球保有量已达49562辆。2015~2022年，我国氢燃料电池汽车产销量逐年增加，2017~2022年全国氢燃料电池汽车产销量复合增长率（CAGR）分别为25.71%和24.34%。2022年全国氢燃料电池汽车产销量分别为4172辆和3885辆，同比增加122.7%和131.4%。2022年上半年受春节、疫情等影响，销量表现一般，二季度月均销量甚至不足百辆。进入下半年，随着主力地区市场形势向好，部分前期延迟订单实现交付，燃料电池汽车销量明显增加，多个月份销量突破500辆。从城市来看，以北京、山东、上海等城市为主，一方面地方支持政策相对全面，可以提供资金支持；另一方面配套设施相对完善，可提供良好的后勤保障。从销售车型来看，以专用车、客车和重卡为主，其中专用车、重卡、客车、物流车、乘用车占比分别为 39%、28%、25%、7%、1%。作为市场关注度较高的"明星产品"——氢能重卡，在 2021 年世界智能网联汽车大会新能源汽车产业发展成果展上，福田汽车的智蓝欧曼液氢重卡展现了当今中国氢能重卡的领先水平。

企业规模方面，近几年燃料电池投资热度升温，我国燃料电池行业的企业数量由几家快速发展到几百家，主要聚集在我国经济、技术实力较强的粤港澳大湾区、长三角和京津冀等地区，全产业链规模以上工业企业超过 300 家。2022 年 11 月 16 日，第二届氢能国际（中国·南海）主题峰会在线上召开，发布了 2022 年全球氢能企业 TOP100 榜单，我国氢能企业占据半壁江山（见表 2）。与国外丰田、现代等燃料电池企业发展路线不同，中国企业主要聚焦商用车领域且已实现量产，氢燃料电池乘用车还处于探索阶段。目前主流企业已初步掌握氢能制备、储运、加氢、燃料电池和系统集成等主要技术和生产工艺，部分区域已实现燃料电池汽车小规模示范应用。

表 2　入围 2022 年全球氢能企业 TOP100 的中国企业

序号	企业名称	序号	企业名称
1	北京亿华通科技股份有限公司	14	深圳市英威腾电气股份有限公司
2	厚普清洁能源股份有限公司	15	潍柴动力股份有限公司
3	丰电科技集团股份有限公司	16	卫星化学股份有限公司
4	滨化集团股份有限公司	17	无锡先导智能装备股份有限公司
5	冰轮环境技术股份有限公司	18	长城汽车股份有限公司
6	东方电气股份有限公司	19	浙江嘉化能源化工股份有限公司
7	杭氧集团股份有限公司	20	中材科技股份有限公司
8	杭州中泰深冷技术股份有限公司	21	中国石油化工股份有限公司
9	吴华化工科技集团股份有限公司	22	中集安瑞科控股有限公司
10	吉林电力股份有限公司	23	中山大洋电机股份有限公司
11	江苏华昌化工股份有限公司	24	航锦科技股份有限公司
12	江苏龙蟠科技股份有限公司	25	诚志股份有限公司
13	山西美锦能源股份有限公司	26	江苏神通阀门股份有限公司

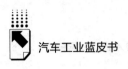
序号	企业名称	序号	企业名称
27	湖南凯美特气体股份有限公司	39	爱德曼氢能源装备有限公司
28	佛燃能源集团股份有限公司	40	国家电投集团氢能科技发展有限公司
29	湖南恒光科技股份有限公司	41	上海捷氢科技股份有限公司
30	宁夏宝丰能源集团股份有限公司	42	上海氢枫能源技术有限公司
31	宝泰隆新材料股份有限公司	43	武汉雄韬氢雄燃料电池科技有限公司
32	隆基绿能科技股份有限公司	44	上海氢晨新能源科技有限公司
33	金能科技股份有限公司	45	广东国鸿氢能科技有限公司
34	洛阳建龙微纳新材料股份有限公司	46	新源动力股份有限公司
35	江苏国富氢能技术装备有限公司	47	广东华特气体股份有限公司
36	上海重塑能源科技有限公司	48	国家能源集团国华投资（氢能公司）
37	上海舜华新能源系统有限公司	49	江苏清能新能源技术股份有限公司
38	上海治臻新能源装备有限公司	50	上海济平新能源科技有限公司

资料来源：公开新闻。

（2）产品技术方面

①燃料电池系统

国内燃料电池供应商产品以车用质子交换膜燃料电池为主，已经具备较强的系统自主研发能力以及生产能力。以亿华通、国氢科技、重塑科技、未势能源等为代表的企业，均具备年产万台燃料电池系统的批量生产能力，且主流产品表现出大功率、高效率、长寿命的特点。在2022年世界新能源汽车大会上，亿华通首次将240kW氢燃料电池系统搭载在福田汽车欧曼重卡上，突破了国内车用燃料电池系统的最高额定功率。

②燃料电池堆

按照双极板类型不同，燃料电池电堆可分为石墨（复合）板和金属板电堆两种，其中石墨板电堆代表企业为国鸿氢能、神力科技、东方氢能等，金属板电堆代表企业为氢晨科技、未势能源、国氢科技等。2017~2021年，国内氢燃料电池电堆出货量从49.6MW快速增长到522.3MW，复合年增长率为80.1%，预计2023年中国氢燃料电池电堆出货量将达到2931.8MW。GGII统计显示，目前国内企业研发生产的电堆功率主要集中在50~150kW。

未来发展方向为高功率密度、长使用寿命、良好的低温启动能力和低成本等。

③膜电极

面对燃料电池的高速发展,国内膜电极企业加速扩张产能。2019年以来,鸿基创能、擎动科技、武汉理工氢电及泰极动力等多家企业的国产生产线先后投产,逐步开启批量化生产步伐。2021年,头部企业鸿基创能完成了百万片下线。当前,我国企业膜电极主要性能已经与国际先进水平接近,甚至部分参数还有超越,如鸿基创能、武汉理工氢电、擎动科技的膜电极产品的功率密度均超过$1W/cm^2$。

④双极板

我国氢燃料电池汽车用双极板市场规模逐年增长,2021年市场规模增长至6.2亿元(见图7),其中石墨(含复合)双极板占49%,金属双极板占51%,中商产业研究院估计2022年我国氢燃料电池双极板市场规模达8.4亿元。2022年上半年,我国市场石墨(含复合)双极板出货TOP5企业为华熔科技、神力科技、弘枫实业、弘竣科技、嘉裕碳素。

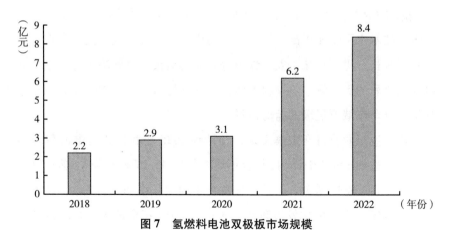

图7 氢燃料电池双极板市场规模

资料来源:共研网数据。

⑤高端材料

我国与国外先进水平相比仍存在较大差距,面临质子交换膜、膜电极、

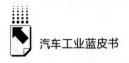

碳纸及储氢材料等关键材料的"卡脖子"问题。

2. 发展趋势

从节约能源和保护生态环境的角度来看，燃料电池是最有发展前途的技术路线。尽管现在燃料电池市场规模有限，但发展前景看好。

根据国家发改委、国家能源局发布的《氢能产业发展中长期规划（2021—2035年）》，预计到2025年燃料电池车辆保有量约5万辆，部署建设一批加氢站，重点推进氢燃料电池中重型车辆应用，有序拓展氢燃料电池等新能源客、货汽车市场应用空间，逐步实行燃料电池电动汽车与锂电池纯电动汽车互补发展模式。同时，国内多地也发布氢燃料电池汽车相关发展规划，据统计各地2025年燃料电池汽车总规划规模已超10万辆。

近年来，在政策推动下，一方面整车TCO逐步平价化，受益于燃料电池规模化发展，我国燃料电池系统及电堆将进入快速降本区间，预计到2025年、2035年系统成本复合年均降幅分别达到16.9%、5.3%，同时氢源价格也是TCO下降的关键因素，预计2030年前后实现与传统柴油车TCO平价。如果燃料电池车辆规模能达到百万量级，TCO相比传统柴油车将具备18%~38%的成本优势。另一方面国内燃料电池堆及系统正向大功率快速迭代升级，技术水平快速提高，燃料电池商用车可补齐纯电动商用车在运营效率、补能时长、里程衰减、安全性能等方面的短板，是解决长途、中重载车辆电动化滞后的更优解。氢燃料电池汽车的优势将撬动国内新能源汽车产业尤其是商业车领域万亿级的蓝海市场。

燃料电池行业或将迎来爆发期，预计到2025年我国燃料电池系统累计装机规模将达到14401MW（按复合年均增长率45.27%计算），燃料电池整体市场规模累计将达到343亿元（按复合年均增长率90%计算），燃料电池汽车产业有望进入规模化发展阶段。预计到2030年全球氢燃料电池市场规模将从2021年的145.73亿美元增长至786.3亿美元。

机遇与挑战并存，为实现燃料电池汽车商业化前景，还需不断提高关键技术的商业可行性及竞争优势。

（二）技术发展路径

燃料电池汽车技术快速发展，并逐个击破不少"绿色运输"难题，如纯电动商用车续航里程短、充电时间长、环境温度适应性差等，受到商用车市场的广泛关注。欧、美、日等国家已基本完成性能开发验证，逐步进入氢能及燃料电池产业化阶段。我国经过多年研究取得了不小进步，但在系统寿命、功率及成本控制等方面，相较国外先进水平仍有一定的差距。

根据我国节能与新能源汽车技术路线图，车用燃料电池技术发展方向已基本明确，除了进一步提升燃料电池发动机、车载氢系统的相关性能外（主要有功率、效率、寿命、成本、可靠性及环境适应性等指标），行业还在逐步探索燃料电池的模块化和系列化、氢燃料电池汽车动力系统混合化、车载能源载体氢气化和来源多样化、氢燃料电池汽车运行规模化等。

1.燃料电池发动机

燃料电池发动机向大功率化、体积功率密度提高、系统成本降低、使用寿命延长方向发展。具体的技术路径包括低功耗空压机技术、阴极膜增湿技术、阳极氢气循环泵回流技术、面向寿命优化的动态运行控制技术、系统综合能量管理技术等（见图8、图9）。

（1）系统大功率化

为适应中重卡动力系统的匹配需求，实现燃料电池系统全功率覆盖整车需求响应，燃料电池系统呈现大功率化发展趋势，根据2022年新能源推荐目录的新增车型，70kW以上系统占83.5%，大功率系统成为市场主流，50~70kW系统车型占比由2021年的32%下降至16.5%，50kW以下系统车型占比由2.8%下降到0，根据DOE测算，氢能重卡将带动系统功率提升至300kW级及以上。

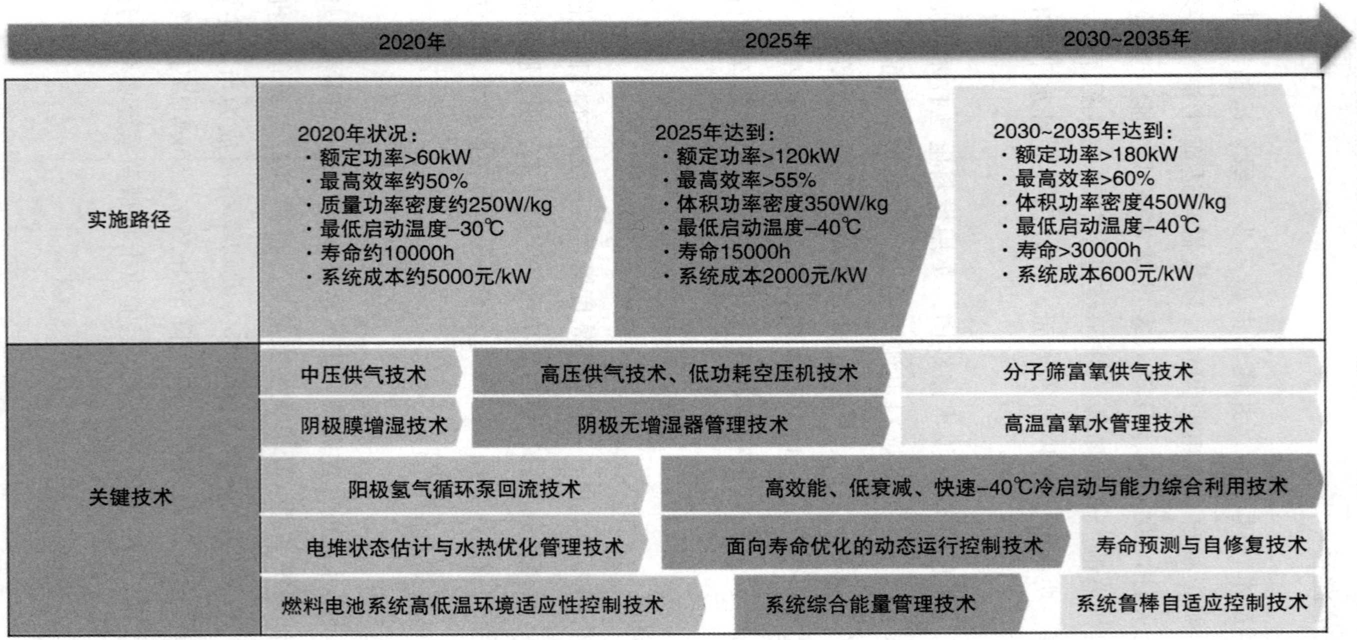

图 8　商用车燃料电池系统技术趋势和市场需求

	2020年	2025年	2030~2035年
实施路径	2020年状况： · 额定功率>60kW · 最高效率约50% · 质量功率密度约250W/kg · 最低启动温度-30℃ · 寿命约10000h · 系统成本约5000元/kW	2025年达到： · 额定功率>120kW · 最高效率>55% · 体积功率密度350W/kg · 最低启动温度-40℃ · 寿命15000h · 系统成本2000元/kW	2030~2035年达到： · 额定功率>180kW · 最高效率>60% · 体积功率密度450W/kg · 最低启动温度-40℃ · 寿命>30000h · 系统成本600元/kW
关键技术	中压供气技术 阴极膜增湿技术 阴极氢气循环泵回流技术 电堆状态估计与水热优化管理技术 燃料电池系统高低温环境适应性控制技术	高压供气技术、低功耗空压机技术 阴极无增湿管理技术 高效能、低衰减、快速-40℃冷启动与动态运行控制技术 面向寿命优化的动态运行控制技术 系统综合能量管理技术	分子筛富氧气技术 高温富水管理技术 寿命预测与自修复技术 系统鲁棒自适应控制技术

资料来源：中国汽车工程学会：《节能与新能源汽车技术路线图2.0》。

		2020年	2025年	2030~2035年
商用车电堆	实施路径	冷启动温度：–30℃ 单堆额定功率>70kW 体积功率密度>2kW/L 寿命：11000h 成本：2500元/kW	冷启动温度：–40℃ 单堆额定功率>70kW 体积功率密度>2.5kW/L 寿命：16500h 成本：1200元/kW	冷启动温度：–40℃ 单堆额定功率>100kW 体积功率密度>3kW/L 寿命：30000h 成本：400元/kW

图9 燃料电池堆技术趋势和市场需求

资料来源：中国汽车工程学会：《节能与新能源汽车技术路线图 2.0》。

（2）零部件国产化加速

100kW 级别燃料电池系统实现装机应用，200kW 级别产品公告指标与国际水平接轨，耐久性待验证，现阶段已实现膜电极制备、双极板、电堆组装、辅助系统的零部件 100% 自主化，膜电极核心材料催化剂、质子交换膜等主要依赖进口，仅少数企业实现了膜电极核心材料的完全自主化。2022～2023 年，我国将逐步提高催化剂、质子交换膜等的国产化渗透率，改变由膜电极核心材料高度依赖进口导致的电堆高成本现状。

2. 车载氢系统

已发布实施 70MPa 储气瓶标准，目前国内主要应用 35MPa 和 70MPa Ⅲ型瓶，而国际市场广泛使用 70MPa Ⅳ型瓶。中国Ⅳ型瓶产品已在量产准备中，在核心材料和部件方面开始导入国产供应商，根据《氢燃料电池汽车车载高压储氢瓶报告》，2023 年我国将具备 70MPa Ⅳ型储氢瓶批量生产能力。70MPa Ⅳ型储氢瓶相较于Ⅲ型瓶具备明显优势：轻量化（客车车顶可以装载 1200～2000 升压缩气体能源）；比Ⅲ型瓶降低 70% 氢耗；公路运输支持 1000 公里续航里程；运营成本比Ⅲ型瓶低 60%～70%。Ⅲ型储氢瓶碳纤维成本占系统总成本的 63%～65%，Ⅳ型储氢瓶碳纤维成本占系统总成本的 77%～78%，碳纤维国产化是储氢瓶降本的关键。国内用于Ⅳ型瓶的碳纤维产品在性能上接近于国际领先水平，在提高批次稳定性后，有望实现国产替代。Ⅳ型瓶的开发技术难度高，存在结构设计、材料加工、长丝束碳纤维批

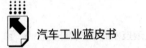

量化、碳纤维缠绕技术等多重门槛，技术瓶颈较高。国内部分企业为加快技术发展，采用技术引进方式涉足Ⅳ型储氢瓶市场，代表性企业有中集安瑞科、佛吉亚斯林达等企业。国富氢能、天海工业、亚普股份、奥扬科技等采用自研方式进行Ⅳ型储氢瓶量产准备。如果到2025年氢燃料电池车辆能达到规划的5万辆规模，车载储氢系统累计市场规模将达到48亿元。

根据国家规划和技术路线图的总体发展思路，氢燃料电池汽车逐步由特定地区公共服务用车领域的小规模示范应用，拓展到城市私人用车、公共服务用车等领域的大批量应用，最终在私人乘用车、大型商用车领域实现百万辆规模的商业推广。在此过程中，进一步提高氢燃料电池汽车的功率密度、低温启动、可靠耐久、使用寿命等性能并降低整车成本，逐步扩大燃料电池系统产能，加快氢供应、运输及加注基础设施建设等，支撑氢燃料电池汽车的产业化发展和多场景拓展应用（见图10）。

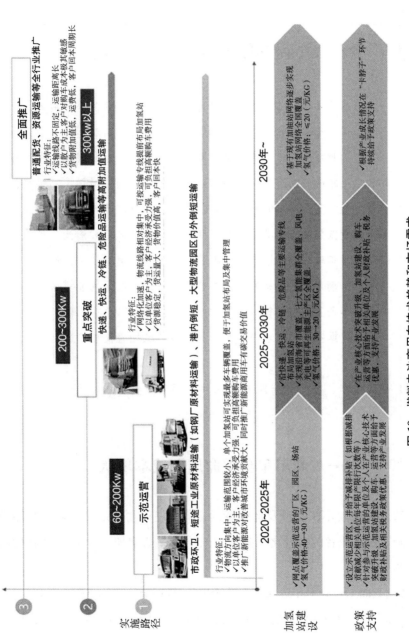

图 10　燃料电池商用车技术趋势和市场需求

资料来源：中国汽车工程学会：《节能与新能源汽车技术路线图 2.0》。

B.8
商用车全生命周期成本研究报告

摘　要： TCO 即全生命周期成本，是产品在所有权周期内的全部成本，可以
指导用户选择更优质的产品和服务，从而降低后续运营费用，带来
更大的收益。TCO 内容主要由初始购车成本、运营成本、意外费用
和二手车残值四个部分构成。随着物流市场对高时效、高里程、高
稳定性等高效需求的增加，高端车型的占有率不断提升，低效的管
理以及低效的车型必然会在高度市场化的环境下被淘汰。目前新能
源商用车较传统商用车已经在 TCO 上具备了竞争优势，后期需不断
提升车辆可靠性、充电换电配套设施密度、电池的能量密度。国内
商用车企业拥有从售前到售后的成本优势，以及在国内市场积累的
深厚数据基础，未来仍然可以在 TCO 领域拥有较强的竞争力。

关键词： 商用车　全生命周期 TCO 成本　运营效益　成本优化

一　商用车全生命周期成本现状

2022 年，油价不断上涨及运价持续走低，使得物流运输行业盈利能力
持续下降。各从业者的精益化和降本增效需求逐渐增加，对于 TCO 管理的
需求也越来越大。

TCO（Total Cost of Ownership）称为全生命周期成本，也称总拥有成本。从英
文定义可以看出，TCO 关注的是产品在所有权周期（Ownership）内的全部成本。

在各厂商的引导下，越来越多的客户清楚地认识到精细管理 TCO 的好
处。随着 TCO 理念在国内的普及，不仅让大型物流企业及车队受益，也给

散户卡友带来了新的启发，TCO 让客户看待优质的产品能够降低后续运营费用，带来实实在在的收益。

TCO 理念诞生的初衷是指导商业运营车队根据运营场景、运输需求选择盈利能力最强的车辆和服务，为车队提供降低运营成本的解决方案，并指导商用车整车企业开展车辆技术路线定义、开发、制造和营销、服务。

TCO 内容构成主要包括初始购车成本、运营成本、意外费用和二手车残值四个部分（见图 1）。TCO 计算模型为：TCO = 初始购车成本+运营成本+意外费用-二手车残值；车辆给用户创造的价值，即盈利 = 总收入-TCO。不同运营场景、不同品牌车型、不同商业模式等因素对 TCO 的影响会使 TCO 构成比例全然不同。

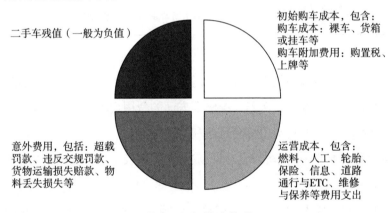

图 1　TCO 内容构成

资料来源：根据网络信息整理。

商用车 TCO 由燃油/电费、路桥、司机、轮胎、维保、折旧、保险等参数构成。其中，燃油/电费、折旧、路桥、轮胎和维保属于变动成本，与公里数呈正相关；随着公里数增长，这几项成本也会增加；而保险和司机属于固定成本，与公里数无关，不随公里数增长而变动。

TCO 各成本项之间不是孤立的，而是相互影响的联动关系。车队的降本策略，不能停留在单点成本的极致压缩，而是需要兼顾多项成本间的关联。通过调节把握整体成本的变化，追求长期的、全生命周期的成本最低。

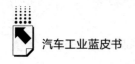

表1 TCO 成本构成

类别	要素	备注
购车成本	购车成本	裸车价格、货箱或者挂车价格、金融服务成本等
	购车附加费用	保险、购置税、上牌、还款利息等
	二手车残值	—
运行成本	燃料/电费	燃油、尿素、充换电等费用
	路桥成本	道路通行与 ETC 等费用
	人工成本	工资、保险、食宿等费用
	其他费用	信息、停车和罚款年检等费用
维护成本	保养成本	维护成本的重点在于合理养护、降低配件价格、减少维护的次数以及所使用的时间
	维修成本	
	轮胎成本	
管理成本	管理车队整体运营所支付的总成本	管理人员薪酬、车队管理系统费用等

同样车型和运输场景下的 TCO 计算，个人用户由于缺乏规模优势，在购车成本、燃油、保险、保养、维修等方面的费用会增加。目前中国货运市场属于微利状态，这些费用将会是盈利的关键点。

四大类成本——购车成本、运行成本、维护成本、管理成本之间存在明显的联动关系。

首先，购车成本的核心不是车辆采购成本最低，而是最优的运行适配度。车辆需要适配运行场景，达到运行成本、维护成本、购车成本三者最低。因此，高购车成本不一定代表整体成本的上升。

其次，维护成本的提升可以帮助运行成本下降。比如在车辆维护上自建团队，通过全面的合理养护来改善油耗、配件消耗速度、故障率、出勤率等指标，运行成本会明显降低，但这不代表整体成本的下降。

最后，管理成本是其他三项成本下降的前提。管理方面的投入，如专业人员、管理系统、新技术等，能够帮助购车成本找到最适配的车型、改善司机驾驶行为以降低油耗、合理养护车辆以减少配件消耗等，降低运行成本、维护成本、购车成本。

所以，管理者在成本管控上，不用追寻每一个点的成本最低；而是需要理清各项成本之间的联动效应，有取舍的进行资源投入，从整体上把握成本（见图2）。

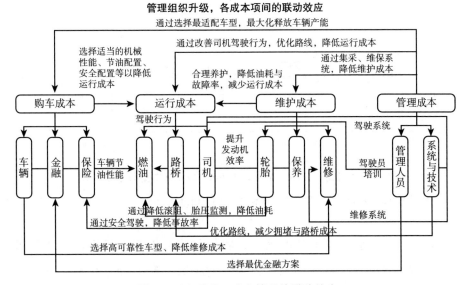

图2 TCO管理：成本管理的联动效应

资料来源：运联智库《2022中国重卡TCO分析报告》。

（一）传统商用车全生命周期成本现状

TCO对比包括车型、技术及配置对比。

1. 车型对比：4.2m、6.8m、9.6m、17.5m

不同车型适用于不同的运营工况。按厢长来分，目前比较常见的厢长就是4.2m、6.8m、9.6m、17.5m四类。

从各车型整体来看，厢长越长TCO就越大。4.2m、6.8m、9.6m、17.5m对应全生命周期公里成本分别为2.22元、2.66元、4.80元、6.64元，对应全生命周期成本分别为71万元、106万元、250万元、663万元（见图3）。

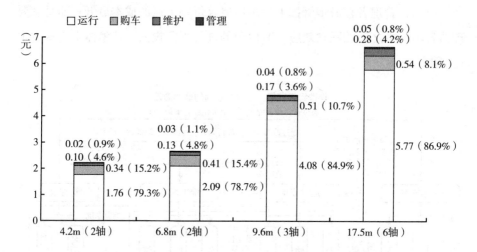

图3 TCO对比：4.2m、6.8m、9.6m、17.5m车型公里成本对比

资料来源：运联智库《2022年中国重卡TCO分析报告》。

但是若从吨公里成本角度来看，厢长与吨公里成本呈反比，厢长越长，装载越大的车型对应的吨公里成本就越低。若4.2m、6.8m、9.6m、17.5m的载重分别按照3吨、9吨、15吨、32吨来计算，可得吨公里成本分别为0.79元、0.29元、0.32元、0.21元。[①] 随厢长提升，车辆的效益也提升。

2.高端车型、中低端车型

高端车型通常体现在动力性、经济性、安全性、舒适性等方面，高端配置对于车队而言不是"浪费"，而是一种"投资"，具备出勤率高、残值高、总收益高、油耗低、维护成本低、客户总体支出低六大特点。随着物流市场对高时效性、高里程、高稳定性等高效需求的提升，高端车型的占有率不断提升，低效的管理以及低效的车型必然会在高度市场化的环境下被淘汰（见图4）。

---

① 注：4.2m、6.8m未计算高速费，导致公里成本、吨公里成本略低。

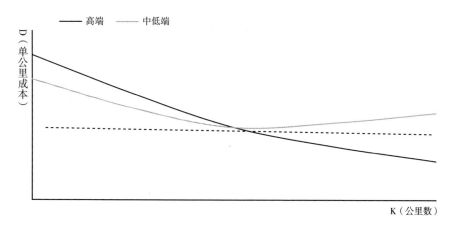

图 4　TCO 对比：高端配置与中低端配置示意

资料来源：运联智库《2022 中国重卡 TCO 分析报告》。

（二）新能源商用车全生命周期成本现状

1. 纯电重卡、燃油重卡

随着商用车企业开始投资新能源汽车技术，新能源商用车较高的前期购置成本以及安装必要的充电基础设施将会成为产品推广中的障碍。然而，新能源商用车，尤其是纯电动商用车相关的较低运营费用可以抵消这些较高的初始成本，新能源商用车是通过运行成本中的燃料降本路线来实现降低TCO 的目的，但商业模式尚未成熟。目前，已经有多家企业意识到在车辆生命周期内购买、运营和维护电动汽车车队的成本将低于柴油或汽油车队。

以纯电动重卡 TCO 与燃油重卡 TCO 为例（见图 5）。相同 6X4 的牵引车，纯电动重卡的购车成本超过 130 万元，是燃油重卡的 3 倍以上；能源消耗上，纯电动重卡每公里消耗电量为 3 度左右，耗电成本为燃油重卡成本的30% 左右；维保上，纯电动重卡维保成本为燃油重卡的 50% 左右。

整体来看，纯电动重卡 TCO 仅为 558 万元，比燃油重卡 TCO 低了约106 万元。但这只是理论数值，当前纯电动重卡仍有三大弱点：电池重量偏重，限制载重量；电池电量偏低，导致运距较短，单位实际续航偏短；配套设施不完善，限制应用推广。

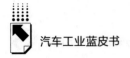

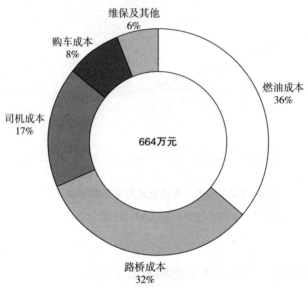

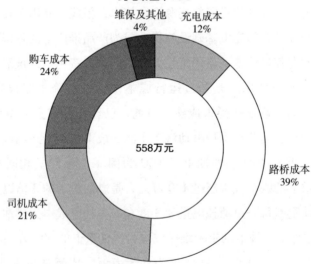

图 5 TCO 对比：纯电动重卡与燃油重卡

资料来源：运联智库《2022 中国重卡 TCO 分析报告》。

目前新能源车在 TCO 上已经具备了竞争优势，只要不断提升车辆可靠性、充电换电配套设施密度、电池能量密度，则未来必然会具备很强的竞争优势。

2. 换电重卡—燃油重卡

根据 GB1589-2016《汽车、挂车及汽车列车外廓尺寸、轴荷及质量限值》，重卡最大总质量为 6 轴 49 吨。在目前电池存储技术没有发生革命性提升之前，新能源重卡就面临行驶里程和载运货物之间的矛盾，如果行驶里程增加到 500~800 公里，则牵引车和挂车都要装载更多的电池，电池的重量甚至高达 10 吨，再减去牵引车和半挂车自身重量 13~14 吨，则装载货物的重量仅为 25~26 吨，相对于轻量化燃油重卡能装载 35 吨，严重制约了新能源重卡的运输效率。虽然美国特斯拉推出了纯电动重卡，但是一直没有商业化，其难点就是无法解决行驶里程和载运货物之间的矛盾。另外，由于目前的电池价格居高不下（约 1100 元/度），按照百公里电耗 180 度计算，行驶 800 公里需要搭载 1440 度电的电池，其电池总价格高达 158.4 万元，这对于任何商用车运营企业而言都是不可接受的现状，成本是制约电动重卡产业化推广的最大障碍。

在多次往返固定线路的运输场景中，换电重卡的 TCO 具备一定竞争力。将换电重卡和燃油重卡按照 TCO 进行计算（见表 2），两者人工费用和高速费用完全一致，则不纳入计算比较，目前新能源重卡维护保养费用尚无权威统计数据，暂时视为两者相同，而且传统燃油重卡的每公里拥有成本会随着车辆增加而缓慢上升，因此新能源重卡更具优势。目前按照每天 600 公里、每年运营 300 天进行计算，换电重卡有两种运营模式，第一种是裸车购买和电池购买，5 年总费用为 254.7 万元，比燃油重卡略高 12.2 万元；第二种是裸车购买和电池租赁，5 年总费用为 313.7 万元。通过两种模式进行计算，换电重卡的 TCO 费用比燃油重卡略高一些，但是换电重卡为节能减排、减少城市污染所作出的贡献远超燃油重卡。因此未来国家将通过采取运营时间放开的方式来促进换电重卡产业化。目前很多城市只允许燃油重卡于 24：00~6：00 在城市道路上行驶，严重制约了其单日运输效率。假设给予换电重卡 24 小时的运营时间，则单日运输效率能够得到有效提升。

表 2 TCO 对比：换电重卡 VS 燃油重卡

TCO 项目	换电重卡		燃油重卡
	电池购买	电池租赁	
裸车购置成本（万元）	45	45	40
电池购置成本	282kwh，约 31 万元，按照 1：3 匹配约 90 万元	每次约 250 元，每日 4 次	—
百公里燃料消耗	约 190 度	约 190 度	35 升
百公里成本（元）	约 133	约 133	约 225
日均成本（600 公里，元）	798	798+1000	1350
年均成本（2 万公里，万元）	23.94	53.94	40.5
五年运营成本（万元）	119.7	268.7	202.5
五年 TCO（万元）	254.7	313.7	242.5

资料来源：根据网络信息整理。

二 商用车运营效益分析

不同细分行业下，TCO 各参数的占比各不相同。例如，快递、快运以干线运输为主，因此燃油和路桥的单公里成本占比最高。与此相对，城配行业的轻卡很少上高速，因此城配行业的单公里路桥费可忽略不计。

以常见的六轴牵引车为样本，将各类运营参数（见表 3）带入 TCO 计算模型中，计算得到一辆年运行 25 万公里的六轴厢货，年成本为 166 万元。以 4 年为限，全生命周期成本为 664.1 万元，平均单公里成本为 6.6 元（见表 4）。

从成本要素看，运行成本占比最高，达到 86.9%，合计 577.2 万元，平均单公里成本 5.77 元；购车成本占比为 8.1%，合计 53.6 万元，平均单公里成本 0.53 元；维护成本占比为 4.3%，合计 28.0 万元，平均单公里成本 0.28 元；管理成本占比为 0.8%，合计 5.3 万元，平均单公里成本不足 0.1 元。

表 3　普通六轴牵引车 TCO 参数

基本参数	购车成本	行驶成本	维护成本	管理成本
六轴牵引车	车+挂 50 万元	百公里油耗 34 升	公里轮胎成本 0.14 元	一线月薪 8000 元/人
总车辆数 100 辆	4 年残值率 15%	集采油价 7 元/升	公里保养成本 0.07 元	总部月薪 1 万元/人
使用年限 4 年	车贷年利率 3.5%	公里路桥成本 2.2 元	年维修成本 1.2 万元	年管理投入 20 万元
年行驶里程 25 万公里	资金占有利率 4%	司机月薪 1.2 万元/人	年其他投入 1 元	年其他投入 0 元

资料来源：运联智库《2022 中国重卡 TCO 分析报告》。

表 4　普通六轴牵引车 TCO 拆解

TCO 拆解	成本项	成本合计（万元）	单公里成本（元）	占比（%）
购车成本	整体车价	50.0	0.50	7.5
	整体利息	3.1	0.03	0.5
	车辆残值	−7.5	−0.08	−1.1
	保险	8.0	0.08	1.2
	合计	**53.6**	**0.53**	**8.1**
运行成本	司机（双驾）	115.2	1.15	17.3
	燃油	238.0	2.38	35.8
	路桥	220.0	2.20	33.1
	其他运行	4.0	0.04	0.6
	合计	**577.2**	**5.77**	**86.8**
维护成本	轮胎	14.0	0.14	2.1
	保养	8.0	0.08	1.2
	维修	5.0	0.05	0.8
	其他维修	1.0	0.01	0.2
	合计	**28.0**	**0.28**	**4.3**
管理成本	一线管理	3.1	0.03	0.5
	总部管理	1.4	0.01	0.2
	管理投入	0.8	0.01	0.1
	合计	**5.3**	**0.05**	**0.8**
总成本		664.1	6.63	100.0

资料来源：运联智库《2022 中国重卡 TCO 分析报告》。

拆到具体成本项来看，前五成本项分别为燃油、路桥、司机（双驾）、整体车价、轮胎，占比分别为 35.8%、33.1%、17.3%、7.5%、2.1%。前五项成本占比合计为 95.8%，前三项成本占比合计为 86.2%。

三 商用车全生命周期成本面临的挑战

（一）商用车 TCO 管理问题

各商用车企业都在积极推动 TCO 的应用，以提升自身竞争力，但是由于 TCO 分析模型没有细化到每一个要素，更没有对每一个要素的发展趋势进行分析，很多细节要素没有被纳入统计，粗略的 TCO 统计结果大致会存在 5% 以上的误差，而目前货运行业的纯利润大致在 5% 以内，因此对 TCO 的精准把控尤为重要。

当前中国商用车 TCO 应用存在大车队客户比例偏低、行业集约化程度较低、很难实现车队管理系统推广和全方位的 TCO 数据收集，国内物流市场饱和、车多货少、物流利润较低、客户的融资成本较高等问题。商用车客户购车时的首要考虑因素依然是购车成本，暂时无法考虑全生命周期成本。无论是组织型客户，还是个体司机，都需要转变以往的成本管理理念，将 TCO 应用到日常的成本管理中，以应对多变的市场环境，实现真正的降本增效。

商用车 TCO 管理，需要有总账思维，更重要的是将不同成本项进行关联管理，不能紧盯着某一个成本项的降低，而忽略车辆全生命周期内所需的各项成本分摊，否则容易忽略保险费、折旧费、员工工资等因素。

（二）商用车 TCO 技术问题

当前物流行业中达到一定规模的物流企业的首要竞争力必然是成本控制能力。物流企业以成本控制为核心，使得服务成本低于市场平均水平，从而提高毛利水平，提升获客能力，形成正向循环。

随着技术的不断升级，车辆的迭代速度加快。但是，采购车辆最终还是要回归现实，降本增效才是车队的第一考量因素。商用车 TCO 必将成为商用车全价值链的第一指标。建议商用车企业尽快建立不同运输场景下的 TCO 要素和计算模型，全方位推广 TCO 理念，相信 TCO 理念也必将为中国商用车高质量发展做出贡献。

目前，大部分中小车队的发展还处于第一阶段，利用成本转移方式进行成本管理；而那些在区域、细分领域内建立起相对优势的企业，已经进入标品管理阶段，包括燃油、轮胎等，但这仅能覆盖部分成本项，缺乏对整体成本的把握。部分大型车队企业已开始从 TCO 的角度进行总成本管理。

四 商用车全生命周期成本优化方案

国际领先商用车企业应用 TCO 理念时间较长，具备成熟的 TCO 管理体系，而国内商用车企业拥有从售前到售后的成本优势，以及国内市场积累的深厚数据基础，未来仍然可以在 TCO 领域形成较强竞争力。

（一）供给端

1. 降低销售价格、金融费用等

商用车企业根据不同类型用户需求，提供定制化车辆，去除冗余配置，实现车辆价格下降的目的。同时，由商用车企业联合金融机构提供成本相对较低的金融方案，为客户降低初始购车成本压力。

2. 推出油耗更低的产品，提供油耗优化方案

整车企业需从整车角度研发更节能的整车产品，根据客户运营场景，提供定制化节油方案，优化动力总成匹配。

3. 采用更加节油、耐用的轮胎

超低滚阻轮胎的加持则让车辆的节油环保性能得以进一步提升，从而提高车辆的经济性、安全性、可靠性、时效性、舒适性等，在保证安全前提下，延长轮胎更换周期。

4. "以养代修"

通过对车辆运营基础数据的收集，可以明确车辆的维保时间，对车辆进行"以养代修"，从而大大降低维修的比例。通过"以养代修"不仅可以节省相关的维修费用，还可以提升车辆的出勤率，为客户创造更大的价值。

（二）需求端

1. 提升管理意识

物流企业需要引入 TCO 管理理念，采用更科学的方式来降低油耗、优化配载、大规模集采等，从而提升车辆的运营效率，基于 TCO 开展决策。

2. 优化车队结构

在目前货运市场低迷期，为了将 TCO 成本控制到最低，物流公司可以在车辆上采用"3∶2"的替换策略，用原有 3 辆普通中低端车型，置换 2 辆高端车型，然后通过合理排班、充分利用高端车型的高可靠性和高耐久性，在保证运营总里程一致、收入相同的情况下，通过降低人员成本、燃料成本等，最终获得更高的利润率。

3. 推进数字化管理

随着国内物流行业不断整合，运力向组织化、规模化方向发展，物流企业和车队拥有或管理的车辆越来越多。当车队的规模足够大、车队管理者的数量足够多时，车队会面临车辆的管理无法靠人员的增加来解决问题。

规模化车队，必须要通过科学管理工具的应用，展现出组织化运力在成本管理上的优势。通过使用车队管理系统，利用数字化、车联网等对车辆的运行、维保进行监管，以提升车队管理水平，优化 TCO。

4. 加强驾驶员培训

良好的驾驶习惯是优秀驾驶员的必备素质，不同素质的驾驶员的油耗差异最大可达 10%~20%。同时，优秀驾驶员可以对车辆进行及时的保养和维护，使车辆处于良好的状态，避免造成车辆不必要的损耗。

　　TCO 理念的普及是一项长期工程，当前国内商用车企业仍需加强对已有车辆运行数据的分析，全面有效地制定整车 TCO 长期规划，从而为用户降本增效提供科学、有效的帮助。

B.9
商用车国六新技术新产品发展报告

摘　要： 本报告介绍了商用车国六主要技术路线，分析了商用车国六产品市场销售结构、区域分布情况，以及国六产品核心零部件及购车使用成本情况等。同时，针对国六产品发展中存在的问题，为商用车国六未来发展提出建议。

关键词： 商用车　国六标准　新技术新产品

一　商用车国六背景

生态环境部发布的《中国移动源环境管理年报（2022年）》指出，2021年全国机动车四项污染物排放总量为1557.7万吨。其中，一氧化碳（CO）、碳氢化合物（HC）、氮氧化物（NOx）、颗粒物（PM）排放量分别为768.3万吨、200.4万吨、582.1万吨、6.9万吨。汽车是污染物排放总量的主要贡献者，其排放的CO、HC、NOx和PM超过90%。

柴油机相比汽油机，具有热效率高和动力性、经济性、可靠性好等诸多优势，广泛运用于各种商用车上。但是柴油发动机对环境污染大，2021年的移动源检测数据显示，柴油车NOx排放量超过汽车排放总量的80%，PM超过90%。同时，商用车使用强度大、运营里程长、污染排放高，整治商用车污染物排放一直是生态环境部的重点工作。

2018年6月28日，生态环境部和国家市场监督管理总局联合发布GB 17691-2018《重型柴油车污染物排放限值及测量方法（中国第六阶段）》，结合GB 19691-2005与之进行对比，国六标准对污染物排放限值要求更加严格（见表1、图1）。

表1 柴油机排放限值对比

阶段	测试循环	排放限值					
		CO(g/kWh)	HC(g/kWh)	NO_X(g/kWh)	PM(mg/kWh)	PN(mg/kWh)	NH_3(ppm)
国五阶段	ESC	1.5	0.46	2	20	—	—
	ETC	4	0.55	2	30		
国六阶段	WHSC	1.5	0.13	0.4	10	8.0×10^{11}	10
	WHTC	4	0.16	0.46	10	6.0×10^{11}	10
	WNTE	2	0.22	0.6	16	—	—
	PEMS	6	—	0.69	—	1.2×10^{12}	—

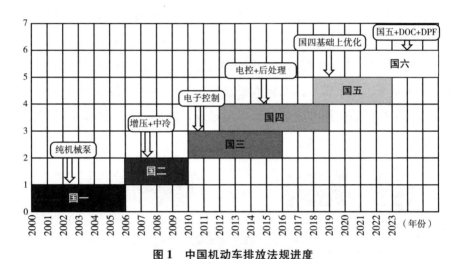

图1 中国机动车排放法规进度

二 柴油机国六阶段技术路线

柴油发动机排放污染物分为气态和固态，气态包括一氧化碳（CO）、氮氧化物（NOx）、碳氢化合物（HC）、非甲烷碳氢（NMHC）、甲烷（CH_4）等气体排放物；固态污染物包括 PM（颗粒物质量）和 PN（粒子数量），主要是碳、冷凝的碳氢化合物、硫酸盐水合物。柴油发动机的主要污染物 NOx 和 PM，其中 NOx 是在高温富氧条件下产生的，PM 是在高温缺氧条件下产

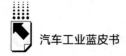

生的，由此可见二者生成的机理明显是相反的。国六发动机后处理装置的设计和功能主要就是为了处理这两大类污染物。

（一）商用车国六主要技术路线

国六阶段常用的技术路线有两条：一条是常规的 EGR 路线，2005 年康明斯公司为了满足欧六标准，研发出 EGR+DOC+DPF+SCR 满足欧六标准排放技术路线。EGR 即废气再循环，顾名思义是把发动机排出来的尾气中的一部分重新回到进气管道里面，二次参与燃烧做功。因为发动机排出去的尾气中氧气浓度可以忽略不计，所以把尾气经过 EGR 引入发动机燃烧室，可以有效降低 NOx 的生成，剩余的 NOx 通过 SCR 催化还原以达到国六限值，颗粒物通过 DOC 和 DPF 将降低到国六限值，最后通过 ASC 捕集没有参与反应的剩余氨气，排出满足国六标准要求的尾气。EGR 路线在北美、欧洲和我国得到了广泛的应用和验证，可以满足现阶段国六标准要求的排放限值（见图 2）。

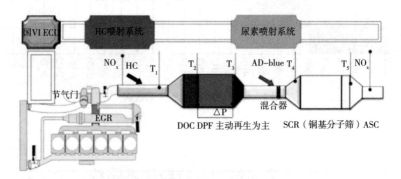

图 2　常规 EGR 路线（EGR+DOC+DPF+SCR）

另一条路线被称作高效 SCR 路线，此系统的原理是使优化燃烧控制颗粒物和氮氧化物的原机排放低于一定限值，通过 DOC 和 DPF 将颗粒物降低到国六限值，再通过高效 SCR 催化还原废气中的氮氧化物以达到国六限值，为防止多余的氨气逃逸，通过 ASC 捕集没有参与反应的剩余氨气，最后排出满足国六标准要求的尾气（见图 3）。

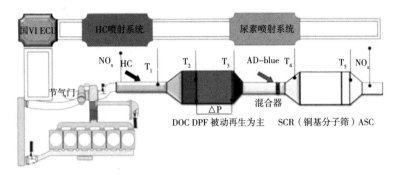

图 3　高效 SCR 路线（DOC+DPF+SCR）

对比国六阶段两种技术路线，其本质区别在于有无 EGR，高效 SCR 路线没有 EGR 系统，代替的是高效 SCR 技术，系统简化、可靠性提高。EGR 路线发动机排放处理效率及柴油机工作稳定性与排放稳定性远高于非 EGR 路线，EGR 的参与带来了排放降低，同时柴油机工作稳定性变好，后处理系统稳定性会更好，而且工作噪声降低，有良好的客户体验（见表 2）。

表 2　两种路线对比分析

类别	常规 EGR 路线	高效 SCR 路线
后处理系统	EGR+DOC+DPF+SCR	DOC+DPF+SCR
原机排放	NOx 低，PM 高	NOx 低，PM 高
动力性	一般	优
经济性	优	一般
尿素消耗	较少	较多
爆发压力	低	高
成本	高	低
排温要求	优	高
排放稳定	优	一般
排放升级	优	差

（二）主流柴油机国六技术路线选择

随着国六标准的实施，国内主流商用车企业和柴油机企业已经做好了充足的产品和技术储备，玉柴、潍柴、锡柴、康明斯等柴油机企业相继发布国六产品，其中玉柴 S、Y 系列发动机均采用高压共轨+EGR+DOC+DPF+SCR 路线，只有少部分 K 系列采用高压共轨+DOC+DPF+SCR 路线。潍柴 WP 系列的国六产品大部分采用 EGR+DOC+DPF+SCR 技术路线。重卡主流企业，如解放、东风、重汽、陕汽等，也陆续研发推出各类国六车辆。整体来看，国内柴油机国六产品技术路线采用 EGR+DOC+DPF+SCR 的形式，与欧美地区欧Ⅵ早期的技术路线一致（见表 3）。

表 3　柴油机国六产品技术路线

品牌	产品型号（部分产品）	技术路线
玉柴	S、K、Y 系列	①高压共轨+DOC+DPF+SCR ②高压共轨+EGR+DOC+DPF+SCR
潍柴	WP 系列	①EGR+HiSCR ②EGR+DOC+DPF+SCR
锡柴	奥威 CA6DL3-35E6	集成共轨+气驱后处理系统
福田康明斯	CM6D18 CM6D28 CM6D30	①EGR+SCR ②电控燃油喷射+双通道 EGR+DOC+DPF+SCR
东风康明斯	ISF4.5X12	DPF+DOC+SCR 一体化

（三）NG 发动机的技术路线选择

天然气发动机排放更加清洁，国六排放技术更简单，目前普遍使用以下两种技术路线：第一种是当量燃烧+EGR+三元催化路线，第二种是当量燃烧+三元催化后处理路线。

（四）国六动力总成技术路线发展趋势

1. 燃烧优化

高爆压+最佳压缩比，对油耗降低贡献可达 0.5%~2%；使用 2500bar 燃油系统，提高喷油压力，提升柴油的雾化质量，降低排放颗粒物，满足法律法规要求。

2.降低系统和附件功耗

全可变排量机油泵，根据油压需求与摩擦需求减少机油排量，以达到精准控制润滑系统的目的，同时减少动力的损耗，但暂无有效的标定控制策略。

3.机械减摩技术，结构优化

曲轴偏置技术，提高充气效率，减少活塞侧向力，从而减少摩擦；低张力活塞环组，降低活塞环张力可有效降低摩擦功。行业内未有28MPa以上爆压使用钢活塞量产的先例，如何平衡活塞环张力与漏气量、机油消耗量之间的关系，需进一步探讨。

4.边界调节优化

低背压、高转化效率后处理系统；双级SCR空间需求大，整车布置存在一定困难。系统超高的NO_x转化效率，造成OBD监控对因子变化极为敏感，故障判别的稳健性差。

5.插电式混合动力汽车(PHEV)

插电式混合动力汽车（PHEV）兼具传统燃油车和纯电动汽车的优点，采用两种以上的能量驱动。各企业产品研究的重点是如何获取最优的能量管理策略，分配动力系统能量流动，使内燃机和电机之间耦合优势得以充分发挥，获得整车最佳性能。优化算法、智能交通系统（ITS）、智能电网、智慧城市和其他网络物理系统的发展必将为PHEV能量管理策略研究提供较大的动力。

6.增程式电动汽车(EREV)

增程式电动汽车（EREV）与PHEV不同，EREV是在纯电动汽车的基础上加装1台小型内燃机，并且与发电机串联集成后共同组成增程器。对于车辆多种工况下的高效需求，EREV常规储能系统的功率分配难以被满足，且能量利用率不足，仍处于较低水平。因此，为解决以上问题，提出一种混合储能系统新管理策略来处理嵌入式电源的大小问题，以延长电池寿命，实现降低成本和优化电动车辆性能的效果。

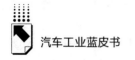

三 商用车国六应用情况分析

（一）国六产品市场概述

2018 年颁发排放标准《重型柴油车污染物排放限值及测量方法（中国第六阶段）》，规定自 2021 年 7 月 1 日起，所有生产、进口、销售和登记注册的重型柴油车将全部实行国六排放标准。由此，自 2019 年起国六重型卡车逐步进入市场，销量逐年增长，2022 年国六重型卡车销量达到 44.5 万辆，三年复合增长率达到 133%（见图 4）。

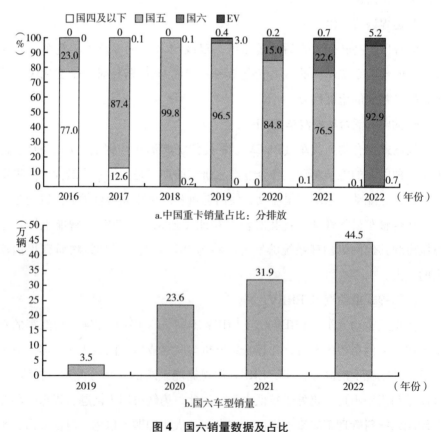

a.中国重卡销量占比：分排放

b.国六车型销量

图 4 国六销量数据及占比

资料来源：保险数据。

受政策分阶段实施的影响，从国六重卡的不同燃料形式来看，2019～2020年以天然气重卡为主，占比达到60%～70%，2021～2022年国六重卡以柴油为主，占比大幅提升，2022年柴油占比已超过90%，销量由2019年的1.1万辆提升至2022年的40.7万辆，复合增长率达到233%（见图5）。

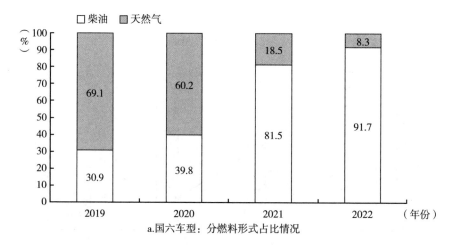

a.国六车型：分燃料形式占比情况

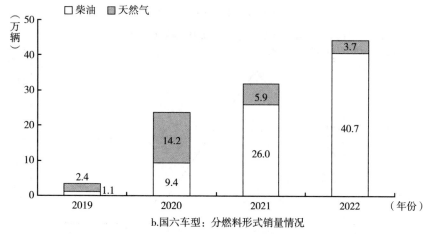

b.国六车型：分燃料形式销量情况

图5　分燃料车型国六商用车销量及占比

资料来源：保险数据。

从国六柴油各车型占比来看，2022年在重卡的四大车型中，牵引车、载货车占比有所提升，而专用车及自卸车占比有所下降，主要是受房地产市场深度改革及基建终端开工不足的影响，其中专用车占比下降主要是由搅拌车销量下滑幅度较大导致（见图6）。国六柴油牵引车占比达到36.7%，份额提升最快；专用车占比为30.6%，份额减少8.3个百分点；自卸车占比为10.5%，份额减少0.8个百分点；载货车占比22.2%，增加0.8个百分点（见图7）。

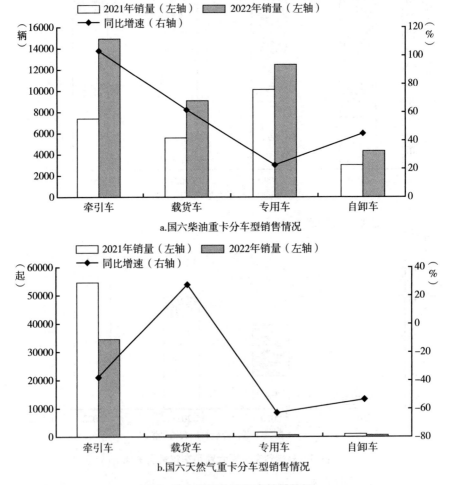

a.国六柴油重卡分车型销售情况

b.国六天然气重卡分车型销售情况

图6　分车型国六商用车销量数据

资料来源：保险数据。

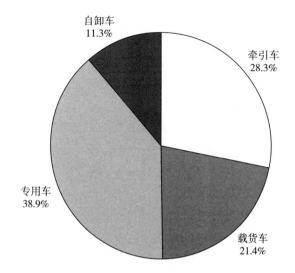

a.2021年国六柴油各车型占比

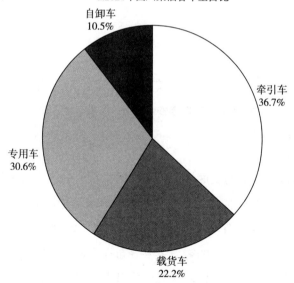

b.2022年国六柴油各车型占比

图7 2021~2022年分车型国六商用车销量占比

资料来源：保险数据。

从终端成交的保险数据来看，东风国六重卡终端销量领先，一是东风国六库存储备少，库存压力小，轻装上阵推出国六产品，抢占第一波市场；二是东风康明斯率先推出国六柴油发动机并迅速占领市场。从竞争格局来看，东风、解放、重汽的销量相差不大，市场前五名企业占比约85%，市场集中度相对不高，竞争格局尚不稳（见图8）。

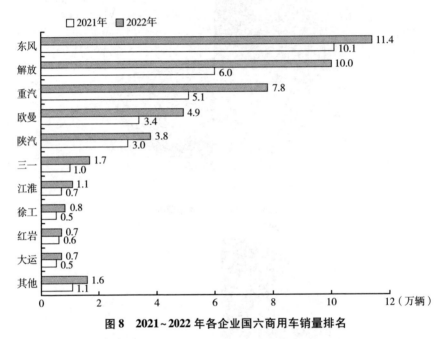

图8　2021~2022年各企业国六商用车销量排名

资料来源：保险数据。

随着国六排放标准的全面切换，选择国六重卡的客户越来越多，从区域销量来看，选择国六柴油重卡的客户主要是追求运输时效的快运物流公司，这些客户主要分布在环保要求比较严格的山东、河北、河南、山西、广东等。而选择国六天然气重卡的客户主要分布在山西、陕西、新疆、河北等资源型市场，主要是因为这些区域燃气价格具有相对优势，燃气配套设施相对完善，同时环保要求比较严格。

从发动机搭载情况来看，国六重卡主要搭载潍柴、康明斯、锡柴、玉柴、重汽发动机（见图9），前五名占比达到88.8%，发动机市场竞争格局趋于稳定，排名靠后的发动机企业很难获得较大市场突破，一些聚焦低端市场的长尾企业即将被淘汰与整合。

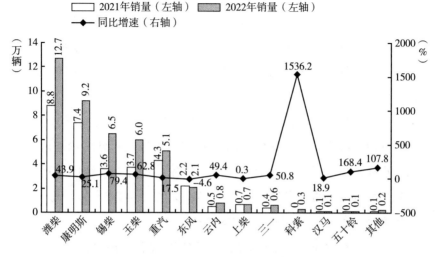

图9　2021~2022年国六发动机企业搭载情况

资料来源：保险数据。

（二）国六产品成本分析

国六排放标准实施后，国六产品核心零部件的产品质量、后处理系统维护成本和尿素喷射比例提升等因素会给 OEM 厂商和用户带来诸多影响。

1. 发动机核心部件成本呈上升趋势

鉴于汽车行业核心零部件依赖进口的现状，尤其是发动机的核心零部件 ECU 和喷油泵，基本完全依赖博世公司，国六排放标准实施后，各发动机生产企业对 ECU 和喷油泵的需求量急剧上升，叠加疫情影响，核心零部件存在缺货风险。与国外先进公司的产品相比，国产产品在性能、功能、质量及一致性上还存在一定的差距，成本优势也不明显，如高压共轨系统，国外成熟产品最高工作压力均已经达到 2500bar，甚至有产品可达到 2700bar；而国内工作压力为 1600~1800bar、2000bar 及以上产品还处于开发阶段。

2. 购车和使用及维修成本增加

柴油车从国五排放升级到国六排放，除了发动机本身需要进行技术升级

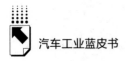

以达到国六的技术门槛外，后处理系统需要在原有的 SCR 选择性催化还原技术的基础上增加 DOC 柴油氧化催化器、DPF 颗粒捕捉器和 ASC 氨过滤器等，这将同步提升国六车辆售价，用户购车成本增加 2 万~3 万元。

由于国六后处理催化剂比国五催化剂对硫更敏感，国六车型对油品要求极高，一般要求含硫量最高不超过 10ppm，如采用不满足国六标准的高硫柴油，会导致后处理系统因硫中毒而失效；劣质柴油还会引起高压油泵、喷油器等高压共轨系统零部件的损坏进而导致 DPF 堵塞，后处理堵塞后维护成本高昂，更换成本更是高达几万元。国六产品关键零部件集中于后处理系统，后处理服务成本占整车售后成本的 10%以上，维修成本非常高。

3.国六燃气车具有一定的运营成本优势

由于国六天然气车辆整个后处理系统比国六柴油车简单，后期运营成本低。虽然国六燃气车在购置成本上高于国六柴油车，但从长期运营来看，LNG 则有明显优势，在气价相对稳定的前提下，燃气车每公里消耗燃料成本相对于柴油车而言具有明显的优势，同时燃气车不需要使用尿素。国六天然气车辆由稀薄燃烧变为当量燃烧之后，气耗较国五阶段有了一定程度的增加，但是整体来看，运营成本仍将优于柴油车辆，在天然气资源相对丰富的地区，对于一些路线相对固定且沿途加气站密集分布、有足够的年行驶里程的用户而言，使用天然气车辆有着明显的优势。

四　商用车国六产品发展建议

（一）商用车国六产品发展存在的问题

1.关键零部件的"卡脖子"问题

核心零部件如 EGR 和增压器等严重依赖于国外供应商，国产零部件的性能和可靠性与国外供应商相比还有一定差距。目前，国际形势复杂，供应链存在脱钩风险，核心零部件受制于人给国六商用车的发展带来了巨大的不确定性。同时，国外零部件价格高昂，导致国内整车企业利润微薄。

2. 国六燃油车售后成本问题

国六产品关键零部件集中于后处理系统，对燃油品质要求较高，后处理服务成本占整车售后成本的 10% 以上。但当前技术水平不支持车辆使用者快速直观地鉴别油品质量，而燃油供给站的油品差异大，加上客户用油习惯需要一定的时间养成，早期容易高频发生后处理中毒故障，维修成本非常高。

3. 天然气车扩大使用范围存在的问题

（1）加气站总量不足，分布不均

我国天然气加气站保有量居全球第一且逐年增加，但总量仍然不足，且分布极不均衡。从全国 LNG 加气站整体分布来看，我国华北及华东沿海地区是分布最集中的区域，与下游消费区域吻合；而河北、新疆和山东等地则是分布数量较多的区域，其余省份的加气站数量相对较少。加气站数量少，加气站供气保障能力不足，加气成本高，将影响天然气在汽车领域的使用。

（2）车用天然气气价不稳定

为了鼓励天然气在汽车领域的使用，应当保持车用天然气相较于成品油的价格优势。但是，由于天然气市场供应不稳定，车用天然气价格经常出现波动。2020 年 12 月内 LNG 六连涨，终端售价接近 11 元/千克，与夏季时最低的 2.5 元/千克相差甚巨。不断上涨的天然气价格导致天然气卡车燃料使用成本优势荡然无存，很多运输公司被迫选择停运。2022 年也鲜有低于 6 元/千克的时候，进入 2023 年，LNG 燃气价格呈现明显下滑趋势，2023 年 4 月燃气价格下滑到 4.8 元/千克以下。天然气气价不稳定，导致天然汽车市场需求波动。

（3）车用天然气保障能力不足

尽管我国的天然气储量较大，但是开采量仍难以满足使用需求。我国天然气储备能力不足，冬季用气高峰时需要优先保证居民用气，因此在发生"气荒"时会出现无气可供的局面，导致天然气车辆营运中断，使用户遭受更大损失，降低了天然气汽车的吸引力。

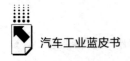

（4）部分区域天然气成分不符合国家标准

部分区域天然气成分不符合国家标准，如新疆部分地区，使用气田气和私人添加丙烷，导致发动机失火和爆震，影响驾驶性和发动机可靠性，使用户遭受损失。

4. 企业产品持续升级，投资收益短期内无法平衡

受国六车辆排放指标影响，发动机的技术要求也格外严格，使得国六发动机的开发成本高昂，结合标定、样车匹配、公告认证等费用，实力较弱的小企业在国六开发和配套上将举步维艰。

（二）商用车国六产品发展建议

1. 协同创新，加强关键技术开发

加强整车和零部件企业在国六产业链条上的战略合作，针对发动机和后处理关键技术，协同创新，逐步攻克，保障我国商用车国六供应链安全稳定。

2. 加强燃油、尿素品质监管

国六车型对于油品有较高的要求，没有按照规定加注符合标准的燃油，会对国六发动机和后处理系统造成灾难性影响。目前，国内还有相当一部分加油站为节省成本、追求利润，私自采购、销售劣质油品。政府相关管理部门需要加强油品质量监管，保证国六燃油供应的落实到位；同时，要严厉打击生产、销售、储存和使用劣质车用燃油行为，依法追究相关方责任，从源头上杜绝"小油"的流通。同时，润滑油、车用尿素溶液对国六排放有较大影响，需要主管部门加强监管。

3. 积极鼓励推广燃气车

强调需求引导，统筹布局建设加气站，鼓励投资多元化，有序推进加气网络建设，增强供气保障能力。

参考成品油调整机制，制定 LNG 价格调整机制，形成更能反映市场供需情况的天然气基准价格，维持天然气价格相对稳定。

　　将天然气储备建设纳入战略储备机制，加强地下储气库/大型 LNG 接收站和储罐扩容、城燃企业和地方政府联合开展的 LNG 卫星站等储备能力建设，保障居民用气与天然气车辆营运需求。

　　针对天然气成分不符合国家标准的区域，要求按国标要求进行规范加工，同时加强监管。

B.10
商用车智能网联发展报告

摘　要： 当前智能网联汽车成为全球汽车产业发展的重要方向，商用车是
　　　　智能网联市场运营的重点。本文基于车联网业务、智能汽车技术、
　　　　产业化发展、标准法规和政策等方面，就商用车智能网联发展进
　　　　行了综合梳理和分析。研究表明，2022年商用车车联网形成了以
　　　　数据、定制化服务、后市场为主体的业务链，以政策引领、企业
　　　　多方合作、产业生态为核心的发展趋势；商用车智能网联在标准
　　　　政策、降本增效的影响下，技术应用逐渐成熟，限定场景下的自
　　　　动驾驶市场化效果明显，未来具有巨大的市场增长潜力。

关键词： 商用车　车联网　智能网联　标准政策　市场　技术

一　商用车车联网发展

（一）商用车车联网主要业务及规模

中国商用车车联网市场正在经历从政策驱动向市场需求驱动的逐步转
型，未来受关键技术发展、下游行业需求、产业链相关企业积极参与等影响
将有效推动其快速发展。预计2025年，中国商用车车联网硬件及服务市场
规模将达到806亿元，年均复合增长率为28%。

商用车车联网主要依托智能终端设备采集整车数据，触达终端客户，以
开展商业化业务运营，从事车联网商业化运营的单位以主机厂为背景的数据
服务公司、第三方IoT设备生产制造商、互联网运营平台公司为主体，依托

各自的优势资源加快向市场渗透。

1. 数据为整车智能制造赋能

通过车联网数据为车企提供基于车辆的数据并反哺服务运营，帮助车企强化整车市场竞争力、改善车辆质量性能、提升车辆生产效率。

2. 开拓后市场生态圈

后市场以服务 C 端用户为主，通过连接车辆后市场的车辆配件商、广告商、能源服务商、保险公司、运输企业、IoT 设备厂商、二手车服务商等生态伙伴，盘活各生态链条合作伙伴业务，共同打造后市场生态圈业务，形成生态圈内的产业互联形态。

3. 细分行业的定制化服务

车联网为细分行业提供基于特定运输场景的冷链运输、商砼运输、渣土运输、大宗货物运输、港口短运、新能源运输等的定制化综合解决方案。

国内早期商用车车联网是为了满足政府对车辆动态监管的政策法规要求而产生并发展壮大，如卫星定位装置（包括北斗系统）的安装推动其渗透率迅速提升，带来了大量用户。政策监管需求和技术进步共同推动中国商用车车联网渗透率快速提升（见图1）。2022 年中国商用车车联网市场预计渗透率达到 81.2%。

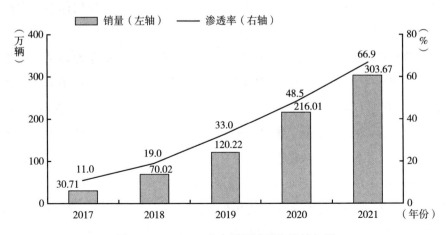

图 1　2017~2021 年车联网渗透率及销售量

国内主要商用车主机厂通过自主研发或合作开发的形式布局车联网,覆盖司机端、车队端、产销端和服务站端,提供位置信息、导航、行程分析等服务。

同时,行业基于数字化基础,紧跟智能化升级大潮,一方面商用车主机厂基于采集的人车路货场数据,实现对终端客户的精准营销和精准服务。另一方面商用车主机厂和解决方案公司发力汽车智能化,使智能座舱、智能驾驶等设备逐步上车,从而提升车辆的科技感、安全性和驾驶体验。此外,在细分场景下,基于封闭园区的商用车智能化,以及车路协同、数字孪生等技术的应用,有望率先实现无人化,助力行业降本增效。

(二)商用车车联网发展趋势

1. 顶层政策引领行业发展

近年来,国家相关管理部门按照《关于积极推进"互联网+"行动的指导意见》,积极开展车联网技术研发和标准制定工作,加快技术研发、应用及标准化;工信部出台新能源商用车车载终端搭载要求,新能源商用车必须搭载符合要求的终端并建立监测平台;2018 年 12 月,工信部印发《车联网(智能网联汽车)产业发展行动计划》,提出到 2020 年具备高级别自动驾驶功能的智能网联汽车实现特定场景规模应用,车联网综合应用体系基本构建,用户渗透率大幅提高。

2022 年 1 月,国务院印发《"十四五"现代综合交通运输体系发展规划》,提出要完善设施数字化感知系统,推动既有设施数字化改造升级,加强新建设施与感知网络同步规划建设。在智能交通领域开展基于 5G 的应用场景和产业生态试点示范。推动车联网部署和应用,支持构建"车—路—交通管理"一体化协作智能管理系统。

2022 年 3 月,工信部印发《车联网网络安全和数据安全标准体系建设指南》,提出到 2023 年底初步构建起车联网网络安全和数据安全标准体系。重点研究基础共性、终端与设施网络安全、网联通信安全、数据安全、应用服务安全、安全保障与支撑等标准,完成 50 项以上急需标准的研制。

　　2022 年 7 月，《"十四五"全国道路交通安全规划》发布，深化道路交通联网联控技术应用，推进城市交通精细组织，加快部署 C-V2X 网络，推动交通设施网联化改造，加强交通信号联网联控。研发推广机动车和非机动车电子标识等技术，构建车辆数字身份注册认证体系，推动可信数字身份在车联网、自动驾驶技术等方面的应用。一系列政策的发布为车联网业务的发展提供了准确指引和运作保障（见表 1）。

表 1　我国车联网建设重点政策

时间	政策	政策内容
2022 年 11 月	《关于开展智能网联汽车准入和上路通行试点工作的通知(征求意见稿)》	遴选符合条件的道路机动车辆生产企业和具备量产条件的搭载自动驾驶功能的智能网联汽车产品,开展准入试点
2022 年 10 月	《道路机动车辆生产准入许可管理条例(征求意见稿)》	生产智能网联汽车的企业应当具备车辆产品网络安全、数据安全保障能力;智能网联汽车产品同时应当符合预期功能安全、网络安全和数据安全相关标准、技术规范要求
2022 年 9 月	《国家车联网产业标准体系建设指南(智能网联汽车)(2022 年版)》	智能网联汽车标准体系形成"三横两纵"的核心技术架构,完整呈现标准体系的技术逻辑,明确各项标准在智能网联汽车产业技术体系中的地位和作用
2022 年 8 月	《自动驾驶汽车运输安全服务指南(试行)》	在点对点干线公路运输、具有相对封闭道路等场景使用自动驾驶汽车从事道路普通货物运输经营活动。审慎使用自动驾驶汽车从事道路旅客运输经营活动。禁止使用自动驾驶汽车从事危险货物道路运输经营活动
2022 年 7 月	《"十四五"全国道路交通安全规划》	深化道路交通联网联控技术应用,推进城市交通精细组织,加快部署蜂窝车联网(C-V2X),推动交通设施网联化改造
2022 年 3 月	《"十四五"交通领域科技创新规划》	大力发展智慧交通,推动云计算、大数据、物联网、移动互联网、区块链、人工智能等新一代信息技术与交通运输融合,推动 5G 通信技术应用,实现重点运输通道全天候、全要素、全过程实时监测
2022 年 3 月	《车联网网络安全和数据安全标准体系建设指南》	到 2023 年底,初步构建起车联网网络安全和数据安全标准体系。重点研究基础共性、终端与设施网络安全、网联通信安全、数据安全、应用服务安全、安全保障与支撑等标准,完成 50 项以上急需标准的研制

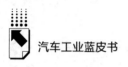
续表

时间	政策	政策内容
2022 年 1 月	《交通领域科技创新中长期发展规划纲要(2021—2035 年)》	加快新一代信息技术在交通运输公共服务领域的应用,促进道路自动驾驶技术研发与应用,推动自动驾驶、辅助驾驶在道路货运、城市配送、城市公交的推广应用
2022 年 1 月	《关于开展网络安全技术应用试点示范工作的通知》	提出面向在线升级(OTA)、远程诊断监控、自动驾驶、车路协同、智慧交通等典型场景,针对智能驾驶系统、联网关键设备、网络基础设施、车联网服务平台等网络安全需求,在轻量化防护、安全认证、数据合规、威胁监测、应急处置、检测评估等方面的安全解决方案
2022 年 1 月	《"十四五"现代综合交通运输体系发展规划》	完善设施数字化感知系统,推动既有设施数字化改造升级,加强新建设施与感知网络同步规划建设。在智能交通领域开展基于 5G 的应用场景和产业生态试点示范。推动车联网部署和应用,支持构建"车—路—交通管理"一体化协作智能管理系统
2021 年 7 月	《5G 应用"扬帆"行动计划(2021—2023 年)》	建立完备的 5G 与车联网测试评估体系;支持创建国家级车联网先导区,推动车联网基础设施与 5G 网络协同规划建设
2021 年 2 月	《国家综合立体交通网规划纲要》	加强交通基础设施与信息基础设施统筹布局、协同建设,推动车联网部署和应用,加强载运工具、通信、智能交通、交通管理相关标准跨行业协同
2020 年 9 月	《关于扩大战略性新兴产业投资培育壮大新增长点增长极的指导意见》	稳步推进物联网、车联网、大数据、云计算、区块链等技术集成创新和融合应用,加大车联网车路协同基础设施建设力度 围绕 5G、人工智能、车联网、大数据、区块链、工业互联网等领域,在具备条件的集群内试点建设一批应用场景示范工程;支持集群聚焦新兴应用开展工业互联网、车联网、物联网等新型基础设施建设
2020 年 8 月	《关于信贷支持县城城镇化补短板强弱项的通知》	支持新一代信息基础设施建设项目,包括建设 5G 网络、物联网、车联网和骨干网扩容等
2020 年 8 月	《关于推动交通运输领域新型基础设施建设的指导意见》	结合 5G 商用部署,统筹利用物联网、车联网、光纤网等,推动交通基础设施与公共信息基础设施协调建设 协同建设车联网,推动重点地区、重点路段应用车用无线通信技术,支持车路协同、自动驾驶等

时间	政策	政策内容
2020 年 7 月	《国家车联网产业标准体系建设指南(智能交通相关)》	加快自动驾驶和车路协同技术应用,推动国家车联网产业标准体系建设
2020 年 5 月	《2020 年工业通信业标准化工作要点》	聚焦 5G 网络与应用、车联网(智能网联汽车)等重点领域
2020 年 3 月	《关于推动 5G 加快发展的通知》	加快 5G 网络建设、促进"5G+车联网"协同发展等
2018 年 12 月	《车联网(智能网联汽车)产业发展行动计划》	2020 年后,高级别自动驾驶功能的智能网联汽车和 5G-V2X 逐步实现规模化商业应用,"人—车—路—云"实现高度协同
2017 年 12 月	《国家车联网产业标准体系建设指南(智能网联汽车)》	加快构建智能网联汽车标准体系,充分发挥智能网联汽车标准在车联网产业关键技术、核心产品和功能应用方面的基础支撑和引领作用
2017 年 4 月	《"十二五"现代服务业科技创新专项规划》	发展以智能网联汽车为核心的智慧交通服务业
2016 年 9 月	《智能硬件产业创新发展专项行动(2016—2018 年)》	推进智能操作系统、北斗导航、宽带移动通信、大数据等新一代信息技术在车载设备中的集成应用,丰富行车服务及车辆健康管理、紧急救助等车辆联网信息服务

2. 多方协同促进产业升级

(1) 供应商产品智能化

随着客户需求变化、产业升级趋势,供应商不断升级智能终端设备,部标终端由 2G、3G 升级为 4G,新国标终端、ADAS、LDWS、FCW、EBS、DMS 等设备不断出现,环保排放终端、新能源终端实现前装,越来越多的设备由后装转为前装,终端设备逐渐向更加智能化的方向发展,可采集的车辆数据也越来越丰富。

(2) 主机厂车联网应用场景深化

随着车辆电气化加快、智能终端设备的升级,车联网数据种类越来越丰富,同时大数据技术的支撑,使得商用车车联网数据能够应用的范围更加广泛,能够服务的客户类型愈发明确,主机厂车联网的应用场景进一步细化。

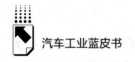

主机厂车联网由以单一的面向主机厂提供保内服务逐步向外拓展其服务内容，如向车辆监管单位、车辆运营单位提供细分场景的车辆监控服务，向物流运输大客户、物流运输的中小客户提供全方位管车服务。

（3）第三方运营平台数字化

随着车联网业务规模的日益壮大，越来越多的第三方凭借数据技术优势渗透至车联网产业，抢占车联网市场。数据公司通过独特的数据分析、处理、计算、挖掘、运维等能力，使车辆数据进一步场景化应用，将优质的产品进行精准匹配和融合（如智能轮胎、货源产品、PCC 节油设备等），实现主机厂车联网数据价值的最大商业化。

智能设备厂商、主机厂车联网公司、第三方运营平台除了独立发挥其在各自领域的优势外，也进行了商业化尝试，在特定场景项目中由设备厂商提供智能终端设备、主机厂车联网提供车联网数据、第三方运营平台提供技术和产品支持，共同发力、强强联合，实现三方共赢；并发挥各自优势，实现资源整合，促进车联网业务发展。

3. 路侧感知与计算形成产业生态

2020 年 8 月出台的《关于推动交通运输领域新型基础设施建设的指导意见》明确指出泛在感知设施在交通运输行业深度覆盖；同月出台的《车联网路侧设施设置指南》明确规定了基于 C-V2X 的车联网道路交通环境下车联网路侧设施的设置，进一步促进路侧和云端设备标准的统一。

目前，路侧感知设备主要有摄像头、激光雷达、毫米波雷达等，行业主流企业在路侧感知系统领域有着较完善的布局，产品线覆盖感知、传输、计算三个系统；路侧感知设备在实际铺设过程中可以直接装配在红绿灯杆、智慧杆等设备上；单一感知设备具有一定的局限性，为了能实现更精确、更丰富的道路环境信息全天候感知，国内厂商已经开始积极探索多传感器融合方案。

车联网基础设施建设提速，典型区域开展规模化部署。网络连接基础设施加速覆盖，赋能汽车与交通。车联网新型基础设施呈现种类多、规模大的特点，促进了要素全面连接、信息高效处理、状态全面感知。5G 与 C-V2X

直连通信融合部署；电信运营商积极探索面向车联网应用的 5G 网络关键技术和解决方案。另外，自动驾驶、辅助驾驶等功能测试需求逐渐多元化，带动智能网联封闭测试场能力升级。

二　商用车智能网联推广发展研究

（一）商用车智能驾驶增长潜力

1. 标准政策激发持续性增长

（1）智能驾驶标准体系不断完善

交通部 2018 年起对营运车辆的前向碰撞预警、车道偏离预警和自动紧急制动系统做了强制检测规定，现商用车标准法规已从单向控制逐步往横纵向控制发展，除规范车辆本身的行为以外，对生物识别、间接监测等监测驾驶员行为技术及系统，如间接视野及驾驶员注意力监测等做了相关规定，L2 国内外标准已全面覆盖，智能驾驶发展获得阶段性成就。2023 年将成为中国智能网联 L2 级车辆的"规模化发展之年"（见表 2、表 3、表 4）。

表 2　国际标准对比：纵向预警及控制

类型	前向碰撞预警（FCW）	自动紧急制动（AEB）	智能速度辅助（ISA）
GB/JT	JT/T 883-2014 营运车辆行驶危险预警系统技术要求和试验方法 GB/T 33577-2017 智能运输系统车辆前向碰撞预警系统性能要求和测试规程	JT/T 1242-2019 营运车辆自动紧急制动系统性能要求和测试规程 GB/T 38186-2019 商用车自动紧急制动系统（AEBS）性能要求及试验方法	GB/T 汽车智能限速系统性能要求及试验方法（报批）
ECE	—	Regulation No. 131 Uniform provisions concerning the approval of motor vehicles with regard to the Advanced Emergency Braking Systems	EU 2021/1958 motor vehicles with regard to their intelligent speed assistance systems and for the type-approval of those systems as separate technical units

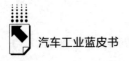

续表

类型	前向碰撞预警（FCW）	自动紧急制动（AEB）	智能速度辅助（ISA）
ISO	ISO 15623：2013 Intelligent transport systems-Forward vehicle collision warning systems-Performance requirements and test procedures	ISO 22733：2021 Road vehicles-Test method to evaluate the performance of autonomous emergency braking systems	—

表3　国际标准对比：横向预警及控制

类型	车道偏离预警（LDW）	车道保持辅助（LKA）
GB/JT	GB/T 26773－2011 智能运输系统车道偏离报警系统性能要求和测试方法	GB/T 39323－2020 乘用车车道保持（LKA）系统性能要求及试验方法 JT/T 1358-2020 客车车道保持辅助系统性能要求和试验方法 GB/T 41796-2022 商用车车道保持辅助性能要求及试验方法 GB/T 智能网联汽车组合驾驶辅助系统技术要求及试验方法 第1部分：单车道行驶控制（征求意见） 第2部分：多车道行驶控制（征求意见）
ECE	Regulation No. 130 Uniform provisions concerning the approval of motor vehicles with regard to the Lane Departure Warning System（LDWS）	Regulation No. 79 Uniform provisions concerning the approval of vehicles with regard to steering equipment EU 2021/646 Uniform procedures and technical specifications for the type-approval of motor vehicles with regard to their emergency lane-keeping systems（ELKS）
ISO	ISO 17361：2017 Intelligent transport systems-Lane departure warning systems-Performance requirements and test procedures	ISO 11270：2014 Intelligent transport systems-Lane keeping assistance systems（LKAS）-Performance requirements and test procedures ISO 22735：2021 Road vehicles-Test method to evaluate the performance of lane-keeping assistance systems

表4　国际标准对比：间接视野及驾驶员注意力监测

类型	间接视野	驾驶员注意力监测
GB/JT	JT/T 营运车辆全景环视系统技术要求和试验方法（报批） GB/T 汽车全景影像监测系统性能要求及试验方法（报批） GB/T 39265－2020 道路车辆盲区监测（BSD）系统性能要求及试验方法	GB/T 41797－2022 道路车辆驾驶员注意力监测系统性能要求及试验方法

类型	间接视野	驾驶员注意力监测
ECE	Regulation No. 151 Uniform provisions concerning the approval of motor vehicles with regard to the Blind Spot Information System for the Detection of Bicycles(盲点信息系统) Regulation No. 158 Uniform provisions concerning the approval of devices for reversing motion and motor vehicles with regard to the driver's awareness of vulnerable road users behind vehicles(倒车监视装置) Regulation No. 159 Uniform provisions concerning the approval of motor vehicles with regard to the Moving Off Information System for the Detection of Pedestrians and Cyclists(移动监测系统)	EU 2021/1341 Test procedures and technical requirements for the type-approval of motor vehicles with regard to their driver drowsiness and attention warning systems(DDAW)
ISO	ISO 17387：2008 Intelligent transport systems-Lane change decision aid system (LCDAS)-Performance requirements and test procedures	—

（2）相关配套标准同步发布助推智能驾驶快速增长

2022年7月，国家认监委发布了《认监委关于增加汽车产品强制性认证依据标准的公告》，首次3C认证将主动安全功能纳入强制检测，规定车长大于11m的公路客车和旅游客车应符合GB/T 38186自动紧急制动系统标准要求，包含车辆功能安全测试要求。2022年11月，工信部和公安部发布了《关于开展智能网联汽车准入和上路通行试点工作的通知（征求意见稿）》，为了更好地推动准入试点工作，规范智能网联汽车发展，功能安全、预期功能安全、信息安全、网络安全、数据安全和软件升级都将陆续被纳入国家强制检测范围内。工信部与汽标委发布的《国家车联网产业标准体系建设指南（智能网联汽车）（2022年版）》，对智能网联汽车标准的制修订计划做了梳理，表5为智能网联汽车预计被纳入公告强制检测的标准制修订表（见表5）。

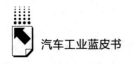

表5　预计纳入公告强制检测的智能网联汽车标准制修订表

标准名称	标准性质	状态	相应国外标准号	备注
汽车整车信息安全技术要求	强制	已立项 20214422-Q-339	UN R155	
汽车软件升级通用技术要求	强制	已立项 20214423-Q-339	UN R156	
智能网联汽车 数据安全要求	强制	预研中		
智能网联汽车 自动驾驶数据记录系统	强制	已立项 20214420-Q-339		
道路车辆 功能安全要求及验证确认方法	强制	预研中		
汽车倒车辅助系统技术规范	强制	预研中	UN R158	
乘用车自动紧急制动系统（AEBS）性能要求及试验方法	推荐	发布 GB/T 39901-2021	UN R152	计划变更为强制性国家标准
商用车辆自动紧急制动系统（AEBS）性能要求及试验方法	推荐	发布 GB/T 38186-2019	UN R131	计划变更为强制性国家标准
商用车辆车道保持辅助系统性能要求及试验方法	推荐	发布 GB/T 41796-2020	UN R130	计划变更为强制性国家标准
智能网联汽车 组合驾驶辅助系统技术要求及试验方法 第1部分:单车道行驶控制 第2部分:多车道行驶控制	推荐	已立项 20213607-T-339 20213611-T-339	UN R79	计划变更为强制性国家标准

（3）运输安全指南有效牵引智能驾驶发展

2022年8月，交通部发布《自动驾驶汽车运输安全服务指南（试行）》（征求意见稿），鼓励使用自动驾驶汽（电）车开展城市公共汽车客运、出租汽车客运（含网约车）、道路货运、道路旅客运输等公交、公路运输服务，根据不同自动驾驶技术条件配备车内驾驶员、远程驾驶员、安全员，通过车辆动态监控、2分钟车辆运行数据留存、安全风险报备、从业人员安全培训、应急预案演练等手段保障运输安全。

2. 降本增效推进商业化发展

（1）自动驾驶能解决干线物流场景的成本、安全等问题

当前我国干线物流市场广阔，每辆物流车需 2 名以上司机，货车司机新生力量不足，老龄化现象加速，人力成本较高，而不同司机的驾驶个体差异大，优秀驾驶员（拥有多年驾龄的高水平驾驶员）油耗表现较行业平均油耗水平可节省约 9%，同时车辆盲区、疲劳驾驶、设备故障等多方面原因存在，干线物流车辆安全风险严重，运营痛点显著。干线物流车辆安全、降本增效等需求促使物流企业寻求更优的货运解决方案，自动驾驶系统可结合目标实例分隔、车道横向偏移量预测等技术实现障碍物检测，利用高精度定位系统为自动驾驶系统提供车辆在各个时刻下的位姿、速度、加速度、角速度等信息，使用神经网络综合决策最优的驾驶行为，获得安全、舒适、经济和耐久等综合最优的驾驶策略，通过队列弹性跟车、智能避障、PCC 节油等决策规划实现平稳驾驶和油耗最优。自动驾驶干线物流应用是人工智能、大数据、云计算等新一代数字技术赋能传统产业的有效尝试。

（2）无人驾驶应用是机场物流智慧化、畅通化的重要方向

自 2020 年民航局颁布《中国民航四型机场建设行动纲要（2020—2035年）》以来，全面建成安全高效、绿色环保、智慧便捷、和谐美好的四型机场便成为民用机场的发展主线，机场承担着复杂的运行任务，如环卫清洁、物流转运等工作，所需的劳动成本高、效率低，航班起降架次的不断增加导致机场保障压力大幅提升，而无人驾驶设备所具有的复杂环境感知、智能判断、协同控制等功能，是实现机场自动化和智能化转型的典型应用，是真正实现智慧机场"人享其行，物畅其流"的重要一环。

（3）无人电动技术可节约矿区物流能源、人力成本

矿区物流的作业环境极端，矿区地形较为复杂，路面多为不平整的沙土、排土场多为 20~30 米的深沟，对矿山车辆的操作人员的驾驶技术提出了较高要求，行车时产生的噪声、振动对人员健康造成极大危害，矿区物流正面临着招工难、用工成本高、安全风险大等问题。当前矿区场景封闭可控，智能线控底盘的应用能为矿区车辆提供稳定、可靠、性能优异的执行端总成，无

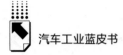

人电动技术能为矿区重载上坡/重载下坡节省大量能源成本，新能源电动矿卡的使用，为中国矿山绿色发展、数字化、智能化发展转型探索了新的方向。

随着自动驾驶科技企业与商用车主机厂的深度联合，各大城市自动驾驶示范运营配套政策进一步完善，自动驾驶商用车也在各大城市的限定场景进行示范运营，在干线物流、机场物流、矿区物流等场景支撑商业化智慧作业，实现商业化运营的降本增效，有效推动智能网联汽车产业规模化升级。对矿区无人驾驶而言，全国煤炭、金属、水泥砂石等近百个矿区开始不同程度地予以推进，如白云鄂博、鄂尔多斯永顺等实现全矿或规模化无人驾驶；我国港口场景的发展较为迅速，全国已有十余个港口实现自动驾驶集卡落地，主要分布于东南沿海港；山东、广州、海口、北京等多地机场已开展自动驾驶试运营，力图打造智能化机场。

（二）商用车智能驾驶发展趋势

1.智能驾驶技术整体发展

商用车智能驾驶从细分场景出发，以安全智能+TCO为发展主线，随着法规升级及国家或地区的智能网联生态落地，商用车智能驾驶正迎来高速发展，以安全和降低疲劳为主的低阶驾驶辅助功能逐渐普及。同时基于商用车运输场景，L4高阶智能驾驶已经在某些区域落地并商业化应用（见图2）。

图2　商用车智能驾驶分级发展趋势

由于巨大商业化前景，商用车智能驾驶相比乘用车近几年发展更加迅猛，商用车的技术底层逻辑、整体框架、上游产业链条与乘用车基本一致，但是在技术应用端，商用车落地更快、基于场景的差异化更加明显，在未来有引领整个无人驾驶技术变革的潜力。

随着商用车智能驾驶硬件和架构不断升级，多样化传感器和性能不断加强，行业生态链逐渐走向成熟。高阶智能汽车车载计算平台将具备更强大的算力、更大的通信带宽以及更健全的软件架构升级。伴随着 EE 架构从分布式向集中式进化，单核单一架构 SOC 向异构多核架构转变，专业级、车规级的 SOC 组合方案近年来已经出现在各大主机厂的应用名单上。车载雷达、摄像头、激光、超声波等传感器数量持续增多，双冗余 ECU+IMU+GNSS+高精度定位+高精度地图数据+RTK 成套方案日益成熟。核心零件部、芯片应用比例持续上升，地平线 J5 芯片、禾赛激光雷达、华为高清镜头在行业已经具有一定影响力。冗余底盘方案逐渐成熟并开启商业化应用，冗余制动、冗余转向、冗余电源已被部署在商用车上。随着新能源化的持续推进，国产化线控底盘成本有望降低，商用车智能化加速发展。

基于面向服务的 SOA 应用原理及架构设计，开发方法由用例驱动型转变为业务驱动型。控制器基于 SOA 范式开发，集成了"服务代码+SOC 代码+支持 SOSA 系统环境"。从需求规范、用户使用、行业法规和标准角度的开发测试逐渐取代基于经验和场景的开发测试。同步兼容功能安全设计，在早期设计场景库阶段制定功能安全目标。

基于大数据、车云开发和深度优化，基于云边端协同，使智能摄像头、雷达等感知数据和智能交通标志、路端单元信息云、管、端一体化，实现任务调度、远程控制、维护管理，精益管理、安全协同。基于实际采集正式数据，进行大量的回灌测试，完善在线仿真系统，构建完整的自动驾驶模型，实现数百亿公里的测试。基于"云平台"的数据采集和服务，形成干线、码头、矿山、园区等多样性数据场景库，满足商用车多样性的业务需求。

2. 智能驾驶感知技术发展

在传感器技术、人工智能技术等的不断演变背景下，自动驾驶感知系统

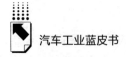
将变得更加精确、可靠、安全和智能，从而实现真正意义上的自动驾驶。

通过应用卷积神经网络、深度学习等人工智能技术，感知系统基于海量实车道路数据进行模型训练与学习，精准识别车辆、交通标志、车道线等道路信息，实现更高效的感知识别和跟踪。毫米波雷达、视觉、激光雷达等传感器在不同场景中的探测能力、精度、性能各有优劣，要实现传感器的优势互补。结合商用车的车身特点，利用多传感器可以消除盲区，实现感知多角度全覆盖。多传感器融合技术能够将不同传感器获取的信息进行整合，从而提高自动驾驶感知系统的准确性和可靠性。感知系统的集成化可以实现传感器之间的数据共享和协作，从而提高整个系统的可靠性和准确性。此外，集成化还可以实现感知系统的模块化设计，便于系统的升级和维护。自动驾驶感知系统需要采用更先进的芯片技术和更高效的算法设计，从而实现低功耗和高性能的平衡。此外，自动驾驶感知系统的传感器需要实现小型化设计，以便于集成到车辆的外部和内部。

3. 智能驾驶融合技术发展

智能驾驶面临极其复杂的工况和场景，环境感知显得尤为重要，不同传感器的原理和功能各不相同，在不同的场景发挥各自的优势，难以相互替代，感知融合技术是解决问题的关键。

后融合、多模态数据可分别完成检测和分割任务后的元素融合，不同的传感器独立进行目标识别，解耦性好，不同传感器可以互为冗余备份，不仅如此，后融合方案更便于做标准的模块化开发、接口封装标注化，实现"即插即用"，而融合模块可对针对不同场景设置各传感器的识别结果，并根据不同置信度，基于融合策略做出决策。

（三）商用车智能驾驶市场分析

现阶段商用车的场景维度、成本管控、运营示范和技术法规均表现出更好的落地性，自动驾驶科技企业联合商用车主机厂，以场景为载体，共同开展商用车智能网联示范运营。在干线物流、矿区作业、港口运输、末端配送、无人环卫及无人公交等方面，各个商用车主机厂结合自身科技能力及产

品特点布局了限定场景下的自动驾驶,商用车自动驾驶市场化效果明显
(见表6)。

表6 自动驾驶科技企业与主机厂联合布局

应用场景	供应商	典型产品	关联主机厂	最新进展
干线物流	图森未来	TuSimple Path	NAVISTAR (美企)	2021年12月,官宣进行公共道路全自动驾驶测试
	智加科技	PlusDrive	一汽解放 依维柯	2021年7月,L3级自动驾驶重卡量产车型解放J7下线 2021年12月,联合依维柯(S-WAY系列重卡)开展L4自动驾驶测试
	赢彻科技	轩辕系统	东风商用车 中国重汽	2021年11月,L3级自动驾驶重卡车型东风天龙KX下线 2021年12月,L3级自动驾驶重卡车型黄河下线
	主线科技	Trunk Master	福田汽车 中国重汽	2022年1月,完成京台高速测试路段首次L4级别自动驾驶测试
	小马出行	PonyTron	一汽解放	2021年12月,进入京台高速路开展L4级常态化自动驾驶测试
	百度 Apollo	—	DeepWay 星途(百度子公司)	2021年9月,DeepWay正式对外发布首款智能重卡星途1代
	宏景智驾	HyperTruck One	江淮商用车	计划2023年量产L3级自动驾驶重卡HyperTruck One
矿区作业	慧拓智能	愚公 YUGONG	徐工集团	2022年1月,慧拓完成近3亿元C轮融资,项目已落地全国30余个矿区
	踏歌智行	智慧矿山无人运输系统	北方股份	2021年12月,携手北方股份服务国家能源集团"锡林河24台无人驾驶矿卡项目"
	易控智驾	—	—	2022年7月,易控智驾在某露天煤矿实现安全员常态化下车运营
	伯镭科技	iDrive 自动驾驶系统	潍柴特车	2022年6月,伯镭科技已在攀钢集团、扎哈淖尔煤业、华能铧尖、酒钢集团、洛阳钼业等多个矿区实现矿车运输无人化运营
	希迪智驾	纯电无人矿卡 CD90EV	东风柳汽	2021年,在某水泥矿山投入使用

续表

应用场景	供应商	典型产品	关联主机厂	最新进展
港口运输	西井科技	Q-Truck	江铃重汽 振华重工	2021年11月,联合珠海港发布全球首辆港区作业无人集卡
	主线科技	Trunk Cloud	中国重汽 徐工港机	2020年1月,主线科技在天津港完成25辆无人集卡的商业交付与编队作业。2021年11月,在天津港交付60台ART人工智能运输机器人
	图森未来	—	陕汽重卡	2017年12月,陕汽X6000的5辆无人驾驶卡车在曹妃甸港口作业
	经纬恒润	MaaS	一汽解放	2021年7月,提供唐山港、日照港L4级自动驾驶车队及运营管理系统
	东风商用车	第三代无人集卡(电驱)	东风商用车	2022年7月,东风自主开发的第三代无人集卡在厦门投入实船使用
	友道智途(上汽子公司)	—	上汽红岩	2022年7月,"5G+L4"智能重卡已完成了260万公里的商业运营
末端配送	京东	第四代无人车	—	已在上海、北京等全国20多个城市开放道路和近百所高校投入使用
	菜鸟	小蛮驴	—	已在杭州、上海、北京等多个城市的多所高校投入使用
	美团	魔袋20	—	主要在北京、雄安等地展开应用试点
	新石器	SLV11、X3	—	主要在一、二线城市公园、园区内部署
	白犀牛	白犀牛	—	面向商超、零售商,已在深圳、广州等地部署
无人环卫	酷哇机器人	独角兽系列、麒麟系列	中联环境	2021年10月,已在全国20个城市开展常态化自动驾驶营运服务
	仙途智能	Autowise-V2智能清扫车	宇通环卫 ALBA(德国)	2021年6月,项目落地唐山港、郑州新郑国际机场,实现常态化营运服务
	于万智驾	可俐One	龙马环卫 碧桂园满园	2021年10月,在阿克苏市投放5辆无人驾驶智能清扫车
	希迪智驾	智能清扫机	盈峰中联环境	2021年4月,智能清扫机实现前装量产
	文远知行	Robo Street Sweeper	宇通集团	2022年5月起,文远知行无人驾驶环卫车将在广州南沙区全区域开展公开道路测试,车队规模超过50辆

应用场景	供应商	典型产品	关联主机厂	最新进展
无人公交	百度 Apollo	阿波龙Ⅱ	金龙客车	2021年8月上市,已在20多个城市安全运营,累计里程17万公里
	文远知行	小宇2.0	宇通客车	2021年7月上市,在广州、长沙、郑州等地运营,累计里程71万公里
	轻舟智航	龙舟 one	—	2020年7月上市,已在苏州、深圳、武汉等多个城市落地,车队规模超100辆

三 商用车智能网联发展存在的问题和挑战

（一）安全合规有待强化

1. 个人信息泄露

车联网数据涵盖车主与车辆安全运行关联数据，一旦出现数据泄露，后果严重。

2. 非法操控

车联网平台一旦被黑客非法入侵，可能面临车辆被远程解锁、启动甚至控制转向等非法控制，造成车辆行驶安全事故或车辆被盗取。

3. 网络攻击

车联网平台可能会受到DDoS攻击或基于漏洞的网络攻击，面临拒绝服务或控制权被恶意操控等威胁，进而造成大面积交通混乱或瘫痪，威胁公共安全。

（二）车联网商业闭环不足

目前车联网对主机厂而言更多的是成本问题，虽然车联网有效加速了数字化转型，但缺乏持续有效的盈利模式。且商用车行业企业以小、散居多，细分市场下需求分散，难以由单一产品解决所有问题。

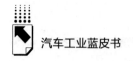

（三）智能化存在低水平发展之嫌

终端客户基于行业经营压力，倾向于降低购车成本，仅配置法规智能部件，导致高阶智能化设备前装困难。且相关法规尚未解禁，除了部分封闭场景，目前安全员无法下车，车辆 TCO 成本搭配智能驾驶设备增加的成本导致难以实现良性经营。同时商用车线控底盘受制于国外底盘供应商技术，如博世、采埃孚等，导致智能商用车成本居高不下。

四　商用车智能网联发展建议

（一）进一步强化制度建设，推进政策体系不断完善

完善安全监管制度，加强网络安全与数据安全监管，加快网络安全与功能安全融合发展体系建设，细化管理规定的实施细则和标准指引，规范数据分类分级，持续完善公共服务平台，优化安全监管手段。

（二）积极探索模式创新，有效降低商用车车联网运营成本

加速商用车商业模式探索，打造行业中间件产品服务组件，同时加速商用车新能源国产底盘的发展，主机厂、服务商共同探索可持续的盈利模式，用后市场的运营费用解决商用车车联网细分市场成本问题。

（三）推进政策细化落地，扩大智能商用车应用规模

根据场景的不同，推进政策分级别、分类型、分阶段逐步放开路权，进一步加强产品技术创新，逐步降低产品和运营成本，支持智能化设备配置，提升车辆科技感和智能化水平，加速扩大智能商用车的产业化应用。

B.11
二手商用车市场发展报告

摘　要： 本报告分析了二手商用车行业现状，介绍了我国二手商用车产业政策和法规，阐述了二手商用车市场机遇和前景。基于二手商用车市场存在的问题及面临的挑战，从市场监管、评估体系、网络系统、税收标准等方面提出了相关的建议。

关键词： 二手车商用车　市场政策　经营管理

一　二手商用车行业现状

（一）国内市场情况

1.销售情况

近几年新车销售增速放缓，由增量分享阶段进入存量博弈阶段，二手车交易量则呈现逐年上升趋势，未来仍有很大的上升空间（见图1）。

2.交易流向

重卡单体价值高，区域差价明显，以跨区域交易为主，整体呈现南车北售、东车西售的状态；轻卡单体价值低，区域差价不明显，以省内、临近省份交易为主（见表1、表2）。

3.二手车金融

（1）金融发展的三个阶段

第一阶段为起步阶段（2000~2010年）：以地方性小贷公司、担保公司

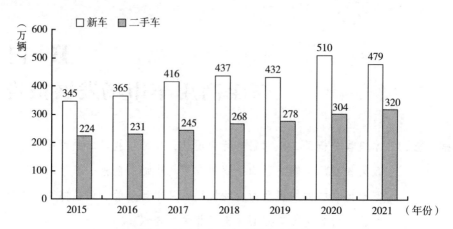

图1　2015~2021年商用车交易量

资料来源：中国汽车流通协会。

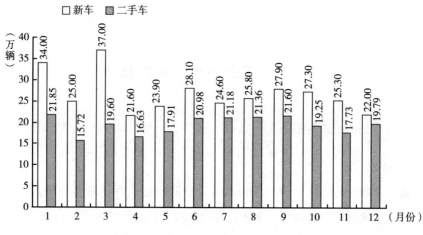

图2　2022年1~12月商用车交易量

资料来源：中国汽车流通协会。

表1　全国省份重卡交易流向

单位：辆，%

排名	省份	总交易	省内交易	省内交易占比
1	山东	47038	27134	57.7
2	河北	45930	19543	42.5

排名	省份	总交易	省内交易	省内交易占比
3	江苏	27798	20851	75.0
4	河南	25058	8427	33.6
5	广东	19363	12665	65.4
6	广西	17286	15552	90.0
7	山西	16794	7975	47.5
8	江西	16702	7904	47.3
9	辽宁	11568	6453	55.8
10	湖北	11134	8056	72.4
11	安徽	11023	6599	59.9
12	浙江	10953	6949	63.4
13	四川	10182	5997	58.9
14	黑龙江	9474	7772	82.0
15	湖南	9026	5401	59.8
16	陕西	7705	4692	60.9
17	吉林	7221	5330	73.8
18	福建	5422	3749	69.1
19	北京	5256	4342	82.6
20	云南	4715	3495	74.1
21	贵州	4116	2074	50.4
22	重庆	3825	861	22.5
23	内蒙古	3260	2324	71.3
24	上海	3152	1702	54.0
25	宁夏	2769	1979	71.5
26	新疆	2485	2145	86.3
27	天津	1953	627	32.1
28	甘肃	1907	1294	67.9
29	西藏	1212	950	78.4
30	海南	959	625	65.2
31	青海	922	373	40.5

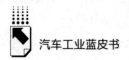

表2　全国省份轻卡交易流向

单位：辆，%

排名	省份	总交易	省内交易	省内交易占比
1	山东	127324	122325	96.1
2	广东	126349	120512	95.4
3	河北	95589	81743	85.5
4	浙江	71928	65216	90.7
5	四川	63492	59894	94.3
6	河南	62895	50957	81.0
7	云南	55613	54419	97.9
8	安徽	50539	45077	89.2
9	广西	50375	48446	96.2
10	江苏	46890	41506	88.5
11	辽宁	44077	42260	95.9
12	贵州	41686	37919	91.0
13	福建	40843	39713	97.2
14	湖北	38610	35433	91.8
15	江西	37747	34548	91.5
16	黑龙江	36170	35221	97.4
17	湖南	34763	31583	90.9
18	新疆	29168	28871	99.0
19	内蒙古	28761	27284	94.9
20	山西	24528	22536	91.9
21	吉林	23857	22487	94.3
22	陕西	22909	19078	83.3
23	甘肃	21285	19790	93.0
24	重庆	19417	17544	90.4
25	北京	17995	12097	67.2
26	宁夏	17299	16567	95.8
27	天津	13676	12484	91.3
28	海南	8888	8408	94.6
29	青海	7478	7135	95.4
30	西藏	6941	6696	96.5
31	上海	4409	1315	29.8

为主；规模小、业务分散、区域特征明显；风控与贷后管理以人工为主。

第二阶段为快速发展期（2011~2019 年）：全国性持牌银行和汽车金融公司、融资租赁公司、互联网金融公司、二手车平台等参与市场竞争；规模扩张、全国各类业务模式全面展开；大数据风控和贷后管理主要由金融科技加持。

第三阶段为规模发展期（2020 年至今）：监控政策推动行业可持续发展；合法合规经营的中大型金融机构（如银行、汽车金融公司、融资租赁公司等）占据市场主导地位，无差异化能力的中小机构逐步退出市场；规模效应显现，对消费者的保护加强，业务开展规范透明。

（2）实际交易量金融渗透

根据罗兰贝格测算，经过二十多年的行业演进，2022 年我国二手车金融渗透率（当年新增融资量/二手车实际交易量）已达 38%，相较 2021 年上升 3 个百分点。展望未来五年，罗兰贝格预计我国二手车金融渗透率的增长态势有望延续，2026 年达到 52%的水平（见图 3）。

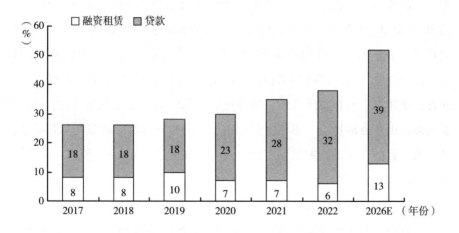

图 3　2017~2026 年中国二手车实际交易量金融渗透率

资料来源：专家访谈、案头研究、罗兰贝格。

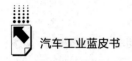

（二）出口市场情况

2019 年 4 月，商务部、公安部、海关总署联合发布《关于支持在条件成熟地区开展二手车出口业务的通知》（商贸函〔2019〕165 号），就严格甄选出口企业，严格履行二手车交易登记和注销手续，确保出口产品质量与安全，做好境外售后服务保障，强化监管和优化服务等方面提出要求。10 个省区市率先开展二手车出口业务，包括北京、天津、上海、浙江（台州）、山东（济宁）、广东、四川（成都）、陕西（西安）、青岛、厦门，首批试点地区均实现二手车批量出口，共销往 80 多个国家和地区。2020 年 11 月，商务部、公安部联合印发通知，进一步扩大开展二手车出口业务的地区范围。扩大开展二手车出口业务的地区包括内蒙古自治区鄂尔多斯市、辽宁省沈阳市、河北省唐山市、山西省太原市、吉林省长春市、江苏省南京市、浙江省义乌市、福建省福州市、江西省宜春市、山东省枣庄市、安徽省芜湖市、河南省郑州市、湖北省武汉市、湖南省株洲市、海南省海口市、重庆市、广西柳州市、大连市、宁波市、新疆维吾尔自治区伊犁哈萨克自治州，共 20 个市州。2022 年 12 月，商务部、公安部等联合发布《关于进一步扩大开展二手车出口业务地区范围的通知》，扩大开展二手车出口业务的地区，包括内蒙古自治区呼和浩特市、河南省、四川省、辽宁省、福建省、河北省石家庄市、吉林省珲春市、黑龙江省哈尔滨市、江苏省苏州市、浙江省温州市、山东省潍坊市、贵州省贵阳市、云南省昆明市、新疆博尔塔拉蒙古自治州。目前，全国开展二手车出口业务的地区已达 44 个，覆盖全国 27 个省、自治区和直辖市。

随着我国二手车出口市场的持续发展，自 2019 年 4 月首批二手车出口以来，我国二手车已从销往 80 多个国家和地区扩展到 140 多个国家和地区。截至 2022 年 6 月，我国二手车累计出口 39128 辆，累计出口金额 63565.4 万美元，平均单价为 16245.5 美元。主要出口国家包括安哥拉、柬埔寨、苏丹、贝宁、吉布提、尼日利亚、阿联酋、吉尔吉斯斯坦等，其中"一带一路"沿线国家二手车出口量占比近 70%。随着企业市场开拓能力不断提升、海外营销网络和配套服务能力不断完善，我国二手车出口有望持续增长。推动二手车出口是稳外贸工作的创新业务，也是促进国内汽车消费升级的重要途径，对加快汽车产业双循环相互促进、推动外贸高质量发展具有积极作用（见表3）。

表3　2021年至2022年上半年我国二手车出口金额前5位市场

国家	出口量（辆）	占比（%）	出口金额（万美元）	占比（%）	平均单价（美元）
阿联酋	9797	30.8	23650.7	39.4	24140.8
约旦	5111	16.1	11533.4	19.2	22565.8
乌兹别克斯坦	2851	9.0	7350.5	12.3	25782.2
乌克兰	2063	6.5	3916.8	6.5	18985.9
尼日利亚	2026	6.4	1805.7	3.0	8912.6
合计	21848	68.8	48257.1	80.4	22087.7

二　二手商用车市场发展前景和趋势

（一）国外市场发展经验分析

国内二手车收益目前是以经纪服务费和经销差价为主，同时有部分金融收益，主要赚取车辆信息不透明的差价，而随着信息逐步透明化，差价会越来越小。

国外成熟链条价值链更长、收益点更多，各环节收益分布较为均衡，其中在认证和延保基础上的具有品牌认证的二手车溢价能力更强，品牌认证二手车交易价格比个体交易高40%以上。

从美国、德国、日本、瑞士等二手车市场的情况来看，国外发达国家的二手车市场已经非常成熟，呈现以下特点。

1. 二手车市场开放、灵活

对于二手车经销商来说，由于没有市场准入方面的各种限制，存在多种

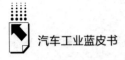

性质、多种规模的二手车经销商。

对于二手车消费者来说，可以通过多种渠道进行二手车交易。二手车可以注销后再进行流通。车辆注销以后，除保留车辆档案外，车辆附加税费程序取消，与新车交易流程一致，车辆注销有利于买断经营，减少二手车过户的烦琐程序，而且可以不受销售区域限制，从而加快二手车流通速度。比如在日本，车辆注销分为临时注销、永久注销两种方式，永久注销的车每年约 20 万辆，临时注销的车每年约 500 万辆（其中约 100 万辆出口）。

2. 汽车信息管理完善

发达国家的信息化管理方式在汽车领域应用得较早，汽车的使用、保养等信息的透明度较高。二手车市场信息管理制度非常完善，已形成了车辆从生产到报废的整套记录，包括车辆何时研发设计、何时生产、消费者的购买时间、维修保养时间、更换车辆零部件时间、交通事故记录等所有的档案资料，建立起了完整的车辆信息数据库，在进行汽车交易时，只要在网络上查询，就能搜索到完整的汽车使用记录，不仅在很大程度上避免了二手车在交易过程中的价格欺诈行为和违法交易行为，也使二手车的异地交易成为可能。当然，这种异地交易也依赖于对二手车车况信息进行评估的标准的权威性与二手车购买者对于该信息的认可度。

3. 完善的二手车价格评估体系

普通二手车消费者由于缺少相关的专业知识，很难对二手车的实际价值做出准确评估，这就需要有公正的二手车评估制度予以规范和统一。较为完善、科学、权威的评估体系是二手车交易双方的有力保障。在发达国家，从二手车价格评估员的资格认定、二手车价格评估到二手车销售店的资格审查，都有较完善的管理制度体系。如日本 Gulliver 公司的"监价标准"和 AUCNFT 公司"AIS 标准"、瑞士的优诺泰斯评估系统，这些评估系统对二手车的流通和销售起着资格认证、规范、培训和监督作用。

4. 二手车体制健全，经营形式多样化

国外二手车市场一般都建立了较为健全的二手车流通体系，二手车收购、出售、增值服务等均有相应的市场法规体系保障，这种健全的体制增强了二手车购买者的消费意愿，促进了二手车市场的规模扩大。从交易形式来说，消费者有着多种多样的选择渠道，可以选择专业的二手车经销商或新车厂商提供的二手车服务还有私人可直接交易的二手车市场、虚拟的网上二手车商行等。多样化的经营方式为二手车交易提供了较为便利的条件。

5. 行业协会发挥的作用突出

国外二手车行业协会的组织作用非常突出，政府基本上不干预二手车市场交易，二手车市场交易出现的纠纷与争执基于相关的法律和行业协会来解决。行业协会在制定行业标准、加强行业管理、维护市场平衡及信息共享等方面的作用越来越突出。比如，美国的汽车经销商协会、英国的汽车零售业联合会、德国的汽车经销商协会、日本的财团法人"日本评估协会""汽车检查登记协会"和社团法人"汽车公平交易协会""日本汽车工业会""日本汽车销售协会联合会"等，这些协会在二手车行业管理中起到十分重要的作用。

6. 发达国家社会信用管理体制健全

发达国家健全的信用体制是二手车市场的重要支撑，大多数国家实施了信用等级档案管理制度，经销商的每一次不诚信行为都会被记录在信用档案中，影响其消费、信贷、求职、购买保险等，个人或企业不诚信行为的信用成本较高。因此，个人或企业的自律性较强。基于健全的信用体制，二手车汽车经营者面临的信用风险较小，这也是发达国家二手车交易市场持续健康发展的重要原因之一。

（二）国内政策体系逐步完善

1. 国内市场政策

为加快二手车市场流通，近年来关于推动全国范围内解除二手车限迁的

政策陆续出台。2022 年 5 月，国务院印发《扎实稳住经济的一揽子政策措施》，提出要全面取消二手车限迁政策，在全国范围取消对符合国五排放标准小型非营运二手车的迁入限制，完善二手车市场主体登记注册、备案和车辆交易登记管理规定。2022 年 7 月，商务部等 17 部门联合发布《关于搞活汽车流通扩大汽车消费若干措施的通知》（商消费发〔2022〕92 号），从二手车取消限迁、二手车出口放开等方面推动二手车业务发展。

（1）二手车经营实施备案管理

对从事新车销售和二手车销售的企业，经营范围统一登记为"汽车销售"，按有关规定做好备案。备案企业应如实填报经营内容等信息，商务部门要及时将备案企业信息推送至公安机关、税务部门。只有经过备案登记的二手车经销企业才可在税务部门领取二手车统一销售发票。监管部门会参照新车销售模式，对二手车销售企业进行规范管理。

（2）二手车经营进入组织化管理模式

自 2022 年 10 月 1 日起，对已备案汽车销售企业从自然人处购进二手车的，允许企业反向开具二手车销售统一发票并凭此办理转移登记手续，解决了自然人售卖二手车必须经过二手车交易市场开票的问题，便于群众售车和二手车销售企业经营。自 2023 年 1 月 1 日起，对自然人在一个自然年度内出售持有时间少于 1 年的二手车达到 3 辆及以上的，汽车销售企业、二手车交易市场、拍卖企业等不得为其开具二手车销售统一发票，不予办理交易登记手续，有关部门按规定处理。防止经销企业通过个人背户逃避税收和相关责任，堵住经销模式发展以来长期存在的"代办过户"漏洞。

（3）二手车注册登记实施单独签注管理

二手车销售企业应当按照国家统一的会计制度，将购进并用于销售的二手车按照"库存商品"科目进行会计核算。自 2022 年 10 月 1 日起，已备案的二手车销售企业申请办理小型非营运二手车转移登记时，公安机关实行单独签注管理，核发临时号牌。对汽车限购城市，明确二手车销售企业购入并用于销售的二手车不占用号牌指标。

总的来说，新政实施后，二手车经销企业在收购车辆后，无须过户；

相关部门对车辆单独标注、核发临时号牌后，车辆将直接进入市场流通。此外，长期以来二手车一直被作为"资产"进行管理，二手车的经销企业购入待销售的二手车和消费者购入自用的二手车，在办理转移登记（过户手续）的时候没有任何差别。公安机关实行单独签注管理，核发临时号牌就表明了二手车经销企业所拥有的是商品所有权，而非使用权。另外，按照行业惯例，二手车过户一次会产生约 2% 的车价折损，所以，减少过户次数将缩短二手车交易周期，对稳定二手车价格保值起到促进作用，加速二手车在全国范围的跨区域流通。这些政策措施针对性强、支持力度大、覆盖面广，解决了二手车行业发展中面临的难点和痛点，基本扫除了二手车销售企业发展中面临的注册、税收、开票、资金等一系列问题，推动二手车行业向规范化、规模化、品牌化方向发展，充分释放二手车消费潜力。

2022 年成为我国二手车经销行业发展的新起点。

2. 出口市场政策

2019 年 6 月，为规范二手车出口许可证申领及签发工作，商务部办公厅印发《关于二手车出口许可证申领有关事项的通知》（商贸办便〔2019〕854 号），对二手车出口企业申请出口许可证应当提交的材料、地方商务主管部门核验材料时限、二手车出口车辆注销登记等提出明确要求，推动二手车出口工作规范有序开展。

2019 年 8 月，为进一步深化"放管服"改革，提高二手车出口便利化水平，商务部办公厅、海关总署办公厅联合印发《关于二手车出口许可证申领无纸化作业有关事项的通知》（商办贸函〔2019〕297 号），自 2019 年 9 月 9 日起，对二手车实行出口许可证申领和通关作业无纸化。

2019 年 10 月，为加快推进二手车出口工作，进一步简化工作流程，商务部办公厅、公安部办公厅、海关总署办公厅联合发布《关于加快推进二手车出口工作有关事项的通知》（商办贸函〔2019〕335 号），简化出口二手车转移登记手续，二手车出口许可证由"一车一证"改为"一批一证"，二手车出口适用全国通关一体化模式，为二手车出口创造了更加便利的环

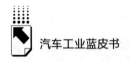

境。同时，为有效保障出口二手车的质量和安全性能，促进行业规范健康发展，由中国汽车技术研究中心牵头，联合全国工商联汽车经销商商会以及行业企业等共同编制我国第一批二手车出口相关标准规范《二手乘用车出口检验规范》和《二手商用车辆及挂车出口检验规范》，规定了二手车出口检验的术语和定义、检验机构条件，以及检验流程、方法和限值等技术要求，逐步成为全国二手车出口检验的重要依据。

（三）市场机遇和前景

从发达国家汽车发展的基本规律来看，汽车产业发展到一定阶段后，就需要依赖二手车市场的发展来促进新车的销售，这意味着没有成熟的二手车市场，新车市场也很难有较大的增量。当前，国内二手商用车行业正处在裂变发展、优化升级的关键时期，发展潜力巨大，尽管我国二手商用车行业处于发展初期且存在诸多问题，但市场发展前景仍被业内一致看好。

随着我国商用车保有量的不断增加，越来越多的存量卡车需要通过二手车市场流通。因此，二手商用车市场的发展潜力巨大。可以说，二手车市场更像是汽车行业的消化系统，是整个产业链中非常重要的一环。通过市场调研发现，重卡新车销量与二手车交易量比例大概在1.5∶1，若用户出售二手车后，继续购买新车，则二手车交易对新车销量的贡献率在60%以上。可以看出，二手车市场的发展，为新车市场带来了发展活力。在江西高安，2022年1~6月的商用车新车销量仅1300辆左右，而二手商用车的交易量已突破1.1万辆，这充分说明用户对二手商用车的购买意愿逐步增强。

我国二手商用车市场正朝着品牌化、规模化、集约化方向发展。与此同时，国家近年来陆续发布包括二手车迁入限制放开、降低税收、制定临时产权制度、开展二手车出口试点等一系列利好政策，全面、持续推进我国二手商用车行业发展。可以预见，未来二手商用车市场将成为新"蓝海"。

商用车企业对二手车市场的关注度日渐提升，在各方参与者的助力下，二手商用车行业将健康有序地发展。随着头部企业的深入布局，车企具备充足的资金链，外加完善的金融政策、评估认证体系以及售后服务网络，将会进一步助推二手商用车市场朝着规范化、标准化方向发展。

三 二手商用车市场存在的问题及挑战

近年来，在国家政策的鼓励和引导下，我国二手商用车行业快速发展，规模不断扩大。即便是在商用车产销低迷情况下，二手商用车市场依然"风景这边独好"。正因如此，二手车业务已成为商用车企业谋求突围的新路径。国内的主流商用车企业（如一汽解放、东风商用车、陕汽、福田欧曼、沃尔沃卡车、中国重汽）均开展了二手车置换业务，通过给予置换补贴、定期推广、对经销商进行置换业务培训等方式，提高用户黏性；奔驰、斯堪尼亚、曼恩等进口卡车企业的国内二手车认证工作也在筹备之中。车企纷纷布局，推动二手商用车市场潜力不断释放。但与此同时，行业尚未形成规模化、成熟化体系，仍存在多方面掣肘亟待解决。

（一）评估认证标准缺失

目前我国二手商用车尽管有着庞大的市场存量，但由于缺乏成熟的评估体系与评估方法，整个行业基本还处于"摸着石头过河"的初级发展阶段。虽然市场向好发展，但体系缺乏协调性、系统性和科学性，导致二手商用车交易存在信息不透明、评估认证标准缺失等一系列问题，成为国内二手商用车产业跨越式发展的阻碍。针对二手商用车需要有一套专业的评估认证流程，包括购买、车辆整备、维修、质检、评估、销售、金融、配件、服务、延保等，只有整个体系不断完善，才能为用户提供更好的服务。

目前，针对二手商用车交易并没有明确的鉴定评估规范，为解决在流通中评估无标准、定价无参考、车辆难评测等问题，行业有必要制定二手商用车评估认证标准，促进交易市场健康有序发展。无论从年产量还是保有量来看，我国商用车均位居世界前列，因此更有必要规范二手商用车的鉴定和评估流程。

（二）市场交易亟待规范

目前，国内二手商用车市场小、散、乱的问题十分突出，资金缺口大、车源分散、车况不透明、诚信缺失、服务无保障等是主要痛点，严重阻碍了市场的健康发展。

二手商用车交易区域特征明显，无法实现全国流通，制约了市场规模的扩大。

流通企业整体规模偏小，缺乏金融服务支撑，再制造体系无法有序发展，配件供应体系有待完善，设施建设相对落后，流通税负管理欠规范，以及部分地方政府对二手商用车产业的认知仍不到位。

市场还存在信息不对称问题，造成交易双方无法有效找到二手市场的供给和需求端，同时难以获取车辆历史成交价，存在极大的信息壁垒，导致交易链冗长且分散、效率低。

二手商用车市场想要全面发展，还需要过诚信关。如何保证二手商用车的品质，车辆一旦出现问题找谁解决，是否有延保服务，这是运输从业者最为关心的问题，也是多年来阻碍行业发展的症结所在。二手车市场长期以来标准不一，行业内总有缺乏诚信的商家，欺瞒消费者、私自改动二手车里程、事故资料等，久而久之，导致整个行业缺乏诚信基础。未来，信息和服务的透明化和规范化是二手商用车市场有序发展的关键。

政府相关部门应继续推进落实二手车行业的利好政策，早日将阻碍行业发展的难点、堵点清除。通过政策引导和结构调整，真正形成激活市场的内生动力。

四　二手商用车市场发展建议

（一）加强市场监管

加强二手车交易诚信管理。相关部门应及时向广大群众公布二手车经营企业信用状况，并对信用度较差的二手车企业和机构进行监控，防止二手车交易中出现拼装车、事故车等不合格机动车的情况；相关执法监督部门对二手车交易过程中的不诚信行为等不良记录进行备案并惩罚，建立二手车交易记录诚信系统，规范我国的二手车市场秩序，增强二手车市场的竞争力。

（二）制定评估体系

制定二手车评估体系。建立科学的二手车评估鉴定体系，并配合国家二手车税收政策的完善，规范二手车系统检测技术，因地制宜，制定符合我国国情的二手车评估准则。此外，二手车评估机构应聘用专业的二手车鉴定人员，并定期对其进行培训考核，以适应行业发展要求。

（三）建立网络信息系统

促进地区、部门间数据共享，建立全国统一的二手车信息数据平台，借助互联网平台，探索利用区块链技术，从生产端给每一辆机动车确定唯一的身份识别码，并上传到区块链验证系统中，实现从源头上管控品质，彻底解决二手车信息不对称问题，保证二手车交易的便利和安全，为二手车消费者提供"足不出户"的安全购车模式。

（四）建立统一交易税收标准

建立合理、统一的二手车交易税收标准，缩小不同形式的二手车交易和二手车合法经营公司企业之间的税收差，消除二手车市场上的不公平现象，

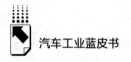

避免二手车增值税政策漏洞的出现，减轻二手车经营者的运营负担，降低二手车交易成本。

（五）简化交易手续，提升服务质量

建立统一的二手车售后服务体系，优化生产企业、经销商的二手车售后服务功能，增值服务利润，提高购车人对二手车市场的信任度和满意度，良好的售后服务可以消除二手车买家的后顾之忧，简单、高效的二手车过户交易手续可以为二手车消费者降低购车成本。

B.12
重点领域专用车发展报告

摘　要： 本报告阐述了 2022 年我国市政环卫、医疗防疫、矿山机械、消
防等四大重点专用车领域发展现状，探讨了重点领域专用车市场
机遇和发展前景，剖析了重点领域专用车存在的问题和面临的挑
战，从技术集成化、多功能化、环境友好化、数字化等方面提出
了相关建议。

关键词： 专用车　市政环卫　医疗防疫　矿山机械　消防

一　市政环卫领域

（一）市政环卫专用车发展现状

随着人们生活水平的提高和环境保护意识的加强，人居环境建设成为各
级政府工作中的头等大事，相应出台了一系列环境治理政策，有效促进和推
动了市政环卫专用车行业的发展，市政环卫专用车行业发展现状如下。

1. 市场整车发展相对缓慢

随着国内城镇化率的快速增长，城市规模变大。居民对生活品质的需求
也不断升级，对所处的生活环境有了更高的要求，市政环卫专用车在城市建
设工作中的重要性也日益凸显。但受疫情、市场饱和度等多重因素影响，近
年来市政环卫专用车市场发展速度放缓。

2. 新能源产品销量呈上升趋势

我国新能源汽车已经进入了高速发展时期，公共服务领域用车作为其发

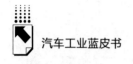

展突破口，购买使用电动市政环卫车辆成为新能源车推广应用工作计划的一部分。比较常见的有纯电动扫路车、洗扫车、清洗车、洒水车、垃圾车、吸粪车等，具有充电方便、零排放、噪声小和工作效率高等优点。此外，相较于城市道路上的其他车辆，市政环卫车辆作业时对环境造成的污染更大，使得新能源市政环卫专用车成为发展的必然趋势，带动整体市政环卫专用车行业快速发展。同时，受国家新能源整车补贴刺激，纯电动环卫车辆和燃料电池环卫车辆的销售呈上升趋势，深圳、北京、上海等是需求最为集中的地区。

3. 大型企业入局市政环卫专用车行业

受新冠疫情影响，工程机械、乘用车等行业呈现低迷状态，为此部分大型企业入局市政环卫专用车行业，开启"弯道加速"，如三一重工、奇瑞汽车、东风汽车、中车集团、酷哇机器人等。

4. 传统环卫企业开拓新赛道

由于更多的大型企业入局市政环卫专用车行业，市场竞争激烈，部分传统环卫企业积极开拓新赛道，拓展新领域，如中联环境、福建龙马开发了物料粉碎车、绿篱修剪车等园林绿化车辆产品。

（二）市政环卫专用车市场机遇和前景

在国家政策的引领下，市政环卫专用车行业将会迎来更大的发展前景，市场前景非常可观。

1. 城乡绿色建设推动行业发展

《农村人居环境整治提升五年行动方案（2021—2025年）》要求，到2025年，农村人居环境显著改善，生态宜居美丽乡村建设取得新进步。农村卫生厕所普及率稳步提高，厕所粪污基本得到有效处理；农村生活污水治理率不断提升，乱倒乱排得到管控；农村生活垃圾无害化处理水平明显提升，有条件的村庄实现生活垃圾分类、源头减量；农村人居环境治理水平显著提升，长效管护机制基本建立。2021年10月印发的《关于推动城乡建设绿色发展的意见》明确，到2035年，城乡建设全面实现绿色发展，碳减排水平快速提升，城市和乡村品质全面提升，人居环境更加美好，城乡建设领域治理体系和治理能力基本实现现代化，美丽中国建设目标基本实现。

上有各级政策，下有民众呼声，国家和各级政府针对环境卫生方面的财政投入不断加大，购买新型设备和优化服务。另外，通过各项支持政策，积极引导社会资源投入环境保护和治理，加速促进行业技术的升级迭代，推动行业快速发展。

2. 新能源市政环卫车增加

《"十四五"住房和城乡建设科技发展规划》提出，发展绿色低碳技术是落实城乡建设领域碳达峰碳中和目标任务的重要途径。2021 年 10 月《2030 年前碳达峰行动方案》发布，明确推动运输工具装备低碳转型，积极推动电力、氢能、天然气、先进生物液体燃料等新能源、清洁能源在交通运输领域的应用。大力推广新能源汽车，逐步降低传统燃油汽车在新车产销和汽车保有量中的占比，推动城市公共服务车辆电动化替代，推广电力、氢燃料、液化天然气动力重型货运车辆。

3. 机械化程度不断提升

随着我国人口老龄化进程的加快，人工成本不断提升，而市政环卫机械化作业快速、高效等突出优势，既能减少对人工作业的依赖，又能保障市政环卫作业的高质量完成。我国市政环卫机械化水平快速提升，但发展不均衡，相较于发达国家仍有提升空间。机械化率的提升将驱动市政设备需求持续增长。目前总体来说我国市政环卫市场机械化程度仍有待提升。未来，随着人工成本继续增加，市政环卫作业机械化将成为国内市政环卫市场的主要发展方向。

（三）市政环卫专用车存在的问题和挑战

1. 市政环卫车辆同质化严重

目前国内市政环卫车辆存在产品同质化、价格同质化、销售渠道同质化、促销同质化。产品同质化的后果是：①不能给用户提供非购买某产品不可的理由；②只能参与"价格战"；③利润微薄，生存困难。产品同质化的

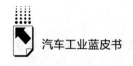

化解策略：①增加研发投入，解决行业痛点；②差异化的营销策略；③优化产品售后服务。

2. 核心部件自主化程度低

产品核心部件主要依靠进口，国内产品的可靠性还有待提升。进口件普遍加工精度高、运行稳定性好，使用寿命更长。另外进口核心部件的技术领先、运行效率高，节能方面的表现也较好。

3. 环境污染问题

市政环卫车辆的运行目前可能会对环境造成一定污染，出现这种现象的原因有以下几点：一是由于部分市政环卫车辆成本低或者技术含量不足，导致市政环卫车辆出现质量问题，同时密封机构和制造精度未达到要求，造成污水泄漏现象；二是没有做到日常维护，包括没有及时排放污水和更换密封件、检车周期长等，造成污水泄漏，破坏环境；三是部分车辆更迭速度慢、车身老旧、排放超标，也是造成污染的原因之一。

（四）市政环卫专用车发展建议

1. 向技术集成化发展

从一般机械化向技术集成化发展，通过机电一体化技术、信息化技术和先进的制造技术集成，开展产品技术创新，使产品的功能得以拓展、性能得以提升。通过机械、液压、电子、信息等装备整体集成，使市政环卫车辆既具有作业功能，还具有信息收集、分析、储存、传输等信息化功能。

2. 向多功能化发展

车辆从只能满足单一作业功能需求向满足多项作业功能需求的方向发展。通过技术创新、功能改进，优化产品在控制滴漏、噪声、废气等方面的性能表现。在控制滴漏方面，主要是解决市政环卫车辆在收集、运输作业中的污水滴漏问题；在噪声方面，主要是解决真空系统、高压水路系统、液压系统、机构撞击、发动机等引发的机械噪声问题；在废气方面，主要是解决发动机尾气排放和市政环卫车辆作业时产生的气味等问题。

3.向环境友好化发展

车辆在作业过程中对周围环境和居民的影响，要以改变长期以来市政环卫车辆外形和作业粗放形象为目标。通过对车辆外形和性能的改进，消除或减少视觉污染，避免或减少作业时对周边环境和人员的影响，使市政环卫车辆与作业环境相协调。

4.向数字化发展

以数字化装备对传统市政环卫车辆进行技术改造和提升。应用信息化技术，推进市政环卫车辆升级，逐渐具备作业机械化、控制智能化、信息网络化等功能，包括数据采集、数据分析、检测诊断、信息储存、实时传送，实现运行动态跟踪、作业质量监控、运行工况分析、故障检测诊断、信息采集传送，以此来提高市政作业车辆的效率和质量，加强科学决策和监督。

二 医疗防疫领域

（一）医疗防疫专用车发展现状

中国救护车行业在过去二十余年的发展过程中，一直朝着健康正确的方向不断前行。在数量上，从 2002 年的 300 辆发展到 2022 年的 3 万辆；在功能上，从简易的运送功能发展到专业细分明确、功能类型众多；在品种上，从单一的转运型发展到监护型、负压型、智能型、应急保障型等多品类。

（二）医疗防疫专用车市场机遇和前景

在过去二十余年的发展过程中，国家面临了重大疫情考验，经历了地震、自然灾害等重大事件挑战，我国健康医疗、公共卫生、院前急救等也得到了前所未有的重视和关注。

1.院前医疗急救行业

2020 年 9 月 17 日，国家卫生健康委员会等九部门联合推出《关于印发进一步完善院前医疗急救服务的指导意见的通知》，明确到 2025 年建成与我国社会经济发展水平相适应的政府主导、覆盖城乡、运行高效、服务优质的省、地市、县三级院前医疗急救服务体系。2021年各地方政府陆续发布提升院前医疗急救服务能力实施方案，明确加强院前医疗急救体系标准化、规范化建设等，并设定具体实施指标，包括：①各地级市和县市的急救中心（站）建设，由直属站点和网络医院组成的急救网络建设；②城市服务半径不超过5公里，平均急救反应时间少于11分钟；③每3万人配置1辆救护车，其中40%为负压救护车；④完善不同用途和性能的救护车；⑤提高智能化、信息化水平等。

在院前医疗急救事业受到国家和政府高度重视和大力支持的背景下，救护车制造行业的地位也得到极大的提升。

要做深做专做细院前急救行业，推动救护车更新迭代，满足院前急救领域的新增救护车需要。

2. 公共卫生基层市场

聚焦疫情期间暴露的公共卫生特别是重大疫情防控救治能力的短板，调整优化医疗资源布局，集中力量加强能力建设，2020年5月9日国务院发布《关于印发公共卫生防控救治能力建设方案的通知》，明确坚持合理布局，推动特大城市"瘦身健体"，加快补齐县域医疗卫生短板，全面提升县级医疗服务能力，筑牢疫情救治第一道关口。

按照国家对医疗资源下沉的防疫抗疫要求，县、区、市以下的农村基层卫生建设的经济型救护车市场的发展潜力巨大。

3. 应急医疗救援市场

我国自然灾害种类多、分布广且频发，各类事件灾难、突发公共卫生事件和社会事件也时有发生，突发事件紧急医学救援面临严峻形势，任务艰巨。

为加强突发事件紧急医学救援工作，有效减轻各类突发事件对人民群众身心健康和生命安全的危害，国家卫生健康委员会于2022年12月31日发布《突发事件紧急医学救援"十四五"规划》，明确推动以高质量发展为主题，以人民为中心，从国家安全战略高度出发，以提高突发事件紧急医学救援能力与水平为重点，构建科学高效率、可持续发展的紧急医学救援体系。

产品专业性强、专业功能要求高、技术水平先进的应急救援产品市场的发展空间巨大。

4. "五大中心"的建设需求

近年来，为了增强区域危急重症救治能力，国家先后推进胸痛、卒中、创伤、危重孕产妇和新生儿救治中心，即"五大中心"建设。

"五大中心"以特定危急重症为切入点，以区域为重点，强调救治模式的组织化和有序化，提供快速而准确的诊断服务，为后续治疗和康复抢夺宝贵的时间。为了满足"五大中心"建设需求，需要配备大量的危重新生儿转运、移动 CT 检测等医用专用车。

5. 智能救护车及院前医疗急救数字化建设

建设数字中国是数字时代推进中国现代化建设的重要引擎，是构筑国家竞争新优势的有力支撑。国务院发布《数字中国建设整体布局规划》，推动数字与经济、政治、文化、社会、生态文明建设的深度融合。

针对政府数字改革、数字治理要求，加强救护车网络化、智能化、数字化、平台化的系列产品开发，为院前急救拓展更广泛的服务领域，提升院前急救的效率，提高质控管理水平，让救护车的发展更适应数字时代需求。

6. 新能源救护车在院前医疗急救方面的应用

发展新能源汽车是我国从汽车大国迈向汽车强国的必由之路，是应对气候变化、推动绿色发展的战略举措。自国务院发布《节能与新能源汽车产业发展规划（2012—2020 年）》以来，我国坚持纯电驱动战略取向，新能源汽车产业发展取得巨大成绩。其中新能源救护车在院前医疗急救领域的应用，能够满足院前急救所需的安全、节能、绿色等要求。

（三）医疗防疫专用车存在的问题和挑战

在政府采购过程中，救护车市场出现低价竞争、以次充好、偷梁换柱、盲目应标等现象，特别是产品良莠不齐、低成本竞争和品质无底线的现象严重。

以国务院发布的《质量强国建设纲要》为指导思想，以技术、标准、品牌、质量、服务等为核心，加快产品质量提档升级，推进质量治理现代化

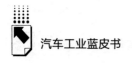

是中国救护车行业发展的重要课题。

院前急救行业应不断创新服务模式，构建一体化急诊急救网络，制定"社会大急救体系"背景下内容更完善、专业性高、具有前瞻性的满足"大急救体系"的救护车国家标准。

（四）医疗防疫专用车发展建议

现代市场的竞争不是单一产品的竞争。市场环境正在发生深刻变化，市场创新、需求创新、技术创新、商业模式创新成为主流。

中国院前急救从"急救功能前移"的时代向着"急救平台前移"的时代发展。急救平台：①各种各样的急救功能；②院前急救与跨部门机构的互联互通；③全域全流程的数字管理；④为社会服务和政府决策分析提供大数据支撑等。比如，基于 ISO 国际标准的负压救护车医疗舱的产品迭代更新、符合政府数改的数字 120+解决方案、关注新能源汽车在院前急救的应用、构建基于"五大中心"建设的医疗器械合作生态、探索应对人口老龄化的福祉车和高端专用车等。

三 矿山机械领域

矿山机械主要包括探矿机械、采矿机械、选矿机械、输送设备四大类型，如起重机、通风机、排水机械等设备。输送设备在近二十年发生了较大变化，特别是随着矿口、工地的变化，机动、灵活、运力大的矿山机械短途运输设备需求增加。

（一）矿山机械发展现状

"十三五"期间，矿山机械市场发展壮大，产品不仅在矿区使用，还在修路建桥的大型工地使用，市场销量发展到 1.5 万辆左右。到 2022 年，矿山机械市场销量发展到超过 2 万辆。

近十年来，企业有进有退。三一重装、南京徐工、柳工这样的工程机械企业的进入、发展，改变了该行业的产品结构，形成了挖掘机、装载机、转运设备的一体化供货。

随着我国工程机械的国际市场竞争力的提升，2022 年，出口额大幅增长。1~11 月共实现出口额 403.22 亿美元，同比增长 31.8%，贸易顺差 378.03 亿美元；出口"一带一路"沿线国家合计 170.68 亿美元，占总出口额的 42.3%，同比增长 31.7%。矿用车、挖掘机、叉车、装载机等出口量大幅增长。海外技术产品、营销管理、服务维保等方面的人才队伍建设加快，为矿山机械海外业务的持续发展奠定了基础。

近年来，矿山机械车辆向大型化、新能源、智能化三个方向发展。

1. 大型化发展

矿山机械车辆发展主要技术路线是大吨位，主流车型从 40T、60T 级发展到 70T 级、80~90T 级，并逐步形成了一定的市场规模，力争在性价比上逐步取代 TR100（额定载质量 91T）车型，与 4×2 经典矿卡产品展开竞争。同时，随着国有矿山自营化，企业将持续发力大型化的产品研发。

2. 新能源化发展

（1）电动化

国家绿色矿山的建设，促使以纯电动、油电混合动力为主流路线的产品在主流产品平台得以发展，针对不同工况的使用需求，增程式混合动力、并联式混合动力、充换一体式等细分路线的产品进入市场验证阶段，形成了多种技术路线并存的产品平台，以促进"双碳"目标达成。

（2）氢能源化

氢能是 21 世纪最具发展潜力的能源，有重量轻、导热性好、元色、可以回收利用、具有理想的发热值、燃烧性能好、无毒、利用形式多、多种形态、耗损少、利用率高、运输方便、减少温室效应等优点。氢能汽车十分适用于小封闭区域的矿山，能快速建成供气系统。

（3）智能化

为解决矿山行业安全事故高发、人员老龄化严重、招工难等痛点，以智

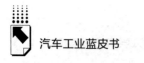

能机器人技术为雏形，搭载"卫星+雷达+摄像头"复合导航技术的智能化无人驾驶矿用车进入了市场验证及小批量应用阶段。

矿山机械虽然在传统产业体系内与美、日、欧相比仍有一定差距，但在电动化、信息化、物联网等领域已与美、日、欧的工程机械水平比较接近，如徐工、三一重工、中联重科等均在电动化、工业云、无人驾驶等方面取得了一定的成绩。

（二）矿山机械市场机遇及前景

1. 市场发展稳定

我国克服了多重不利因素影响，经济实现稳定增长，2023年经济发展将进一步加快。

在稳预期、稳就业等政策引导下，我国基建投资和制造业投资等将会稳步增长，各地区各领域稳增长措施持续落地，我国工程机械出口将继续保持较强韧性。预计2023年矿山机械行业呈现稳定运行态势，销量为3万辆左右。

2. 配套产品专业化、网络化

挖掘机、装载机、转运设备构成网络系统，相应的配套服务设备随之发展。新能源车的发展加快，配套的储能车、加氢车、氢能源供应系统随之发展。

3. 工程机械企业纷纷进入

工程机械企业开展挖掘机、装载机、转运设备的一体化供货，部分矿用车企业成为其配套供应商。

（三）矿山机械存在的问题及挑战

1. 存在的问题

产品标准化及通用性差。一个矿山形成一个小闭环生产环境，矿山机械生产企业各自为政，产品标准化、通用性差。

市场无序竞争，导致产品价值低。产品技术验证得不到充分的发展，成本高，价值低，制约了产品可靠性、技术先进性的提升，影响行业高质量发展。

竞争对手增加。工程机械企业也加入了生产制造矿用车的队伍,加剧了行业竞争,车企竞争激烈。

产品生产以客户需求为主,缺乏整体规划。产品生产基本以客户需求和企业自有能力为基础,呈无序发展状态,行业发展缺少管理和规划。

2. 挑战

围绕着市场做产品,争当产业链"链长",推动解决关键领域的"卡脖子"问题。

围绕数字化转型、新能源车智能化、管理科学化精细化等提升核心能力。

(四)矿山机械发展建议

矿山机械产业产品应由以成本优势为基础的中低附加值产品向以技术和服务为基础的高附加值产品升级。

加大技术研发投入。制造过程中存在的一些"卡脖子"问题,有待进一步突破。

加强行业管理。当前市场竞争混乱,需要加强行业管理,减少不正当竞争,保障企业的健康有序发展。

提升产品全生命周期服务水平。企业要基于产品从设计到报废的全生命周期来进行统一考量,让产品在每个阶段充分发挥其价值,使整个行业可持续发展。

开展全球化产业布局,把中国的工业能力和海外市场结合起来形成"双循环"。

四 消防领域

(一)消防领域专用车发展现状

经过近几年的高速发展,目前我国消防车行业已经迈入了一个相对成熟

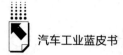

的时期，产品质量，特别是安全性、功能性、可靠性方面相对于十年前有了质的飞跃，绝大部分车型已实现了国产化。在消防上装的功能配备、性能参数等方面，逐步接近国外先进消防车的技术水平；在特种底盘方面，陆续推出了双头车底盘、特种机场消防车底盘等，逐渐打破该领域进口产品垄断的局面。

随着国家"放管服"改革的深入，消防车市场全面放开，大批新企业进入，给原来的市场格局带来较大的冲击。越来越多的企业加入消防车行业，为行业带来了新血液、新气象及新技术的同时，市场竞争也日趋激烈。

（二）消防领域专用车市场机遇和前景

1. 消防职能拓展

随着国家"全灾种、大应急"要求的提出，我国消防救援队伍的职能大幅拓展，除了原来承担的灭火救援任务外，还要应对各种特殊灾害，如地震救援、水域搜救、城市排涝、山岳救援等。新的任务带来了新的需求，新的需求蕴含了新的挑战与机遇。近几年来，各类特种消防车辆的需求显著增多，特别是后勤保障类消防车辆，各企业积极响应，研发了多种新型消防车，提升了我国应急救援装备保障能力。

2. 森林消防车领域市场需求增长

随着国家消防救援局的挂牌成立，原消防救援局和森林消防局两局合并，森林消防车领域将吸引更多关注，预期森林灭火、侦查、救援、后援类消防车以及与森林消防相适应的高机动、高越野性、高涉水性的特种底盘将迎来较快发展。

3. 消防安全意识的提升

随着社区消防安全意识的提升，各地先后建立了一批微型消防站并配备了一些由电动、混动车辆底盘改装的微型消防车辆，主要用于社区宣传、扑灭初期火灾以及完成一些简单抢险救援任务，能有效助力灭火救援工作。

（三）消防领域专用车存在的问题和挑战

1.消防车技术研发的能力不足

目前，各消防车企业的技术研发能力参差不齐，技术人员缺乏系统性培养，优秀的产品设计人员严重匮乏，绝大部分企业只是停留在简单的模仿，导致消防队伍需要的适用于不同灾害现场的车辆装备不能及时得到研发。而消防车是关系到人民生命财产安全的重要装备之一，其重要的关键性能如灭火效能、抢险救援能力等直接影响到灾害现场的救援工作。

2.消防车市场竞争激烈

随着大量企业不断进入，常规消防车产品领域的竞争越来越白热化，特别是普通泡沫水罐消防车产品的附加值越来越低，低米数非载人的举高喷射消防车的竞争日趋激烈，消防市场亟须规范，否则不利于消防车行业整体产品质量和售后服务水平的提升。

（四）消防领域专用车发展建议

1.推进消防车信息化建设

目前，消防队伍都在打造基于智慧消防"大数据""一张图"的实战指挥平台，开展信息化建设，有利于为指挥作战提供辅助决策，实现远程精准调度，提高灭火救援效能，是未来消防车的发展趋势。

2.加强消防专用底盘研发

消防车辆对底盘有独特的要求：①具备高效、可靠、持久的特点，能够适应长期满载、快速到位、驻车作业、持久作战要求；②随着消防车辆上装部分技术、功能的要求越来越多，对车辆底盘也将提出更加专业的要求；③车辆底盘承担着与上装部分连接、匹配的重任，底盘结构的布局直接影响着消防车辆的整体设计。

因此，开展消防车辆专用底盘研发具有重要意义。一是降低企业的生产成本；二是最大限度发挥车辆与上装的效能；三是为新型消防车的开发提供标准的平台，有利于产品的推广应用。

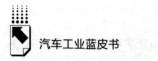

国内消防车生产企业应与底盘生产商积极开展合作，按照微型、轻型、中型、重型分类，研发消防车专用底盘，对底盘结构开展有针对性的设计，如完成驾驶室的单排变双排改制、取力器的预安装、消防专用接口（如警灯警报器、通信电台等）的预设置，并从底盘层面设计全车的供电系统，以满足各类车载设备及遥控器的取电或自动充电需求等。

社会科学文献出版社

皮 书

智库成果出版与传播平台

❖ 皮书定义 ❖

皮书是对中国与世界发展状况和热点问题进行年度监测，以专业的角度、专家的视野和实证研究方法，针对某一领域或区域现状与发展态势展开分析和预测，具备前沿性、原创性、实证性、连续性、时效性等特点的公开出版物，由一系列权威研究报告组成。

❖ 皮书作者 ❖

皮书系列报告作者以国内外一流研究机构、知名高校等重点智库的研究人员为主，多为相关领域一流专家学者，他们的观点代表了当下学界对中国与世界的现实和未来最高水平的解读与分析。截至 2022 年底，皮书研创机构逾千家，报告作者累计超过 10 万人。

❖ 皮书荣誉 ❖

皮书作为中国社会科学院基础理论研究与应用对策研究融合发展的代表性成果，不仅是哲学社会科学工作者服务中国特色社会主义现代化建设的重要成果，更是助力中国特色新型智库建设、构建中国特色哲学社会科学"三大体系"的重要平台。皮书系列先后被列入"十二五""十三五""十四五"时期国家重点出版物出版专项规划项目；2013~2023 年，重点皮书列入中国社会科学院国家哲学社会科学创新工程项目。

皮书网

（网址：www.pishu.cn）

发布皮书研创资讯，传播皮书精彩内容
引领皮书出版潮流，打造皮书服务平台

栏目设置

◆ 关于皮书
何谓皮书、皮书分类、皮书大事记、
皮书荣誉、皮书出版第一人、皮书编辑部

◆ 最新资讯
通知公告、新闻动态、媒体聚焦、
网站专题、视频直播、下载专区

◆ 皮书研创
皮书规范、皮书选题、皮书出版、
皮书研究、研创团队

◆ 皮书评奖评价
指标体系、皮书评价、皮书评奖

◆ 皮书研究院理事会
理事会章程、理事单位、个人理事、高级
研究员、理事会秘书处、入会指南

所获荣誉

◆ 2008 年、2011 年、2014 年，皮书网均
在全国新闻出版业网站荣誉评选中获得
"最具商业价值网站"称号；
◆ 2012 年，获得"出版业网站百强"称号。

网库合一

2014 年，皮书网与皮书数据库端口合
一，实现资源共享，搭建智库成果融合创
新平台。

皮书网

"皮书说"
微信公众号

皮书微博

权威报告·连续出版·独家资源

皮书数据库
ANNUAL REPORT(YEARBOOK)
DATABASE

分析解读当下中国发展变迁的高端智库平台

所获荣誉

- 2020年，入选全国新闻出版深度融合发展创新案例
- 2019年，入选国家新闻出版署数字出版精品遴选推荐计划
- 2016年，入选"十三五"国家重点电子出版物出版规划骨干工程
- 2013年，荣获"中国出版政府奖·网络出版物奖"提名奖
- 连续多年荣获中国数字出版博览会"数字出版·优秀品牌"奖

皮书数据库

"社科数托邦"
微信公众号

成为用户

　　登录网址www.pishu.com.cn访问皮书数据库网站或下载皮书数据库APP，通过手机号码验证或邮箱验证即可成为皮书数据库用户。

用户福利

- 已注册用户购书后可免费获赠100元皮书数据库充值卡。刮开充值卡涂层获取充值密码，登录并进入"会员中心"—"在线充值"—"充值卡充值"，充值成功即可购买和查看数据库内容。
- 用户福利最终解释权归社会科学文献出版社所有。

数据库服务热线：400-008-6695
数据库服务QQ：2475522410
数据库服务邮箱：database@ssap.cn
图书销售热线：010-59367070/7028
图书服务QQ：1265056568
图书服务邮箱：duzhe@ssap.cn

社会科学文献出版社 皮书系列
SOCIAL SCIENCES ACADEMIC PRESS (CHINA)
卡号：888821393662
密码：

S 基本子库
SUB DATABASE

中国社会发展数据库（下设 12 个专题子库）

紧扣人口、政治、外交、法律、教育、医疗卫生、资源环境等 12 个社会发展领域的前沿和热点，全面整合专业著作、智库报告、学术资讯、调研数据等类型资源，帮助用户追踪中国社会发展动态、研究社会发展战略与政策、了解社会热点问题、分析社会发展趋势。

中国经济发展数据库（下设 12 专题子库）

内容涵盖宏观经济、产业经济、工业经济、农业经济、财政金融、房地产经济、城市经济、商业贸易等 12 个重点经济领域，为把握经济运行态势、洞察经济发展规律、研判经济发展趋势、进行经济调控决策提供参考和依据。

中国行业发展数据库（下设 17 个专题子库）

以中国国民经济行业分类为依据，覆盖金融业、旅游业、交通运输业、能源矿产业、制造业等 100 多个行业，跟踪分析国民经济相关行业市场运行状况和政策导向，汇集行业发展前沿资讯，为投资、从业及各种经济决策提供理论支撑和实践指导。

中国区域发展数据库（下设 4 个专题子库）

对中国特定区域内的经济、社会、文化等领域现状与发展情况进行深度分析和预测，涉及省级行政区、城市群、城市、农村等不同维度，研究层级至县及县以下行政区，为学者研究地方经济社会宏观态势、经验模式、发展案例提供支撑，为地方政府决策提供参考。

中国文化传媒数据库（下设 18 个专题子库）

内容覆盖文化产业、新闻传播、电影娱乐、文学艺术、群众文化、图书情报等 18 个重点研究领域，聚焦文化传媒领域发展前沿、热点话题、行业实践，服务用户的教学科研、文化投资、企业规划等需要。

世界经济与国际关系数据库（下设 6 个专题子库）

整合世界经济、国际政治、世界文化与科技、全球性问题、国际组织与国际法、区域研究 6 大领域研究成果，对世界经济形势、国际形势进行连续性深度分析，对年度热点问题进行专题解读，为研判全球发展趋势提供事实和数据支持。